JOYCE MEYER

O SEGREDO PARA A VERDADEIRA FELICIDADE

Aproveite o hoje, abrace o amanhã

BELO HORIZONTE

Edição publicada mediante acordo com FaithWords, New York, New York. Todos os direitos reservados.

Diretor
Lester Bello

Autora
Joyce Meyer

Título Original
The Secret To True Happiness:
Enjoy Today, Embrace Tomorrow

Tradução
Maria Lucia Godde / Idiomas & Cia

Revisão
Idiomas & Cia / Ana Lacerda / Fernanda Silveira

Diagramação
Julio Fado
Ronald Machado (Direção de arte)

Design capa (adaptação)
Fernando Duarte
Ronald Machado (Direção de arte)

Impressão e Acabamento
Gráfica e Editora Del Rey

© 2008 por Joyce Meyer
Copyright desta edição
FaithWords Hachette
Book Group
New York, NY

Publicado pela
Bello Comércio e Publicações Ltda-ME
com a devida autorização de
Hachette Book Group e todos
os direitos reservados.

Primeira Edição – Fevereiro 2011
Reimpressão – Janeiro 2012

BELLO PUBLICAÇÕES
WWW.BELLOPUBLICACOES.COM

Av. Silviano Brandão, 1702
Horto - CEP 31.015-015
Belo Horizonte/MG - Brasil
contato@bellopublicacoes.com
www.bellopublicacoes.com.br

Todos os direitos reservados. Nenhuma parte desta publicação poderá ser reproduzida, distribuída, ou transmitida por qualquer forma ou meio, ou armazenada em base de dados ou sistema de recuperação, sem a autorização prévia por escrito da editora.

Exceto em caso de indicação em contrário, todas as citações bíblicas foram extraídas da Bíblia Sagrada Nova Versão Internacional (NVI), 2000, Editora Vida. Outras versões utilizadas: KJV (Apenas trechos do Novo Testamento: Versão King James em língua portuguesa, Abba Press), ARA (Almeida Revista e Atualizada, SBB) e NTLH (Nova Tradução na Linguagem de Hoje, SBB). As seguintes versões foram traduzidas livremente do idioma inglês em função da inexistência de tradução no idioma português: AMP (*Amplified Bible*), TM (*The Message*) e KJV (*King James Version*, Trechos do Antigo Testamento).

CIP-BRASIL. CATALOGAÇÃO NA FONTE
SINDICATO NACIONAL DOS EDITORES DE LIVROS, RJ

Meyer, Joyce
M612   O segredo para a verdadeira felicidade: aproveite o hoje, abrace o amanhã / Joyce Meyer; tradução de Maria Lúcia Godde; revisão de Idiomas & Cia / Ana Lacerda/ Fernanda Silveira. – Belo Horizonte: Bello Publicações, 2012.
288p.
Título original: The secret to true happiness: enjoy today, embrace tomorrow.

ISBN: 978-85-61721-66-4

1. Auto-ajuda – Aspectos religiosos. 2. Felicidade. I. Título.

CDD: 234.2
CDU: 230.112

O SEGREDO PARA A VERDADEIRA FELICIDADE

Sumário

Introdução	7
1. Desfrute Sua Vida Diária	11
2. Comece cada Dia com Deus	20
3. Faça a Escolha	28
4. Ria Muito	37
5. Saiba Quem Você É	45
6. Avance com Fé	55
7. Confie em Meio às Provações	64
8. Descanse um Pouco	74
9. Escolha Bem	81
10. Chore Suas Perdas	90
11. Tenha Uma Perspectiva Correta sobre os Bens	100
12. Seja Frutífero	109
13. Fique Alerta!	118
14. Eleve o Padrão	128
15. Seja Saudável	138
16. Simplifique as Coisas	147
17. Seja Criativo	157
18. Sente-se	167

Sumário

19. Siga as Instruções	176
20. Dê um Tempo a Eles!	184
21. Continue Sendo Positivo	194
22. Não Se Deixe Controlar	206
23. Cultive Bons Hábitos	216
24. Deixe Deus Assumir a Direção	227
25. Espere Receber Abundantemente	236
26. Pratique a Disciplina	248
27. Tire as Mãos	260
28. Abrace o Amanhã	269
O Segredo	278
Apêndice: Saiba Quem Você É em Cristo	280
Notas	283
Sobre a Autora	285

Introdução

Estou convencida de que uma das lições mais importantes que podemos aprender é optar por sermos felizes todos os dias de nossa vida enquanto aguardamos o futuro. Um de meus maiores desejos é ver as pessoas aproveitarem inteiramente a qualidade de vida que Jesus morreu para nos dar — a capacidade *de sermos* realmente felizes. Não apenas ler sobre a felicidade ou falar sobre ela, mas andar nela e experimentá-la como uma realidade diária.

Muitas pessoas, inclusive eu, são extremamente voltadas para os seus objetivos. Estamos tão focados no amanhã que geralmente deixamos de apreciar e desfrutar o hoje, porque estamos sempre pensando à frente, esperando pelo próximo acontecimento, trabalhando em função da conclusão da próxima tarefa, e verificando o que podemos marcar como "feito" em nossa lista de compromissos. Nossa sociedade de ritmo acelerado e alta pressão nos incentiva a fazer o máximo possível e o mais rápido que pudermos — para que então possamos fazer ainda mais coisas. Ao longo dos anos, aprendi que a intensa busca de um objetivo atrás do outro pode fazer com que percamos um pouco da felicidade que a vida nos oferece. Deus realmente tem propósitos e planos que deseja que cumpramos durante o curso de nossa vida terrena, mas Ele também quer que desfrutemos e obtenhamos o máximo de todos os dias que vivemos.

Depois de anos de ministério, interagindo com pessoas, passei a acreditar que as pessoas querem desesperadamente aproveitar a vida — viver cada dia com paz, contentamento e alegria, o que defino como "qualquer coisa, desde a alegria extrema ao prazer tranquilo". Na verdade, li recentemente que algumas pessoas estão tão desesperadas para terem alegria que estão se filiando a clubes do riso. Nesses clubes, as pessoas se reúnem todas as manhãs com o único propósito de encontrar alguma maneira de rir antes de começarem o dia. Podemos achar graça da ideia de clubes do riso, mas sua existência revela claramente uma profunda fome de alegria no coração das pessoas.

O Pew Research Center confirmou isso quando perguntaram a certo número de norte-americanos se eles estavam desfrutando sua vida. Qual você acha que foi o resultado? Apenas 34 por cento relatam ser "muito felizes" na vida.[1] Não é difícil de acreditar nisso porque vivemos em uma sociedade que valoriza intensamente *o que as pessoas têm* acima de *quem elas são*. Nenhum dinheiro, nenhuma fama, nenhum emprego, nenhum relacionamento, nenhum talento e nenhuma habilidade — nada pode nos fazer bem se não desfrutamos nossa vida.

E você? Está aproveitando o hoje enquanto espera pelo amanhã? Você geralmente está feliz, contente e satisfeito com quem é e com o que faz todos os dias? Você reserva tempo para observar e apreciar as experiências diárias que tornam a vida enriquecedora e recompensadora? Ou passa os dias correndo para poder chegar ao dia seguinte? Você faz intervalos e encontra coisas que o façam rir regularmente, ou permite que a pressão das suas responsabilidades coloque uma testa franzida em seu rosto enquanto você continua a trabalhar duro?

Talvez você também queira desesperadamente desfrutar a vida diária, mas teme que na verdade desfrutar alguma coisa possa não ser "santo" ou agradável a Deus. Por algum motivo, muitos de nós passamos a acreditar que aproveitar a nossa vida não é legal. Muitas vezes, nem sequer estamos cientes de que pensamos ou sentimos dessa maneira, mas de alguma forma decidimos que não devemos desfrutar nossa vida. Em vez disso, acreditamos que devemos estar trabalhando, realizando, seguindo as regras, cumprindo os prazos, fazendo as coisas "certas", e mantendo as pessoas felizes a qualquer preço.

Tenho ótimas notícias para você: *Deus quer que você seja feliz hoje e todos os dias*. Ele realmente quer isso. A afirmação de Jesus sobre a vida em

João 10:10 me parece absolutamente impressionante: "O diabo vem apenas para roubar, matar e destruir; Eu vim para que tenham *e* desfrutem a vida, e a tenham em abundância (ao máximo, até transbordar)" (AMP).

Que versículo! Jesus não quer simplesmente que estejamos vivos, mas que desfrutemos o fato de estar vivos. Como você pode ver, Jesus não veio até nós para que o nosso coração batesse e o nosso cérebro funcionasse. Ele não veio simplesmente para nos dar vida física, ou para nos dar "apenas o suficiente para sobrevivermos" aos desafios e às dificuldades da vida. Você e eu não fomos criados simplesmente para existirmos, para passar o tempo, para passarmos pela vida nos lamentando, detestando cada novo dia, ou para passarmos horas desagradáveis no nosso emprego com os olhos no relógio, mal esperando a hora de sair do trabalho e nos arrastarmos miseravelmente para casa. Não, fomos criados para desfrutar de cada aspecto de nossa vida, todos os dias de nossa vida. É isso que Deus quer para nós e foi para isso que Jesus veio. Ele veio para nos dar a verdadeira vida — a vida rica, profunda, radical e cheia de alegria que Deus preparou para nós, o tipo de vida que é abundante, "ao máximo, até transbordar".

Nunca me esquecerei da mulher que me agradeceu por lhe dar permissão para desfrutar a vida depois de ter me ouvido ensinar sobre esse assunto. Sei que ela representou um grande número de outras mulheres que nunca se sentiram livres para desfrutar a vida, portanto, quero deixar claro que precisamos acreditar que a vontade de Deus é que desfrutemos a vida inteiramente. Você tem permissão para aproveitar o hoje enquanto se esforça para abraçar o amanhã — não apenas a minha permissão, mas a permissão do próprio Deus.

Eu o desafio hoje a passar para um novo nível de contentamento em sua vida diária. Determine agora mesmo que você irá desfrutar o lugar onde está hoje enquanto está a caminho de onde deseja estar amanhã. Diga isto com os seus lábios; cole-o no espelho do banheiro; coloque-o na proteção de tela do seu computador: "Estou decidido a aproveitar o dia de hoje!". E influencie todos ao seu redor a fazerem o mesmo.

Seja você quem for e seja qual for o seu grau de felicidade, eu o convido a entrar em uma dimensão maior de alegria. Viva com mais paixão;

ria mais; relaxe mais; sorria mais; faça mais coisas para fazer as pessoas felizes, e desfrute mais. Você ficará satisfeito por ter feito isso, e realizará mais porque somos mais criativos quando somos mais felizes.

Há vários anos, houve um momento em nosso ministério em que mudamos o nome de nosso programa de televisão e de nossa revista de *A Vida na Palavra* para *Desfrutando a Vida Diária*. Um dos motivos para essa mudança foi o fato de eu sentir fortemente a importância de desfrutarmos o presente enquanto avançamos para o futuro. Em João 10:10, Jesus estava dizendo, basicamente: "Eu vim para que vocês *tenham* vida e para que a desfrutem". Lembre, Ele morreu para que pudéssemos experimentar a felicidade autêntica. Não temporariamente, não de vez em quando, mas o tempo todo. Ele não quer que simplesmente tenhamos vida; Ele quer que *desfrutemos* e apreciemos o dom da vida que Ele nos deu. Isso começa quando entendemos e acreditamos que Deus realmente quer que obtenhamos o máximo de cada dia de nossa vida.

Minha jornada rumo à verdadeira felicidade *todos* os dias não foi fácil, e compartilharei mais sobre isso à medida que avancemos neste livro. Desfrutar a vida diária foi algo que tive de *aprender* a fazer. Mas agora que sei como fazer isso, não quero viver de nenhuma outra maneira. Meu desejo neste livro é compartilhar algumas das verdades que aprendi sobre o segredo da verdadeira felicidade. Ao lê-los e aplicá-los em sua vida, não se surpreenda se você se descobrir desfrutando sua vida de uma maneira que jamais imaginou ser possível. Essa é a minha oração por você hoje.

— Joyce Meyer

Capítulo 1

Desfrute Sua Vida Diária

"A maioria das pessoas é tão feliz quanto decide ser".
— ABRAHAM LINCOLN

A única vida que você pode desfrutar é a sua. Essa afirmação pode parecer tão óbvia a ponto de ser desnecessária, mas pense sobre ela. Uma das principais razões pelas quais muitas pessoas não desfrutam sua vida é porque não estão felizes com a vida que têm. Quando falo com elas sobre desfrutarem sua vida, o primeiro pensamento que vem à mente delas é: *Eu desfrutaria minha vida se tivesse a sua vida, Joyce!* Em vez de acolherem a realidade da própria vida, essas pessoas passam o tempo pensando: *Eu gostaria de ter a aparência de fulana de tal. Eu gostaria de ter o emprego de fulano de tal. Eu gostaria de estar casada. Eu gostaria que meu casamento não fosse tão difícil. Eu gostaria de ter filhos. Eu gostaria que meus filhos crescessem. Eu gostaria de ter uma casa nova. Eu gostaria de não ter uma casa tão grande para limpar. Eu gostaria de ter um grande ministério...*

A verdade da questão é esta: o primeiro passo para desfrutarmos nossa vida diária é aceitar a vida que nos foi dada. Precisamos não permitir que a inveja ou a comparação façam com que nos ausentemos da própria vida por querermos a vida de outra pessoa.

O sábio rei Salomão escreveu em Eclesiastes 5:18,19:

> "Assim, descobri que para o homem o melhor e o que mais vale a pena é comer, beber e desfrutar o resultado de todo o esforço que se faz debaixo do sol durante os poucos dias de vida que Deus lhe dá, pois essa é a sua recompensa. E quando Deus concede riquezas

e bens a alguém, e o capacita a desfrutá-los, a aceitar a sua sorte e a ser feliz em seu trabalho, isso é um presente de Deus".

Quero que você observe as palavras "recompensa" e "sorte" nesses versículos. O que Salomão está dizendo basicamente é: aproveite a sua vida. Tome a sua "sorte" na vida e desfrute-a. Em outras palavras, abrace a vida — a personalidade, os pontos fortes e fracos; a família; os recursos; as oportunidades; as qualidades físicas; as habilidades; os dons; e a singularidade que Deus *lhe* deu.

Talvez você tenha dificuldades com coisas que não parecem ser desafios para outras pessoas. Por exemplo, você pode ter uma deficiência física ou uma deficiência de aprendizado. Talvez você quisesse fazer uma faculdade, mas não pôde. Talvez você não acredite que tem tantas qualidades excelentes ou tantos dons notáveis quanto alguma outra pessoa. Talvez você desejasse que alguma coisa fosse diferente no seu cônjuge, nos seus filhos, no seu trabalho, ou na sua situação financeira. Seja qual for o caso, você precisa pegar o que tem e decidir que vai fazer o melhor possível com isso. Afinal, a sua vida não vai mudar até que você comece a fazer isso.

Deus está lhe pedindo para ser fiel com a sua vida, e não com a vida de outra pessoa. Vemos em Mateus 25 que um senhor deu talentos (um tipo de moeda usada nos dias do Novo Testamento) a três de seus servos. A um ele deu cinco talentos, a outro dois, e a outro ele deu um. Então o senhor partiu para uma longa viagem e mais tarde voltou para receber a prestação de contas do que cada homem havia feito com os talentos que lhe haviam sido confiados. O homem que recebeu cinco talentos investiu-os e ganhou mais cinco. Ele pôde não apenas devolver ao senhor o que lhe havia sido confiado, como também devolveu o dobro do que tinha anteriormente. O mesmo aconteceu com o homem a quem haviam sido confiados dois talentos. Mas o homem que tinha apenas um talento enterrou-o, porque teve medo, e devolveu ao senhor o seu talento original. O senhor ficou satisfeito com o primeiro e o segundo homem, mas repreendeu o terceiro homem severamente. Tudo que o homem tinha de fazer era abraçar o seu talento, investi-lo, e devolver ao seu senhor mais do que tinha a princípio, e o senhor lhe teria dito: "Muito bem, servo bom e fiel". Ele não ouviu essas palavras, porém, porque não fez nada com o que tinha.

O fato de que o terceiro homem não tinha tantos talentos quanto os dois primeiros homens não tinha nada a ver com a recompensa que ele teria recebido se tivesse sido fiel com o que tinha. Deus só nos considera responsáveis pelos nossos dons, e não pelos dons dos outros. O que você tem feito com o que lhe foi dado? Creio que essa é uma pergunta que todos nós precisamos fazer a nós mesmos com muita frequência.

> O que você tem feito com o que lhe foi dado?

FAÇA O MELHOR COM O QUE VOCÊ TEM

Muitas vezes, ouvi mulheres dizerem: "Eu queria ter a aparência da minha amiga". Tenho vontade de responder: "Sabe de uma coisa? Você não quer não. Pegue o que tem e faça o melhor possível com isso". Tive uma experiência pessoal de aprender a lidar com esse tipo de comparação ao longo dos anos.

Essa lição acertou-me em cheio certa vez, da forma mais natural possível, quando Dave e eu fizemos uma viagem de avião com dois amigos. Ora, Dave e eu jamais poderíamos ser acusados de "viajantes leves". Naquele dia, tínhamos nove malas. Viajamos com frequência, e decidi há muito tempo que com o nosso programa pesado de viagens, eu queria me sentir confortável e ter tudo que pudesse precisar comigo. E sempre levo coisas demais.

Nossos amigos tinham apenas duas malas — uma de tamanho médio com rodas e uma pequena que eles carregavam na mão. Quando os vi, pensei: *Espere um pouco, Dave e eu somos dois; nossos amigos são dois. Temos nove malas; eles têm duas. Alguma coisa está errada!*

Finalmente olhei para minha amiga e disse brincando: "Sabe de uma coisa? Parte do motivo pelo qual tenho mais bagagem que você é porque demoro muito mais que você para ter uma boa aparência. Tenho de trazer mais maquiagem, mais aparelhos de frisar, rolinhos, *sprays*, mousses e tudo mais".

Alguns de nós simplesmente temos de trabalhar mais duro do que outros para ter a melhor aparência possível. Minha amiga tem belos cabelos grossos e naturalmente cacheados. Ela quase não precisa fazer nada para que eles fiquem bonitos. Meus cabelos, por outro lado, precisam ser lavados, enxaguados e secos. Preciso de vários vidros e tubos de produtos para cabelos apenas para arrumá-los, mas minha amiga precisa fazer pouco mais do que lavá-los e está pronta para sair.

Eu gostaria de não ter de perder tanto tempo e energia com meu cabelo. Eu *realmente* gostaria, mas desejar não vai mudar meu cabelo! Tenho de ser feliz com o que Deus me deu, e se o que Ele me deu exige mais tempo do que o que Ele deu a outra pessoa, tenho de aceitar isso.

Do mesmo modo, você tem de ser feliz com a *sua* vida. Deus lhe deu tudo que Ele lhe deu por um motivo — e foi intencional. Tudo que diz respeito a você foi projeto Dele. Não estou encorajando-o a se contentar com situações que precisam ser melhoradas, mas estou incentivando você a aceitar a maneira como Deus o criou e a vida que Ele lhe deu.

> Decida-se hoje a dar o primeiro passo para aprender a desfrutar sua vida diária extraindo o máximo de *sua* vida.

Não reclame; não se compare com outros; não cobice a vida de outra pessoa, e não desperdice o seu tempo precioso desejando que as coisas fossem diferentes. Entenda que toda vida inclui o bom e o mau; o feliz e o triste; o fácil e o difícil; a força e a fraqueza. Sua vida não é diferente da vida de ninguém quando você a vê a partir de uma perspectiva ampla. Pode haver certas diferenças específicas, mas *ninguém tem uma vida perfeita.*

Decida-se hoje a dar o primeiro passo para aprender a desfrutar sua vida diária extraindo o máximo de *sua* vida. Abrace *sua* vida porque Deus nunca vai lhe dar a vida de outra pessoa!

ABRACE O ORDINÁRIO

Outra chave para a verdadeira felicidade está em entendermos que a maior parte da vida acontece "todos os dias". A maior parte da nossa vida consiste de uma rotina — uma série nada notável de acontecimentos que ocorrem dia após dia, ano após ano. Então, se vamos realmente desfrutar todos os dias, precisamos aprender a abraçar o ordinário — agradar-se das pequenas coisas, apreciar as pequenas bênçãos, e ter prazer nas circunstâncias e situações que outras pessoas poderiam ignorar.

Às vezes as pessoas pensam que desfrutar a vida significa celebrar ocasiões especiais, observar momentos importantes, ter aumentos e promoções; sair de férias; comprar algo novo; ganhar um grande jogo, ou fechar um negócio importante. A verdade é esta: a vida não é uma grande festa; não devemos esperar atravessar cada dia com um sorriso amarelo no rosto; e não podemos ficar sentados esperando pelo próximo acontecimento empolgante. Felizmente, essas coisas dignas de nota acontecem, mas elas são poucas e espaçadas. Certamente não acontecem todos os dias, nem uma vez por semana ou uma vez por mês. Precisamos celebrar as ocasiões empolgantes da vida e seus grandes acontecimentos, mas entre eles, precisamos ser capazes de encontrar alegria em enfrentar o trânsito, ir trabalhar, limpar a casa, criar filhos, levar o lixo para fora, pagar as contas e lidar com vizinhos mal-humorados. Todos nós temos responsabilidades e coisas que precisamos fazer, então, quando falo de desfrutar cada dia, não estou falando em nos divertirmos da manhã à noite ou em fazermos as coisas do "nosso jeito" o tempo todo. Estou falando sobre as situações de "todos os dias" que mencionei neste capítulo e sobre todas as outras coisas que não enumerei, as situações nas quais realmente aprendemos a desfrutar a vida diária. Desfrutar a vida começa quando tomamos a decisão de fazer isso, porque a verdade é que, independentemente de que tipo de vida tenhamos, não a desfrutaremos a não ser que decidamos fazer isso.

> Outra chave para a verdadeira felicidade está em entendermos que a maior parte da vida acontece "todos os dias".

A maior parte da vida tem a ver com levantar-se pela manhã, ir para a cama à noite, e fazer o que é preciso nesse meio tempo. Isso me faz lembrar Marcos 4:26,27, onde Jesus disse: "O Reino de Deus é semelhante a um homem que lança a semente sobre a terra. Noite e dia, estando ele dormindo ou acordado, a semente germina e cresce, embora ele não saiba como". Essa passagem da Bíblia nos ensina que alguma coisa acontece com a semente — um processo de crescimento e nutrição — que ninguém pode ver. Um grande desenvolvimento ocorre na semente enquanto ela está no subsolo.

O mesmo princípio se aplica à nossa vida. Grande parte da vida acontece quando ninguém está olhando; e Deus trabalha em nossa vida durante tempos comuns. Quando nada de notável parece estar acontecendo e tudo não passa do "mesmo de sempre", é aí que desenvolvemos nosso caráter e a capacidade de desfrutarmos a vida diária. E à medida que desfrutamos a vida um momento após o outro, dia a dia, semana após semana e ano após ano, descobrimos que toda a vida se tornou enriquecedora, profunda, e satisfatória. A verdadeira vida não é encontrada quando chegamos a um destino; ela é encontrada no trajeto.

> Quando nada de notável parece estar acontecendo e tudo não passa do "mesmo de sempre", é aí que desenvolvemos nosso caráter e a capacidade de desfrutarmos a vida diária.

A LIBERDADE PARA SER FELIZ

Há não muito tempo, deparei-me com a história de uma mulher que aprendeu a desfrutar a vida diária depois de muitos anos de tentativas. Ao encerrarmos este capítulo, gostaria de compartilhá-la com você.

Nunca fui uma atleta. Nunca tive muito interesse em esportes, desde que parei de jogar "futebol de toque"* com os meninos quando cheguei à puberdade. Tentei o tênis. Eu batia na bola alto demais, longe demais e invadia o campo da esquerda. Tentei softbol. Graças a Deus porque a bola é "macia" e grande, porque era terrível

---

* N.T: Forma de Futebol Americano na qual quem leva a bola é derrubado por toque em vez de por obstrução.

quando ela me acertava no olho. Tentava correr, mas não conseguia ninguém para me seguir.

Finalmente, decidi caminhar, e durante alguns anos, eu caminhava de cinco a oito quilômetros por dia. Descobri que existe um esporte olímpico chamado "marcha olímpica", mas quando tentei isso, tudo que consegui foi deslocar o quadril.

Definitivamente não sou uma atleta, mas me contento com o que tenho, principalmente nos anos da meia-idade. O que me traz à mente uma pergunta. Quando cheguei à meia-idade? Lembro-me de quando cheguei aos trinta anos. Tive de passar por aconselhamento no dia seguinte depois que meu filho se formou na faculdade e se mudou de casa, porque sabia que minha vida havia terminado.

Então cheguei aos cinquenta, e fiquei toda animada, porque pude entrar para uma organização chamada AAA (Associação Americana de Aposentados). Meu marido ficou especialmente animado porque é mais jovem que eu, e conseguiu entrar também!

Cinquenta anos passou a ser a idade mágica. Eu sabia que enquanto tivesse boa saúde, neste dia e nesta idade, eu provavelmente teria ainda uns cinquenta anos pela frente. Então veio a asma. Tudo bem, eu já sofria com ela muito antes, mas ela só se tornou potencialmente fatal depois dos cinquenta. Então veio a fibromialgia. Tudo bem, eu já sofria disso antes, mas ela não é potencialmente fatal. Então veio a artrite, e mais recentemente aos cinquenta e cinco, o diabetes. Em algum momento por aí, passei a me interessar muito por remédios. Mas um dia finalmente me libertei.

Comecei a notar o pôr-do-sol, e tinha tempo para parar e realmente me maravilhar com a beleza e a grandeza de tudo aquilo. Então passei para o nascer do sol, e rapidamente descobri que se eu desperdiçasse as primeiras horas da manhã, estaria perdendo a parte mais adorável do dia. Então comecei a notar o quanto eu era grata por poder testemunhar a mudança de estações. O primeiro suspiro da primavera, o farfalhar das folhas sob meus pés no outono.

Quando a doença me atingia, descobri que na verdade eu gostava da solidão — um tempo para refletir, reunir meus pensamentos e

Capítulo 1

orar, descansando. Descobri que estava passando pela experiência desta estação da meia-idade, e que não estava mais perdendo cada momento, acorrentada às cadeias da preocupação e do que poderia acontecer. Descobri que me preocupar com o amanhã só servia para fazer com que eu ignorasse as bênçãos do hoje.

Nem sempre é fácil. Algumas trouxas de roupa suja e uma pilha de pratos podem ocupar um dia inteiro. Mas nessas ocasiões, não exijo muito de mim. Assim, esqueço-me de fazer a cama enquanto observo o brilho rosado da madrugada encontrando-se com o sol que nasce. Tenho tempo para andar pelo nosso campo coberto de árvores com meu cachorro puxando a coleira.

Consigo encontrar o dia todos os dias. Consigo dizer boa noite para o pôr-do-sol. Estudei muitos deles nos últimos cinco anos, e nunca vi dois iguais. Consigo conhecer o meu Criador como nunca conheci antes, e consegui me decidir sobre os mistérios da vida. Passei a ter certeza de que tudo isso não foi por acaso.

Alimento os pássaros e tenho grande prazer nas suas tonalidades multicoloridas, principalmente na primavera. Arrasto uma cadeira para poder subir e encher os potes de comida para pássaros até à borda. Faço uma pequena oração enquanto balanço, meio torta, sobre a cadeira, e rio de mim mesma e de todas as pretensões de minha vida quando mais jovem. Tenho grande prazer em minha vida. Agradeço a Deus por todas as pequenas coisas preciosas de todos os dias. Amigos. Família. Vizinhos. E saúde — a saúde da alma. Porque passei a entender o que é a verdadeira saúde, e quando você tem a verdadeira saúde, então você realmente tem tudo.[1]

A autora dessa história não desfrutava a vida realmente até ter tido a experiência da doença. Muitas vezes, as pessoas passam seus dias correndo sem parar para ter prazer no seu dia a dia, e então, quando passam por uma crise, elas finalmente desaceleram o suficiente para desfrutar a vida, a família, os amigos, o trabalho e simplesmente estarem vivas.

Não quero que uma crise ou uma doença tenha de ser o catalisador que faça com que você aproveite cada dia de sua vida. Quero que você escolha a felicidade agora mesmo — porque ela é uma escolha. A sua vida é o presente de Deus para você, mesmo na sua normalidade cotidiana, comum, ordinária. Decida hoje que você vai parar de esperar pelos grandes intervalos e pelos acontecimentos empolgantes antes de ser feliz. Na verdade, faça alguma coisa hoje que aumente o nível da sua alegria em meio à sua vida diária.

Capítulo 2

Comece cada Dia com Deus

"Precisamos ver a face de Deus todas as manhãs antes de vermos a face do homem".
— D. L. MOODY

Certa vez havia uma senhora que tinha de viajar intensamente por causa de seu trabalho, e a maior parte de suas viagens eram aéreas. Mas voar a deixava muito nervosa, por isso ela sempre levava sua Bíblia para lê-la em voos longos, porque isso a ajudava a relaxar.

Em uma viagem, ela estava sentada próxima a um homem. Quando ele a viu tirar sua Bíblia, deu uma risadinha forçada e voltou ao que estava fazendo.

Depois de algum tempo, ele se virou para ela e perguntou: "A senhora não acredita realmente em tudo isso que está neste livro, não é?".

A senhora respondeu: "É claro que sim. Está na Bíblia".

Ele disse: "Bem, e quanto àquele sujeito que foi engolido pela baleia?".

Ela respondeu: "Ah, Jonas. Sim, creio nesta história. Ela está na Bíblia".

Ele perguntou: "Bem, como a senhora acha que ele sobreviveu todo aquele tempo dentro de uma baleia?".

A mulher disse: "Bem, não sei realmente. Imagino que irei perguntar isso a ele quando chegar ao céu".

"E se ele não estiver no céu?", perguntou o homem sarcasticamente.

"Então o senhor poderá perguntar a ele!", respondeu a mulher.[1]

* * *

Essa história bem-humorada nos lembra que todos nós precisamos ter um relacionamento pessoal com Deus através de Jesus Cristo. Esse relacionamento é necessário para irmos para o céu quando morrermos e para passarmos a eternidade com Ele, mas também é essencial se quisermos desfrutar nossa vida hoje. A Bíblia nos ensina que em Deus "vivemos, nos movemos e existimos" (Atos 17:28). Isso me diz que para ter a verdadeira vida, precisamos estar "em Deus", vitalmente ligados a Ele em uma comunhão íntima, de coração para coração.

Creio que precisamos começar cada dia de nossa vida falando com Deus, ouvindo-o, e passando tempo com a Sua Palavra. Eu o encorajo a começar cada dia com Deus. Antes que seus pés cheguem ao chão pela manhã, crie o hábito de meditar em um versículo bíblico, lembrando a si mesmo um princípio bíblico, ou simplesmente dizendo: "Bom dia, Senhor. Eu Te amo". Passe um tempo significativo na presença de Deus antes de cuidar das outras atividades do dia.

Um dos meus versículos favoritos que gosto de orar em primeiro lugar pela manhã é o Salmo 25:1: "A ti, Senhor, elevo a minha alma". Precisamos submeter tudo em nossa vida a Ele — nosso trabalho, nossos relacionamentos, nosso tempo, nossa energia, as decisões que precisamos tomar. Quer usemos ou não as palavras exatas, podemos aplicar o princípio do Salmo 25:1, levando cada aspecto da nossa vida diária a Ele. Isso fará uma enorme diferença na sua capacidade de desfrutar a vida hoje e de abraçar todos os dias que estão por vir.

VIVA PELA PALAVRA

O melhor conselho que eu poderia lhe dar é que você viva a sua vida de acordo com a verdade da Palavra de Deus. Creio que devemos honrar a Palavra de Deus em nossa vida, e dar a ela um lugar de prioridade todos os dias lendo, estudando e praticando-a da melhor forma que pudermos. Do ponto de vista pessoal, posso dizer sinceramente que amo a Palavra de Deus. Nada nesta terra transformou minha vida — e me transformou — como a Palavra de Deus. Como ministra do evangelho, posso dizer que vi várias pessoas passarem por uma transformação radical e positiva, por uma mudança duradoura ao aplicarem as verdades e os princípios bíblicos em sua vida.

A Bíblia contém respostas para toda pergunta que você possa ter e para cada situação que você possa vir a enfrentar. É verdade que ela não vai lhe dizer especificamente onde você deve passar as férias no ano que vem ou de que cor deve pintar sua casa, mas ela lhe transmitirá princípios de uma vida reta, um pensamento reto, sabedoria e fé. Ela o instruirá por meio de histórias de homens e mulheres que viveram há muito tempo, mas que enfrentaram muitos dos mesmos desafios humanos e lutas nos relacionamentos que você e eu enfrentamos hoje. Ela o encorajará a perseverar, o inspirará a vencer, o ajudará a tomar boas decisões, e o ensinará a ouvir e a obedecer à voz de Deus.

> O melhor conselho que eu poderia lhe dar é que você viva a sua vida de acordo com a verdade da Palavra de Deus.

Sempre me sinto triste quando encontro pessoas que encaram a Bíblia como um livro religioso ultrapassado e irrelevante. Sim, suas palavras foram escritas há séculos, mas em vez de serem antiquadas ou obsoletas, elas são verdades antigas que passaram no teste do tempo e foram provadas diversas vezes. As palavras das Escrituras são vivas; estão cheias do poder de Deus. Elas são tão reais e aplicáveis hoje quanto o foram no passado — e no nosso mundo de hoje, precisamos desesperadamente estar firmados nesse tipo de verdade divina. A Bíblia não se destina apenas aos pregadores e às "pessoas da igreja"; ela é um livro para todos em todas as jornadas da vida. Ela é espiritual, mas também é extremamente prática.

Deus nos deu a Sua Palavra como uma fonte de força, sabedoria e direção em nossa vida diária. Dê uma olhada em alguns dos tópicos de que ela trata. Alguns deles, se não todos, certamente são aspectos da sua vida diária:

Administração de finanças: "O rico domina sobre o pobre; quem toma emprestado é escravo de quem empresta" (Provérbios 22:7).

"Qual de vocês, se quiser construir uma torre, primeiro não se assenta e calcula o preço, para ver se tem dinheiro suficiente para completá-la?" (Lucas 14:28).

Escolha de amigos: "Não se associe com quem vive de mau humor, nem ande em companhia de quem facilmente se ira" (Provérbios 22:24).

"Mantenha-se longe do tolo, pois você não achará conhecimento no que ele falar" (Provérbios 14:7).

Vencendo a tentação de fofocar: "Quem é cuidadoso no que fala evita muito sofrimento" (Provérbios 21:23).

> Deus nos deu a Sua Palavra como uma fonte de força, sabedoria e direção em nossa vida diária.

"Procure resolver sua causa diretamente com o seu próximo, e não revele o segredo de outra pessoa" (Provérbios 25:9).

Desenvolvendo uma ética de trabalho: "Quem lavra sua terra terá comida com fartura, mas quem persegue fantasias se fartará de miséria" (Provérbios 28:19).

"Quando ainda estávamos com vocês, nós lhes ordenamos isto: Se alguém não quiser trabalhar, também não coma" (2 Tessalonicenses 3:10).

Vigiando a sua boca: "Quem é cuidadoso no que fala evita muito sofrimento" (Provérbios 21:23).

"Você já viu alguém que se precipita no falar? Há mais esperança para o insensato do que para ele" (Provérbios 29:20).

Supervisão da sua casa: "Com habilidade e sabedoria de Deus se constrói a casa (a vida, o lar, a família), e com entendimento ela é estabelecida [sobre um bom e firme fundamento]" (Provérbios 24:3, AMP).

"Esforce-se para saber bem como suas ovelhas estão, dê cuidadosa atenção aos seus rebanhos" (Provérbios 27:23).

Criação de filhos: "Instrua a criança segundo os objetivos que você tem para ela, e mesmo com o passar dos anos não se desviará deles" (Provérbios 22:6).

"Pais, não irritem seus filhos; antes criem-nos segundo a instrução e o conselho do Senhor" (Efésios 6:4).

Disciplina de filhos: "Discipline seu filho enquanto há esperança, mas não [ceda aos seus ressentimentos irados por meio de castigos indevidos] para destruí-lo" (Provérbios 19:18, AMP).

"Corrige a teu filho, e ele te dará descanso; sim, deleitará o teu coração" (Provérbios 29:17, ARA).

Reação à ofensa ou à injustiça: "Não digas: 'Como ele me fez a mim, assim lhe farei a ele; pagarei a cada um segundo a sua obra'" (Provérbios 24:29, ARA).

"Vocês ouviram o que foi dito: 'Ame o seu próximo e odeie o seu inimigo'. Mas eu lhes digo: Amem os seus inimigos e orem por aqueles que os perseguem" (Mateus 5:43,44).

Lidando com a ira: "Quando vocês se irarem, não pequem; nunca deixem que a sua ira (a sua exasperação, a sua fúria ou indignação) dure até que o sol se ponha. Não deem lugar ou uma base de apoio para o diabo [não deem oportunidade a ele]" (Efésios 4:26, 27, AMP).

"Meus amados irmãos, tenham isto em mente: Sejam todos prontos para ouvir, tardios para falar e tardios para irar-se" (Tiago 1:19).

DECLARE A PALAVRA

Durante muitos anos, minha boca me criou problemas. Às vezes eu era indisciplinada no meu falar e fazia comentários que não devia fazer com outras pessoas; outras vezes eu dizia coisas que mais tarde desejaria não ter dito; e na maior parte do tempo, eu estava resmungando, reclamando e falando de forma negativa. Isso me fazia infeliz — assim como todos ao meu redor!

À medida que cresci em meu relacionamento pessoal com Deus, passei a entender que as palavras têm poder e que minhas palavras negativas não estavam me ajudando a desfrutar minha vida. Com o tempo, pude parar de falar negativamente, e vi certa melhora, mas não tanta quanto eu desejava. Então, certo dia, quando estava orando, senti Deus falar ao meu coração: *Joyce, você parou de dizer coisas negativas, mas não começou a dizer coisas positivas.*

Eu sabia que a Palavra de Deus está cheia de verdades positivas, que dão vida e que transformam, então comecei a fazer uma lista de passagens bíblicas que refletiam as mudanças positivas que eu ansiava por ver em minha vida. Comecei a dizer essas palavras em voz alta, às vezes várias vezes por dia, e os resultados foram surpreendentes. Quero encorajá-lo a declarar a Palavra de Deus em voz alta também. Abra a Bíblia e identifique versículos que representem a verdade e a perspectiva de Deus para as situações importantes da sua vida. Quer você precise de cura física, de esperança para o seu futuro, de consolo com relação aos seus filhos, de sabedoria nos seus relacionamentos, ou de ajuda para controlar o seu medo ou a sua raiva, você pode encontrar uma passagem bíblica sobre o assunto. Existem muitos livros que facilitam isso para você, listando tópicos como esses (e muitos outros), e depois relacionando as passagens correspondentes. Um desses recursos é o meu livro *The Secret Power of Speaking God's Word* (O Poder Secreto de Declarar a Palavra de Deus).

> Quero encorajá-lo a declarar a Palavra de Deus em voz alta.

DIGA E FAÇA

Além de declarar a Palavra de Deus em voz alta, devemos também obedecer a ela. Tiago 1:22 diz: "Sejam praticantes da palavra, e não apenas ouvintes". Uma das principais maneiras de nos posicionarmos para receber as bênçãos de Deus é obedecendo à Sua Palavra. Na verdade, esse ponto é exatamente a mensagem de grande parte da Bíblia, principalmente do Antigo Testamento: "Se você obedecer a Deus, será abençoado. Se não obedecer, não será".

A Palavra de Deus é a verdade, e sabemos, com base em João 8:32, que a verdade nos liberta. Mas a verdade de Deus só pode ser eficaz para nós se a recebermos em nosso coração e a aplicarmos às nossas circunstâncias diárias por meio da obediência. Pare agora e pergunte a si mesmo se você está aplicando os princípios de Deus às suas situações ou se você caiu na armadilha de simplesmente lê-la por obrigação. Se quisermos que a Palavra opere em nossa vida, precisamos fazer mais do que lê-la, estudá-la, conhecê-la e confessá-la; precisamos fazer o que ela diz. Entendo que isso nem sempre é fácil — principalmente quando preferimos ficar zangados com alguém e vemos que a Palavra diz que devemos perdoar; ou quando preferiríamos passar o dia na preguiça e sabemos que a Palavra nos ensina a ser diligentes — mas a obediência é necessária se quisermos desfrutar as bênçãos de Deus. Em João 13:17, Jesus disse: "Agora que vocês sabem estas coisas, felizes serão se as praticarem".

MANTENHA A COMUNICAÇÃO ABERTA

Falar com Deus sobre tudo nos dá uma sensação de pertencer e de sermos cuidados por alguém que está ao nosso lado e que é poderoso. Uma das frases que gosto de usar quando ensino sobre oração é: "Ore abrindo o seu caminho ao longo do dia". Esse é certamente um bom conselho para seguir se quisermos desfrutar nossa vida todos os dias. Precisamos nos lembrar de que podemos orar a qualquer momento, em qualquer lugar. Efésios 6:18 nos instrui: "Orem no Espírito em todas as ocasiões, com toda oração e súplica", e 1 Tessalonicenses 5:17 nos diz para orarmos "continuamente". Em outras palavras, precisamos manter a linha de comunicação aberta com Deus. Precisamos permanecer em constante comunhão com Ele por intermédio da oração, o dia inteiro, todos os dias.

> Falar com Deus sobre tudo nos dá uma sensação de pertencer e de sermos cuidados por alguém que está ao nosso lado e que é poderoso.

Embora haja momentos em que precisamos ser muito diligentes, focados e nos separar quando oramos, não temos de esperar até estarmos na igreja ou em algum outro lugar específico, ou até que tenhamos certo tempo disponível, para orarmos. A melhor maneira que conheço para "orar constantemente" é viver como se Deus estivesse constantemente prestando atenção em nós, porque Ele está. Por exemplo, podemos fazer orações rápidas e eficazes em voz alta ou em silêncio. Podemos dizer silenciosamente enquanto estamos sentados em uma reunião de negócios: *Oh, Deus, ajuda-me a tomar uma boa decisão aqui. Dá-me a Tua sabedoria para falar sabiamente e ser uma bênção para a minha empresa.* Podemos sussurrar uma oração quando deixamos nossos filhos na escola: "Deus, protege-os hoje. Ajuda-os a aprender tudo que precisam saber. Concede a eles favor junto aos seus professores e aos seus amigos".

Também podemos fazer orações de louvor e ações de graças enquanto tratamos da nossa vida diária, dizendo coisas do tipo: "Obrigada, senhor, por me ajudar ao longo deste dia", ou "Eu Te adoro, Deus, pela Tua bondade nesta tarde". Esse tipo de oração leva apenas alguns segundos, mas nos mantêm focados em Deus, conscientes da Sua presença, e em contínua comunicação com Ele. Elas nos mantêm ligados a uma fonte de poder além da nossa compreensão. Viver na presença de Deus libera alegria em nossa vida e nos dá a capacidade de desfrutar tudo que fazemos.

> Faça do seu relacionamento com Deus sua prioridade número um, e recuse-se a permitir que as pressões da vida diária o distraiam tirando sua atenção Dele.

Deixe-me incentivá-lo a viver sua vida da forma que descrevi neste capítulo. Comece cada dia com Deus. Leia a Sua Palavra: declare-a em voz alta; e obedeça a ela. Decida-se a viver sua vida e a abordar as situações que você enfrenta diariamente de acordo com a Sua verdade. Além disso, ore abrindo caminho ao longo de cada dia. Lembre-se sempre de que você não precisa impressionar Deus com orações eloquentes; em vez disso, faça com que elas sejam simples e sinceras. Faça do seu relacionamento com Deus sua prioridade número um, e recuse-se a permitir que as pressões da vida diária o distraiam tirando sua atenção Dele. Ele está sempre *com* você e Ele está sempre *a seu favor*, portanto, comece o seu dia com Ele, ande com Ele em meio a todas as coisas rotineiras que você tem de fazer e desfrute a Sua presença todos os dias.

Capítulo 3

Faça a Escolha

"Tudo que posso dizer sobre a vida é... aproveite-a!"
— BOB NEWHART

Não preciso lhe dizer que a vida não é perfeita. Isso não é novidade para você, não é mesmo? Para falar a verdade, ninguém pode dizer que sua vida é tudo que deseja. Todos nós temos desafios e lutas, às vezes até desgostos e tragédias. Nunca conheci uma pessoa que pudesse dizer sinceramente: "Todos os dias de minha vida são maravilhosos em cada aspecto, como sempre sonhei que seriam".

O que pode ser novidade para algumas pessoas é que o desejo de Deus é *não apenas* nos fazer felizes ou nos dar a vida que sempre esperamos. Muitas vezes, queremos tão desesperadamente que as pessoas não salvas se tornem cristãs que dizemos a elas que a vida será melhor se elas simplesmente aceitarem Jesus. De muitas formas, isso é verdade, mas às vezes pintamos um quadro tão cor-de-rosa que levamos as pessoas a acreditarem que nunca mais terão nenhum problema pelo resto de sua vida e que tudo será maravilhoso e sublime se simplesmente convidarem Jesus para ser o Senhor e Salvador de sua vida. Isso não é verdade. Jesus não veio para dar a ninguém uma vida de lazer; Jesus veio para nos dar vida *abundante,* mas não uma vida sem problemas. Parte da abundância que Ele oferece àqueles que pertencem a Ele é o poder do Seu Espírito para vencer o que outros não podem vencer. Como você vê, a boa notícia é que, como cristão, mesmo que tenha um problema, você tem o Solucionador de Problemas vivendo em você, pronto para ajudar a qualquer momento.

Como crentes, temos o poder do Espírito Santo para nos ajudar a lidar com as circunstâncias de um modo diferente dos não crentes. Quando estamos em Cristo, somos ungidos sobrenaturalmente para viver nossa vida natural e comum de uma forma sobrenatural. A unção de Deus é a presença e o poder do Espírito Santo sempre disponível a nós. Podemos nos alegrar em situações nas quais aqueles que não têm acesso ao poder de Deus não poderiam absolutamente se sentir felizes. Podemos estar em paz em meio a uma crise, e sermos positivos quando tudo ao nosso redor está sombrio e deprimente. Por quê? Porque acreditamos que todas as coisas finalmente cooperam para o bem e não permitimos que as circunstâncias ou os sentimentos determinem as nossas decisões. Sabemos que temos escolhas a fazer — e podemos escolher a paz, a alegria, as atitudes positivas e a estabilidade. Podemos desfrutar todos os dias de nossa vida, mas isso não acontecerá por acaso; precisamos escolher fazer isso.

> Quando estamos em Cristo, somos ungidos sobrenaturalmente para viver nossa vida natural e comum de uma forma sobrenatural.

VOCÊ SÓ VIVE UMA VEZ

Aprendi algumas lições importantes sobre escolher desfrutar a vida por meio da maneira como criei meus filhos. Eu os amava e era uma mãe responsável. Certamente não posso dizer que nunca aprecie meus filhos, mas quando olho para trás agora percebo que não os desfrutei tão completamente quanto poderia e desejaria ter feito. O motivo pelo qual não fiz isso com mais frequência foi porque eu era viciada em trabalho. Estava tão ocupada trabalhando fora, e em casa estava tão ocupada mantendo tudo em ordem e limpo, que nunca me sentia livre para relaxar e desfrutar a companhia deles (eu não percebia que a bagunça ainda estaria ali no dia seguinte e que um tempo de qualidade com meus filhos era mais importante!).

Posso me lembrar de muitas vezes em que meus filhos queriam que eu parasse de trabalhar, e diziam: "Venha brincar comigo, mamãe". Minha resposta imediata era: "Ah, não posso fazer isso. Tenho trabalho a fazer".

Sempre teremos trabalho a fazer, o que significa que teremos de optar por fazer um intervalo e desfrutar a vida algumas vezes. Precisamos de equilíbrio no que diz respeito a escolher como gastamos o nosso tempo.

> A única maneira de evitar nos lamentarmos amanhã é fazer escolhas melhores hoje.

Existem algumas situações, principalmente no que diz respeito aos nossos filhos, que nunca teremos a oportunidade de reviver. Se não optarmos por abraçá-los e desfrutá-los enquanto podemos, chegaremos ao fim da vida e ficaremos cheios de remorso. A única maneira de evitar nos lamentarmos amanhã é fazer escolhas melhores hoje.

Este pequeno artigo a seguir nos convence da importância de fazermos boas escolhas todos os dias, e nos lembra que devemos focar naquilo que realmente é importante na vida.

Quer esteja pronto ou não, um dia tudo chegará ao fim.

Não haverá mais o nascer do sol, nem os minutos, as horas ou dias.

Todas as coisas que você colecionou, quer estejam guardadas ou esquecidas, serão passadas a outro.

Sua riqueza, sua fama e seu poder temporal se enrugarão e se tornarão irrelevantes. Não importará o que você possuiu ou o que lhe deviam.

Rancores, ressentimentos, frustrações e ciúmes finalmente desaparecerão. Do mesmo modo, esperanças, ambições, planos e listas de tarefas expirarão.

Ganhos e perdas que um dia pareceram tão importantes desaparecerão.

Não importará de onde você veio ou de que lado dos trilhos você viveu enfim.

Não importará se você foi belo ou brilhante.

Até seu sexo e a cor da sua pele serão irrelevantes.

Então, o que importará? Como será medido o valor dos seus dias?

O que importará não é o que você comprou, mas o que você construiu, não o que você ganhou, mas o que você deu.

O que importará não é o seu sucesso, mas a sua significância.

O que importará não é o que você aprendeu, mas o que você ensinou.

O que importará é cada ato de integridade, compaixão, coragem ou sacrifício que enriqueceu, fortaleceu ou encorajou outros a imitarem seu exemplo.

O que importará não é a sua competência, mas o seu caráter.

O que importará não é quantas pessoas você conheceu, mas quantas sentirão uma perda duradoura quando você partir.

O que importará não são as suas lembranças, mas as lembranças que vivem naqueles que amaram você.

O que importará é por quanto tempo você será lembrado, por quem e por quê.

Viver uma vida que valha a pena não acontece por acaso. Não é questão de circunstância, mas de escolha.

Escolha viver uma vida que valha a pena.[1]

ESCOLHA APRECIAR A VIDA

Realmente aprecio o que faço, mas nem sempre foi assim. Anos atrás, percebi que por mais que eu amasse estar no ministério e fazer o que Deus havia me chamado para fazer, na verdade eu não estava apreciando aquilo. Sei que pode parecer estranho dizer: "Eu amava o que fazia, mas não apreciava", portanto, deixe-me explicar.

Sou uma pessoa que trabalha duro e sou muito responsável. Tenho muitas coisas para fazer, muitas atividades para supervisionar e muitas responsabilidades na vida e no ministério. Eu estava fazendo um bom trabalho lidando com minhas responsabilidades e cumprindo com minhas obrigações, e certa parte de mim estava muito satisfeita. Mas ao mesmo tempo, eu estava sempre pensando: *Puxa, não consigo ver a hora desta conferência terminar para poder ir para casa aproveitar o domingo.*

Muitas pessoas pensam como eu pensava. Começamos muitas frases com "Não consigo ver a hora de [preencha a lacuna]". Esse tipo de pensamento nos mantém tão focados em onde queremos ir que não desfrutamos do percurso ate chegarmos lá. Quando percebi que eu não estava apreciando a jornada, simplesmente tomei a decisão de mudar. Fiz alguns ajustes que tornaram o meu roteiro intenso de viagens e o trabalho no ministério mais fácil e mais confortável, porém o que é mais importante, decidi que se eu ia passar o meu tempo voando em aviões, me hospedando em hotéis e ficando de pé pregando por horas, eu ia ter prazer nisso.

Logo, atingi um novo nível de alegria, porque percebi que tudo que é necessário para começarmos a apreciar alguma coisa — qualquer coisa — é uma escolha. Tudo que é necessário é uma mentalidade nova, uma decisão deliberada de desfrutar o que você está fazendo. Assim como você pode decidir ficar frustrado ou infeliz, você também pode decidir ser feliz em qualquer situação.

Todos nós somos tentados às vezes a reclamar e dizer que não somos felizes nesta vida. Todos nós temos momentos e períodos em que não apreciamos nossa vida. Às vezes, superar isso é simplesmente questão de dizer a si mesmo: "Bem, preciso apenas tomar uma decisão. Se tenho de limpar a casa (ou trocar o óleo do carro, ou lavar a roupa, ou cortar a grama), vou optar por desfrutar a vida enquanto faço isso". Precisamos nos preparar mentalmente para o que precisamos fazer.

> Assim como você pode decidir ficar frustrado ou infeliz, você também pode decidir ser feliz em qualquer situação.

Precisamos optar por termos atitudes positivas, porque existem tantos motivos para ficarmos infelizes, preocupados e até perturbados quando olhamos para o mundo. Se quisermos desfrutar nossa vida, teremos de fazer isso deliberadamente. Se não o fizermos intencionalmente, tomando uma decisão, é provável que absolutamente não consigamos fazê-lo. Onde quer que estejamos, seja o que for que estejamos passando, podemos dizer: "É aqui que estou; é isto que está acontecendo em minha vida; e escolho tirar o máximo proveito disto".

O SEGREDO DO CONTENTAMENTO

Creio que você pode desfrutar quase tudo em sua vida se tomar essa decisão. A não ser que você esteja passando por uma crise enorme, provavelmente existem bem poucas coisas em sua vida que você não possa encontrar uma maneira de apreciar. No mínimo, você pode decidir se alegrar no fato de que elas estão desenvolvendo o seu caráter e ajudando você a crescer!

> *Podemos* aprender a desfrutar a vida até mesmo durante os momentos difíceis.

Podemos aprender a desfrutar a vida até mesmo durante os momentos difíceis. O apóstolo Paulo, um homem acostumado tanto com confortos e facilidades da vida quanto com dificuldades, escreveu:

> "Porque aprendi a estar contente (satisfeito a ponto de não me perturbar ou inquietar) em toda e qualquer circunstância. Sei o que é passar necessidade *e* viver humildemente em circunstâncias extremas, e também sei como desfrutar de muito e viver com fartura. Aprendi o segredo de viver contente em toda e qualquer situação, seja bem alimentado, seja com fome, tendo suficiência *e* o bastante para poupar, ou passando necessidade. Tudo posso naquele que me fortalece (estou pronto para qualquer coisa e sou capaz de qualquer coisa através Dele que infunde força interior em mim; sou autossuficiente na suficiência de Cristo)" (Filipenses 4:11-13, AMP).

Paulo aprendeu a ser o mesmo em todos os momentos — a estar contente, ou satisfeito, em todas as situações. Ele fez a escolha de extrair o máximo do que quer que atravessasse o seu caminho, e nós podemos fazer o mesmo. Qual era o segredo do contentamento de Paulo? Creio que ele acreditava nas palavras que escreveu em Romanos 8:28: "Sabemos que Deus age em todas as coisas para o bem daqueles que o amam, dos que foram chamados de acordo com o seu propósito". Creio que Paulo tinha experiência suficiente para perceber que não fazia sentido lutar contra o inevitável. A vida não é perfeita; temos de lidar com ela como ela é, e podemos escolher se vamos apreciá-la ou não.

Capítulo 3

Também creio que Paulo acreditava ter desenvolvido o caráter divino durante os tempos de humilhação de sua vida e desfrutava o crescimento que atingiu nos tempos de abundância. É nos tempos de dificuldades que mergulhamos mais fundo em Deus e nos Seus caminhos. Ele sabe quando precisamos de períodos de abundância, e Ele é sempre fiel em concedê-los. Deus nunca permitirá que venham mais problemas sobre nós do que podemos suportar, mas Ele sempre concede o escape (ver 1 Coríntios 10:13).

Quando penso nesse princípio, lembro-me do trabalho com meu *personal trainer*. Quando acha que estou pronta para desenvolver mais músculos, ele me dá mais pesos para levantar. Mas percebi que ele está sempre ao meu lado, e se em algum momento ele vê que estou tendo dificuldade demais em levantar os pesos, rapidamente os retira para que eu não me machuque. Deus usou esse exemplo em minha vida para me mostrar como Ele se relaciona conosco. Se a qualquer momento realmente tivermos mais do que podemos suportar, Ele intervirá e nos ajudará.

A ESCOLHA DE JENNY

O mundo está cheio de pessoas que fazem escolhas difíceis para poderem desfrutar a vida diante do sofrimento e das dificuldades. Uma dessas pessoas é uma jovem chamada Jenny, cuja história quero compartilhar com você ao encerrarmos este capítulo:

Um Tipo Diferente de Atleta

Descobrimos que Jenny tinha deficiência auditiva quando ela tinha quatro anos e meio. Depois de várias cirurgias e aulas de terapia da fala, quando Jenny completou sete anos, descobrimos que ela sofria de Artrite Reumatoide Juvenil (ARJ).

Ela não conseguia colocar pressão nos calcanhares, então andava na ponta dos pés, e quando a dor se tornava insuportável, eu a carregava. Jenny tinha sorte, porém, por não sofrer das deformidades geralmente associadas à ARJ.

Durante todo o ensino fundamental e médio, Jenny sofreu, mas nunca reclamou. Ela tomava seu remédio, e eu costumava envolver

34

os pés dela em toalhas umedecidas com água fervendo, e a segurava até que a dor diminuísse. Mas logo que conseguia suportar a dor, Jenny imediatamente seguia em frente, como se não tivesse dor alguma.

Ela tinha sempre um sorriso no rosto, uma canção nos lábios e um amor e uma aceitação pelos outros que era simplesmente impressionante. Não me lembro de vê-la uma única vez expressando algum tipo de autopiedade. Ela corria quando conseguia correr. Ela brincava quando conseguia brincar, e dançava quando conseguia dançar. E quando ela não podia fazer nenhuma dessas coisas, ela tomava seu remédio e esperava até poder fazê-las.

Jenny, uma linda menina loura de calorosos olhos castanhos, nunca foi uma animadora de torcida. Ela nunca competiu em nenhum esporte. Ela não podia participar de uma aula de ginástica, embora tenha feito a mesma aula de educação física por quatro anos seguidos para poder passar usando os créditos de reserva a cada ano. Ela fez parte de uma banda. Ela ganhou uma vaga na Escola de Artes do Governo; no entanto, ninguém no Sistema Escolar de Charleston, Carolina do Sul, sabia o que fazer com Jenny. Não havia parâmetros sobre como lidar com uma aluna que era ao mesmo tempo ativa e deficiente.

Jenny continuou a passar por consecutivas cirurgias de ouvido, uma após outra, durante todo o período escolar. Sua audição melhorou em 60%, e ela aprendeu sozinha a ler lábios. Ela levava uma almofada para a escola, durante todo o ensino médio, e certa vez, quando sentiu dores lancinantes, suas amigas a levantaram e a levaram de uma sala de aula para a outra no colo.

Ela era totalmente integrada, popular e engraçada; assistia a todos os jogos de futebol, animando o time, levando sua almofada aonde quer que fosse, para poder amortizar a dor quando se sentasse. Então, veio o último ano. Ela seria avaliada para a obtenção de bolsas de estudo; qualquer atividade escolar, principalmente os esportes, podia significar a diferença entre receber o prêmio ou perdê-lo.

Então, Jenny tomou uma decisão; e na sua maneira original e fora dos padrões, ela começou a bombardear o treinador de futebol

Capítulo 3

da escola. Ela pediu. Suplicou. Prometeu. Ela conseguiu que sua melhor amiga assinasse uma autorização em favor dela. Finalmente, o treinador cedeu, com uma advertência: "Se você perder *um* jogo, está fora!". Então, Jenny se tornou a Supervisora do Time de Futebol da Garrett High School.

Ela carregava grandes baldes de água para os membros do time. Enfaixava joelhos e tornozelos antes de todos os jogos. Massageava pescoços e costas, e aquele acabou sendo um dos melhores anos do Time de Futebol da Garrett High School nos seus vinte e cinco anos de história. Jenny costumava ser vista carregando um balde de água em cada mão, quase arrastando-os, com sua almofada debaixo do braço.

Quando perguntaram a um jogador da linha de defesa por que ele achava que o time estava ganhando todos os jogos, mesmo diante de algumas lesões, ele explicou, no seu sotaque macio de Charlestown: "Bem, quando você é derrubado, e parece que não consegue se mexer, você olha para cima e vê Jenny Lewis, mancando enquanto atravessa o campo, arrastando seus baldes e carregando sua almofada. Isso faz qualquer sofrimento parecer bastante insignificante".

Na cerimônia de formatura, Jenny recebeu uma série de bolsas de estudo para a Universidade de Charleston. Sua favorita, porém, foi uma pequena bolsa de estudos financiada pelo Clube de Mulheres de Charleston. A Presidente do Clube de Mulheres enumerou as realizações de Jenny, começando com suas notas, e terminando com um empolgante: "... e a primeira mulher a se formar em futebol na história da Garrett High School!".[2]

Capítulo 4

Ria Muito

"O riso é como férias instantâneas!"
— MILTON BERLE

Sempre aprecio histórias bem-humoradas, por isso, antes de compartilhar qualquer coisa a mais com você neste capítulo, quero lhe contar uma história que certamente fará você dar risadas:

> Depois de quase ficar preso na neve por duas semanas no inverno passado, um homem de Seattle partiu para passar férias em Miami Beach, onde ele encontraria sua esposa no dia seguinte, no término de sua viagem a Minneapolis. Eles estavam na expectativa de um clima agradável e de passarem bons momentos juntos.
>
> Infelizmente, houve algum tipo de confusão no portão de embarque, e disseram ao homem que ele teria de aguardar o próximo voo. Ele tentou apelar para um supervisor, mas lhe disseram que a companhia aérea não era responsável pelo problema e que de nada adiantaria reclamar.
>
> Chegando ao hotel no dia seguinte, ele descobriu que Miami Beach estava passando por uma onda de calor. O tempo em Miami estava quase tão desconfortável quanto o frio em Seattle. O recepcionista lhe entregou um recado dizendo que sua esposa chegaria conforme planejado.
>
> Ele mal podia esperar para chegar até à piscina e se refrescar, por isso mandou depressa um email para sua esposa. No entanto, devido à pressa, ele cometeu um erro ao digitar o endereço do email.

Sua mensagem chegou à casa da esposa de um pregador idoso, cujo marido ainda mais idoso havia falecido no dia anterior. Quando a viúva chorosa abriu seu email, ela deu uma olhada no monitor, soltou um grito de angústia e caiu morta no chão.

A família da viúva correu até seu quarto, onde viram a seguinte mensagem na tela do computador:

Querida esposa,
parti ontem, como você sabe.
Acabo de fazer meu check-in.
Houve certa confusão no portão.
Meu apelo foi negado.
Recebi a confirmação da sua chegada amanhã.
Seu amoroso esposo.

P.S. As coisas não são como pensávamos. Você vai ficar surpresa com o calor que faz aqui.[1]

COMO UM REMÉDIO

Você e eu precisamos rir e ser alegres. Até a Bíblia diz que a alegria é boa para nós, e ao longo das Escrituras somos encorajados a nos "regozijar-mos", a "nos alegrarmos" e a "estarmos contentes". Muitos de nós conhecemos Provérbios 17:22, que diz: "O coração alegre é bom remédio". Esse mesmo versículo na versão Nova Tradução na Linguagem de Hoje diz: "A alegria faz bem à saúde". Em ambas as traduções, vemos que ser alegre é de grande benefício para nós.

A maioria das pessoas sabe que o riso pode nos tirar do poço da depressão ou da tristeza; ele pode até nos dar rompantes de energia, e pode mudar completamente nossa atitude ou o panorama de uma situação. Fiz algumas pesquisas sobre o riso uma vez e aprendi algumas informações adicionais a respeito dele. Por exemplo, quando rimos, o riso realmente libera a tensão, a ansiedade, a raiva, o medo, a vergonha e a culpa. O riso também aumenta os anticorpos, e acredita-se que ele tenha a capacidade de nos proteger contra vírus, bactérias e outros micro-organismos.

A ciência afirma que o riso realmente funciona como um remédio porque ele gera a liberação de substâncias químicas do corpo chamadas de endorfinas. Essas substâncias ajudam a aliviar a dor e a criar uma sensação de bem-estar dentro de nós. Estudos indicam que as endorfinas também podem reduzir o estresse, melhorar a circulação, auxiliar o sistema imunológico, baixar a pressão sanguínea, estimular o sistema nervoso, diminuir o colesterol e fortalecer o coração. Como uma massagem, uma boa risada pode estimular todos os seus órgãos principais. O riso, segundo alguns, equivale a qualquer outro exercício aeróbico padrão. Uma boa risada é como um exercício de caminhada interno. É um exercício aeróbico interno; inalamos mais oxigênio quando rimos, e as pesquisas revelam que o riso pode aumentar a capacidade dos nossos pulmões.

> A maioria das pessoas sabe que o riso pode nos tirar do poço da depressão ou da tristeza; ele pode até nos dar rompantes de energia, e pode mudar completamente nossa atitude ou o panorama de uma situação.

Algumas das descobertas que mencionei certamente provaram ser verdadeiras em minha vida. Apenas como um exemplo, lembro-me de uma noite quando minha família e eu estávamos jogando. Eu estava sentindo uma terrível dor de cabeça, mas aconteceu uma coisa engraçada e comecei a rir histericamente, de forma convulsiva, por vários minutos. Quando finalmente parei, percebi que minha dor de cabeça havia desaparecido completamente.

RELAXE!

Você sabia que um homem ou uma mulher normal ri por quatro a oito vezes ao dia, mas uma criança normal ri cerca de 150 vezes ao dia? Não é de admirar que a Bíblia diga que precisamos nos aproximar de Jesus como criancinhas. As crianças são felizes! Nós, adultos, por outro lado, precisamos relaxar. Ficaríamos muito melhor se parássemos de ser tão sérios com tudo e começássemos a desfrutar mais nossa vida.

Uma das coisas que faz com que os adultos tenham muitos problemas é o fato de levarmos nossos fracassos e erros tão a sério. Passamos tempo demais lutando contra nós mesmos, sendo nós mesmos nosso pior inimigo. Costumamos nos julgar com mais rigor do que julgamos os outros, e colocamos o foco nos nossos erros com muita intensidade. É claro que há momentos em que as situações são graves e há circunstâncias que exigem que sejamos sérios. Mas muitas das pequenas coisas do cotidiano que tratamos como monumentais, na verdade não são tão terrivelmente importantes. Alguém disse certa vez: "Bem-aventurados aqueles que podem rir de si mesmos, pois eles nunca deixarão de se divertir". Portanto, deixe-me encorajá-lo hoje: dê um tempo a si mesmo!

> Uma criança normal ri cerca de 150 vezes ao dia. Não é de admirar que a Bíblia diga que precisamos nos aproximar de Jesus como criancinhas.

Deus sabia de cada imperfeição e fraqueza que você teria e de cada erro que você cometeria quando o chamou para ter um relacionamento com Ele. Nada em você é surpresa para Deus. Às vezes as pessoas pensam que Deus nos dá a salvação e depois fica sentado no céu, olhando para baixo e dizendo: "Ah, não! *E agora*, o que vou fazer? Eu não sabia que ele ia fazer *isso*!".

A Bíblia nos ensina que Deus sabe tudo o que iremos fazer ou dizer. Ele nos criou; Ele nos criou para sermos imperfeitos; Ele nos criou para precisarmos Dele. Por meio da Sua Palavra, Ele ainda está dizendo a nós hoje o que Ele disse a Jeremias séculos atrás: "Eu *conheço* você". Ele estava dizendo especificamente a Jeremias: "Antes de formá-lo no ventre eu o escolhi; antes de você nascer, *eu* o separei e o designei profeta às nações" (Jeremias 1:5).

Deus sabe — e sempre soube — tudo a seu respeito. Ele sabe o que você vai pensar, fazer e dizer todos os dias pelo resto da sua vida na terra. Ele também sabe como vai ajudá-lo, ensiná-lo, corrigi-lo, encorajá-lo e lhe dar graça para todos os seus erros e falhas. Ele está sempre a seu favor, e nunca contra você, não importa o que você faça. Essa verdade deve libertá-lo para relaxar, para desfrutar o fato de ser quem Deus criou você para ser, e para rir de você mesmo.

Você é quem é. Você faz o que faz, e nem sempre é perfeito. Na verdade, às vezes você realmente enfia os pés pelas mãos! Isso faz parte do ser humano. Mas se você também amar a Deus, tiver um coração disposto a mudar, e pedir a Ele para ajudá-lo, você pode relaxar. Deus está trabalhando em você, mudando você a cada dia, ajudando-o a crescer. A atriz norte-americana e ganhadora do Oscar Ethel Barrymore disse certa vez: "Você cresce no dia em que ri de verdade de si mesmo pela primeira vez". Creio que ela está certa quanto a isso. Precisamos ter o coração como de crianças que riem com facilidade, mas também precisamos ter maturidade suficiente para termos um coração leve no que diz respeito a nós mesmos. Então, aceite quem você é, ria de si mesmo e desfrute a sua vida hoje.

> A atriz norte-americana e ganhadora do Oscar Ethel Barrymore disse certa vez: "Você cresce no dia em que ri de verdade de si mesmo pela primeira vez".

SUA ALEGRIA É SUA FORÇA

Escolher rir, ser alegre e ter uma abordagem leve com relação a muitas coisas na vida fará mais do que tornar você uma pessoa agradável. Neemias 8:10 diz: "A alegria do Senhor os fortalecerá". Pense nisto: Como fica a sua força ou a sua confiança quando você está desanimado, deprimido ou melancólico? Você não se sente nada forte. Mas quando permite que Deus o encha de alegria, você se sente como se pudesse fazer qualquer coisa.

Muitas vezes, quando Satanás se levanta contra nós, ele está simplesmente tentando roubar a nossa alegria. Ele quer que sintamos medo, desespero ou que tenhamos uma visão negativa da vida, porque sabe que se puder minar a nossa alegria, ele conseguirá roubar a nossa força. Para permanecermos fortes, também devemos permanecer alegres.

Mark Twain disse: "A raça humana tem uma arma realmente eficaz, que é o riso". Como crentes, sabemos que Deus nos deu muitas armas espirituais, mas Twain está certo sobre o fato de que *o riso é uma arma*. O riso em si não é o mesmo que a alegria, mas o riso certamente é um aspecto da alegria.

Às vezes fico impressionada com a falta de alegria na vida das pessoas, mas entendo isso. Já fui uma pessoa que realmente tinha dificuldade para apreciar a vida. Eu era legalista; era viciada em trabalho e cresci em um ambiente onde ser feliz não era legal e a diversão não era algo que valorizávamos. O mesmo acontece na vida de muitas pessoas. Elas simplesmente crescem em uma atmosfera de medo, estresse, brigas, raiva, confusão ou outras disfunções. Talvez elas fossem criticadas por serem alegres ou estivessem cercadas de pessoas tão infelizes que não ousavam parecer felizes. Para elas, e para mim, o objetivo de cada dia era sobreviver a ele, e não desfrutá-lo.

ALEGRIA EM MEIO AOS PROBLEMAS

Também existem pessoas que parecem pensar que não podem desfrutar sua vida se tiverem algum problema. Se elas têm problemas, colocam o foco tão intensamente na busca de uma solução, que não relaxam nem desfrutam a vida até que os problemas sejam resolvidos. É claro que há momentos em que precisamos tratar de assuntos urgentes, e há momentos em que precisamos aplicar disciplinas espirituais à nossa vida, mas não temos de viver sob pressão constante ou exigências rígidas. Podemos nos alegrar apesar dos nossos problemas e em meio a eles! Comece sorrindo muito; um sorriso é uma maneira de dar a partida na bomba da alegria, uma arma eficaz contra todos os problemas. Na maior parte do tempo, se simplesmente começarmos a encontrar a alegria, venceremos os obstáculos contra nós e seremos mais capazes de lidar com os problemas que temos.

> Podemos nos alegrar apesar dos problemas e em meio a eles!

Creio que esse é um motivo pelo qual o apóstolo Paulo disse: "Alegrem-se sempre no Senhor. Novamente direi: Alegrem-se!" (Filipenses

4:4). Paulo sabia que a alegria nos dá força. Ele enfrentou muitas dificuldades e sofrimentos durante sua vida. Ele tinha muitos motivos para ter medo, para desanimar e para ficar deprimido. Leia a descrição que ele fez do seu ministério: "Ao contrário, como servos de Deus, recomendamo-nos de todas as formas: em muita perseverança; em sofrimentos, privações e tristezas; em açoites, prisões e tumultos; em trabalhos árduos, noites sem dormir e jejuns" (2 Coríntios 6:4,5). Ora, eis aí um homem que tinha muitos motivos para não se alegrar! Paulo poderia ter decidido viver a vida no "modo de sobrevivência", mas ele *optou* por ser alegre. Na verdade, vários versículos depois da passagem acima, ele escreveu: "[Somos tratados] Como desconhecidos, apesar de bem conhecidos; como morrendo, mas eis que vivemos; espancados, mas não mortos; entristecidos, mas *sempre alegres...*" (vv. 9,10, ênfase da autora). Precisamos fazer a mesma escolha que Paulo fez — nos alegrar sempre, mesmo nas situações difíceis.

Recentemente, uma mulher me disse que meu ensinamento havia mudado sua vida, então perguntei a ela: "Qual foi a maneira mais significativa como ocorreu essa mudança?". Ela respondeu: "Você me ensinou que não tenho de passar pela vida cheia de tensão e ansiedade até morrer e ir para o céu, mas que posso realmente desfrutar a jornada".

> Deixe que a alegria de Jesus seja completa em você, e desfrute a sua vida hoje. Sorria, cante, seja positivo, seja alegre, cantarole uma melodia — e acima de tudo, ria.

Precisamos lembrar a nós mesmos regularmente que Jesus morreu para que pudéssemos fazer muito mais do que simplesmente "ficar vivos" mais um dia. Lembre que em João 10:10 Ele disse que veio para que pudéssemos "ter vida em abundância". Ele também disse em João 17:13: "Agora vou para ti, mas digo estas coisas enquanto ainda estou no mundo, para que eles tenham a plenitude da minha alegria". Que versículo maravilhoso! Jesus quer que a alegria Dele seja plena em nós; Ele quer que nós experimentemos o Seu prazer. É para isso que estou orando por você — para que a alegria

Capítulo 4

do Senhor encha o seu coração e seja a sua força. Não permita que as circunstâncias ou as situações roubem a sua alegria, mas esteja determinado a permanecer forte, ficando alegre. Deixe que a alegria de Jesus seja completa em você, e desfrute a sua vida hoje. Sorria, cante, seja positivo, seja alegre, cantarole uma melodia — e acima de tudo, ria.

Capítulo 5

Saiba Quem Você É

"Saiba, primeiro, quem você é..."
— EPÍTETO

Como você responderia se eu perguntasse: "Quem é você?". Sua primeira reação seria enumerar as coisas que você faz e os papéis que você exerce na vida? Você diria: "Sou uma aeromoça", "sou um neurocirurgião", "sou um banqueiro", "sou um ministro", "sou esposa e mãe", ou "sou estudante"? Você me diria onde mora, quais são os seus *hobbies* e interesses, ou o que pretende fazer no futuro? Qualquer uma dessas respostas descreveria *o que você faz*, mas nenhuma delas me diz *quem você é*.

Como cristão, uma das realidades mais importantes que você deve entender é quem você é em Cristo, a sua identidade Nele. Quando ouvi pela primeira vez a expressão "quem você é em Cristo", eu não sabia o que ela significava. Mas entender essas palavras poderosas é de importância vital. Quando as pessoas recebem Jesus Cristo pela fé como seu Salvador, Deus as vê como justi-

> Estar em Cristo não tem a ver com o que você faz, mas com quem você é.

ficadas diante Dele e como estando "em" Cristo. Estar em Cristo lhe dá certos direitos e privilégios que pertencem aos filhos de Deus. Estar em Cristo não tem a ver com o que você faz, mas com quem você é. Não se trata de como você se vê, mas de como Deus vê você. Não tem a ver com a sua atividade, mas com a sua identidade. Não tem a ver com o que você "faz", mas com quem você "é". Trata-se daquilo em que você acredita.

Capítulo 5

Se a filha da rainha da Inglaterra desejasse visitar os Estados Unidos, duvido que alguém pedisse uma lista do que ela podia fazer. Ela teria acesso e favor imediatos por causa de quem ela é. Se esse tipo de coisa funciona com um ser humano, imagine o quanto isso é válido com relação a um filho de Deus. No entanto, se a filha da rainha não soubesse quem ela era, ela não usaria a sua identidade em benefício próprio. O mesmo princípio se aplica àqueles que não conhecem a sua identidade em Cristo. Eles têm muitos direitos e privilégios aos quais nunca têm acesso simplesmente porque não sabem quem são.

Há uma grande diferença entre quem somos em Cristo e quem somos em nós mesmos. Em nós mesmos, não somos nada, não temos nada e não podemos fazer nada que tenha valor eterno. Em Cristo, porém, podemos ser, fazer e ter tudo que Deus nos promete na Sua Palavra. Podemos deixar um legado para o mundo e podemos desfrutar a nossa jornada pela vida. A Bíblia nos ensina todo tipo de verdades maravilhosas sobre quem somos em Cristo. Precisamos conhecer essas verdades e acreditar nelas acima de tudo — acima de quem achamos que somos, acima do que as pessoas dizem a nosso respeito e acima do que o mundo nos diz que devemos ser. A Palavra de Deus é a verdade; o que as pessoas pensam e dizem é meramente opinião. Não devemos permitir que a opinião das pessoas determine o nosso valor.

ENCONTRANDO LIBERDADE

Se quisermos desfrutar o hoje e ter esperança para o amanhã, precisamos saber quem somos em Cristo. Quando sabemos quem somos Nele, podemos avaliar a nós mesmos sinceramente sem nos sentirmos envergonhados ou humilhados por não termos tudo que todos os outros têm ou por não podermos fazer tudo o que as outras pessoas podem fazer. É muito libertador poder fazer um inventário realista do que não podemos fazer e não nos sentirmos diminuídos por isso. Talvez eu não possa fazer tudo que outra pessoa pode fazer, mas provavelmente posso fazer alguma coisa que ela não pode. Creio que a melhor maneira de avaliarmos a nós mesmos é saber que aquilo que fazemos bem é um dom de Deus e que

46

aquilo que não fazemos bem não é um problema. Deus dá a cada um de nós uma pequena parte de um todo maior, e devemos trabalhar juntos, fazendo a nossa parte com diligência e excelência, e não desejando poder fazer o que Ele atribuiu a outra pessoa. Ser livres para sermos nós mesmos é uma enorme vitória que libera uma alegria impressionante. Saber quem somos em Cristo nos dá a confiança para superarmos os erros do passado e abraçarmos o futuro com expectativa.

Há muitos anos, cansei de me sentir mal comigo mesma o tempo todo, achando que alguma coisa estava faltando em mim, imaginando o que estaria errado comigo, e acreditando que eu não era tudo que "deveria" ser. Durante aquele período de minha vida, eu tentava incessantemente "ser" mais fazendo mais. Eu tentava principalmente fazer e ser as coisas que eu via nas outras pessoas. Se você já tentou fazer isso, pode adivinhar o que aconteceu: acabei ficando completamente frustrada. Continuei nesse círculo de esforço e frustração até que finalmente descobri quem eu era em Cristo.

Descobrir minha identidade em Cristo foi uma grande libertação para mim, porque, como eu disse, quando sabemos quem somos em Cristo, aquilo que não podemos fazer no nosso "eu" natural já não importa muito. Quando descobrimos quem somos Nele, podemos ficar confortáveis e seguros, mesmo não sendo tudo que nossos amigos acham que devemos ser. Quando entendemos a nossa identidade em Cristo, ficamos muito menos interessados no que as pessoas pensam e esperam de nós. Quando andamos na nossa identidade em Cristo, podemos avaliar a nós mesmos com uma sinceridade brutal e ainda assim nos sentirmos ótimos por sermos quem somos. Não nos sentimos nem um pouco diminuídos por aquilo que não podemos fazer; somos completamente libertos para ser o melhor que pudermos ser e para usar as habilidades que temos.

> Saber quem somos em Cristo nos dá a confiança para superarmos os erros do passado e abraçarmos o futuro com expectativa.

Nos dias de Paulo, as classes sociais e os grupos religiosos eram claramente definidos. Os judeus acreditavam que eram melhores que os gentios; os que eram livres achavam que eram melhores que os escravos; e os homens achavam que eram melhores que as mulheres. Paulo libertou a todos e acabou com os mal-entendidos quando escreveu: "Não há judeu nem grego, escravo nem livre, homem nem mulher; pois todos são um em Cristo Jesus" (Gálatas 3:28). Essas palavras deviam ser muito chocantes para aqueles que se achavam melhores que os outros, mas muito libertadoras para aqueles que haviam sempre sido levados a se sentirem inferiores. Na essência, Paulo estava dizendo que ninguém tinha nenhum valor fora de quem era em Cristo. Somos valiosos porque Deus nos ama, e o que podemos ou não podemos fazer não acrescenta nem elimina nada dessa maravilhosa verdade.

Fico triste quando ouço as pessoas se desvalorizarem com comentários do tipo: "Sou tão estúpido", "Odeio minha aparência" ou "Nunca faço nada certo". Essas observações, e outras, são tão tristes para mim porque representam uma maneira antibíblica de as pessoas pensarem a respeito de si mesmas — e há anos passei a entender o quanto essa maneira de pensar e de falar é perigosa. Ela não reflete a verdade da Palavra de Deus, nem se alinha com a maneira como Ele pensa a nosso respeito, e ela nos mantém aprisionados em uma maneira de viver que é muito menos agradável, menos frutífera e menos poderosa do que a que Ele deseja para nós.

> Estarmos arraigados na nossa identidade Nele impedirá que tenhamos medo do fracasso, que tentemos agradar as pessoas em excesso e que fiquemos presos no ciclo de tentar ter um bom desempenho para que as pessoas nos aceitem.

Quando soubermos quem somos em Cristo, nossa liberdade e nossa confiança aumentarão. Estarmos arraigados na nossa identidade Nele impedirá que tenhamos medo do fracasso, que tentemos agradar as pessoas em excesso, e que fiquemos presos no ciclo de tentar ter um bom desempenho para que as pessoas nos aceitem. Também nos permitirá permanecer fortes e firmes quando vier a adversidade. As pessoas que não sabem quem são em Cristo podem ficar destruídas pelas dificuldades, pelos fracassos, pelos erros cometidos ou pela opinião das outras pessoas, mas um forte sentimento de quem somos em Cristo nos liberta dos efeitos dessas coisas.

CONCORDE COM DEUS

Jamais poderemos nos elevar acima dos pensamentos e das convicções que temos a respeito de nós mesmos, de modo que precisamos ter certeza de que cremos no que Deus diz a nosso respeito. Precisamos parar de meramente concordar com as outras pessoas, com as nossas circunstâncias, com a nossa carne e com o diabo; e precisamos começar a concordar com Deus. Ele diz que encontramos o nosso verdadeiro valor no fato de que Ele nos ama e que enviou o Seu Filho para morrer por nós. Fomos comprados para Deus pelo sangue de Jesus. Quando Deus olha para nós, Ele não está olhando para ver o que fazemos, onde moramos, quem conhecemos, como nos vestimos, ou quantos diplomas temos. Ele está olhando para o nosso coração e dizendo: "Aquele homem vale tanto que enviei Meu Filho para morrer por ele"; "Aquela mulher é muito valiosa porque pertence a Mim e Eu a amo".

Deixe-me falar de forma pessoal por um instante. Cheguei a um ponto em que realmente sei e creio que o meu valor como pessoa não está no fato de estar na liderança do Ministério Joyce Meyer. É meu chamado e meu trabalho liderar esse ministério e ensinar a Palavra de Deus. Faço isso para Deus. Sim, é empolgante; e sim, sou abençoada por fazer isso. Mas se eu não fizesse isso, teria menos valor? É certo que não! Meu valor aos olhos de Deus não mudaria nem um pouco.

O mesmo acontece com você. Deus não mede o seu valor pelo que você faz. Contudo, o inimigo tentará fazer você acreditar que não teria nenhum valor se parasse de fazer as coisas que faz. Mas isso não é verdade, portanto, não se permita cair na armadilha dessa mentira. A verdade é que Deus ama você; Ele se importa com você; Ele quis tanto ter um relacionamento com você que enviou o Seu Filho para sofrer e morrer só para que você pudesse se aproximar Dele. Você tem um valor e uma importância incríveis para Deus. Você precisa escolher acreditar nisso, porque o inimigo e o mundo trabalharão com afinco para convencê-lo do contrário.

Obviamente, Deus tem algo para cada um de nós fazermos, e devemos nos ocupar fazendo isso e dando bons frutos. Mas o ponto de vista que quero provar é que o que fazemos não deve ser comparado com o que outra pessoa faz, nem devemos buscar ou produzir o nosso valor e a nossa importância com base naquilo que fazemos. Uma pessoa pode ser uma grande cantora enquanto outra é um grande cavador de canais, mas ambas são igualmente valiosas para Deus.

Você deve estar se perguntando: "Se sou tão valioso para Deus, por que me sinto tão mal comigo mesmo?". Veja, o seu valor e a sua identidade estão estabelecidos no coração de Deus e gravados na Sua Palavra. A sua posição de valor é "legal", espiritualmente falando, porque Jesus a deu a você. No entanto, você pode não sentir isso como uma experiência porque existe um processo envolvido para se entender e receber o que Ele fez. Quando escrevo sobre "quem você é em Cristo", estou me referindo a uma obra que Deus fez no seu espírito (a parte mais íntima do seu ser, o aspecto espiritual de quem você é). Quando você recebeu Jesus como seu Senhor e Salvador, Ele o tornou justo aos olhos de Deus (ver 2 Coríntios 5:21). Isso não significa que você faz tudo certo, mas significa que você pode avançar em direção a um comportamento melhor todos os dias da sua vida, pois enquanto isso Deus ainda vê você como justo por causa da sua fé Nele. Quando você recebeu Jesus como Senhor e Salvador, você se tornou uma nova criatura (ver 2 Coríntios 5:17). Tudo acerca do seu velho "eu" morreu do ponto de vista de Deus. Recebê-lo tornou você novo, puro e reto com Deus. Você recebeu um novo coração, um novo futuro, o fruto do Espírito Santo; você foi preenchido de novas possibilidades e muito mais.

> Você é um filho de Deus comprado pelo sangue com mais valor e importância do que poderia um dia imaginar.

Isso significa que você tem o direito legal de se sentir bem consigo mesmo. Simplesmente não é bíblico andar por aí se sentindo um lixo o tempo todo e dizendo: "Ah, sou apenas um pobre coitado, um miserável pecador". Você peca e comete erros; você ainda precisa de misericórdia todos os dias, mas você tem uma nova identidade em Jesus Cristo. Você é um filho de Deus comprado pelo sangue com mais valor e importância do que poderia um dia imaginar. Deus fez uma obra tremenda dentro de você. Experimentalmente, você está a caminho da manifestação da sua posição "legal" em Cristo todos os dias, e pelo resto da sua vida, o Espírito Santo estará trabalhando com você para operar *através* de você o que Ele fez *em* você. O seu trabalho é cooperar com Ele rendendo-se à direção Dele em sua vida e acreditando no que Deus diz sobre você na Sua Palavra.

TORNE-SE AQUILO QUE VOCÊ ACREDITA

Quando passa a conhecer quem você é em Cristo acreditando no que a Bíblia diz a seu respeito, não importa como você se sinta, e não importa o que os outros digam, as promessas de Deus com relação a você serão liberadas em sua vida através da fé. Você cometerá erros, mas se continuar crendo no que a Palavra de Deus diz a seu respeito, você se tornará o que Deus diz que pode ser, fará o que Ele diz que você pode fazer; e poderá ter o que Ele diz que você pode ter. Por outro lado, não é provável que você experimente as bênçãos das promessas de Deus se não acreditar nelas.

Deixe-me fazer-lhe algumas perguntas importantes:

- Você está crendo na Palavra de Deus em todas as áreas da sua vida neste instante? Se não, você pode mudar isso simplesmente tomando a decisão de crer.
- Você está aplicando a verdade da Palavra de Deus a cada situação em que vive? Se não, por que não mudar isso hoje?
- No que você acredita a respeito de si mesmo? Essas convicções estão de acordo com a Palavra de Deus? Você pode decidir acreditar em tudo que Deus diz a seu respeito e abraçar o plano Dele para sua vida. Você não tem de esperar por um sentimento; você pode tomar uma decisão.
- No que você acredita a respeito do seu futuro? Ele reflete a verdade da Palavra de Deus?
- No que você acredita acerca do seu passado? Essas ideias estão alinhadas com a verdade de Deus?
- No que você acredita sobre as situações que parecem impossíveis em sua vida? As suas convicções são bíblicas?

As respostas a essas perguntas determinarão a maneira como você vê a si mesmo. Para saber realmente quem você é e andar na liberdade e no poder da sua identidade em Cristo, as suas convicções precisam se alinhar com a verdade da Palavra de Deus.

Houve um tempo em minha vida em que eu estava convencida de que nunca poderia superar o abuso que sofri no passado. Enquanto acreditei nisso, essa foi a minha realidade; eu não conseguia superar o abuso. Não importa o que Deus fizesse por mim, aquilo não se manifestaria em minha vida se eu me recusasse a crer. Mas quando comecei a crer, as coisas começaram a mudar. Não aconteceu rapidamente, mas ao longo do tempo comecei a perceber que Deus podia curar cada área da minha vida. Foram necessários mais de trinta anos, mas superei as consequências do abuso estudando e crendo na Palavra de Deus de uma forma ativa e deliberada — dia após dia. Foi um processo, mas cada dia trouxe uma mudança gradual, e com o tempo transformou-me completamente.

Você pode achar que trinta anos é tempo demais para se esperar, mas eu realmente não tinha outra opção. Ninguém tem. Só Deus pode transformar uma pessoa de dentro para fora; só Ele pode curar o homem interior e retirar as feridas e mágoas do passado. Talvez não demore tanto para você quanto demorou para mim, mas seja lá o tempo que demorar, vale a pena! Lembre que eu estava vendo progresso ao longo de todo o caminho, e você também verá.

Precisamos acreditar no que Deus diz e alinhar nossos pensamentos com os pensamentos Dele. Concordar com Deus, aceitando os pensamentos Dele e a Palavra Dele como verdade, nos permite dizer: "Bem, cometi um erro hoje, mas tenho fé", ou "Fiz algo que não deveria ter feito, mas tenho confiança na Palavra de Deus e sei que Ele me perdoará se eu me arrepender", ou "As circunstâncias estão muito difíceis neste instante, mas tenho fé que Deus virá em meu socorro porque a Sua Palavra diz que Ele o fará. Eu confio Nele". Precisamos crer e continuar crendo. Esse tipo de confiança na Palavra de Deus nos permite superar cada obstáculo na vida porque, independentemente do quanto as coisas estejam difíceis, a fé abre a porta para o aperfeiçoamento e a transformação. A verdade simples é que você não pode ser derrotado quando Deus está do seu lado.

TRANSFORMADO PELA RENOVAÇÃO DA SUA MENTE

Romanos 12:2 nos ajuda a entender por que as nossas convicções são tão importantes: "Não se amoldem ao padrão deste mundo, mas transformem-se pela renovação da sua mente, para que sejam capazes de experimentar e comprovar a boa, agradável e perfeita vontade de Deus". Aprendemos com esse versículo que precisamos renovar a nossa mente, ou desenvolver pensamentos novos, de acordo com a verdade de Deus, para que possamos cumprir o Seu plano para a nossa vida.

Deus tem grandes planos para cada pessoa que vive. O nosso inimigo, o diabo, sabe disso e tenta impedir que façamos o que Deus quer que façamos levando-nos a acreditar em mentiras. Ele pode nos dizer que Deus não nos ama o bastante para nos usar, que nós não temos o talento ou as habilidades de que precisamos para cumprir os propósitos de Deus, ou que nunca poderíamos fazer nada bem o bastante para agradar a Deus. Todas essas coisas são mentiras! O motivo pelo qual precisamos conhecer a verdade como Deus a entrega a nós na Sua Palavra é para que possamos vencer o poder das mentiras do inimigo e andar nos bons planos que Deus tem para nós. Temos de conhecer e crer na Palavra de Deus para podermos concordar com Deus, e não com o diabo.

Quando concordamos com Deus, crendo na Sua Palavra, nós nos tornamos confiantes em quem somos em Cristo e no Seu amor por nós. Também nos colocamos na posição de atingirmos o pleno potencial que Ele colocou dentro de nós e para executarmos os Seus planos e os Seus propósitos para a nossa vida. Ao fazermos isso, nos descobriremos fazendo o que fomos criados para fazer. Quando não somos capazes de fazer as coisas que fomos criados para fazer, ficamos frustrados, inquietos e infelizes. Mas quando podemos fazer essas coisas, ficamos cheios de energia, apaixonados, realizados, em paz e vitoriosos. Somos capazes de desfrutar tanto

> O motivo pelo qual precisamos conhecer a verdade como Deus a entrega a nós na Sua Palavra é para que possamos vencer o poder das mentiras do inimigo e andar nos bons planos que Deus tem para nós.

o processo quanto os resultados do que fazemos; podemos desfrutar o presente e aguardar o futuro com confiança.

O QUE DEUS DIZ A SEU RESPEITO

A Bíblia está cheia de verdades com relação a quem você é e o que Deus pensa a seu respeito. Conheço pessoas que gostam de ler o Novo Testamento e marcar os versículos que incluem as palavras "em Cristo" ou "Nele". Esse é um bom exercício — um exercício que vale o investimento do seu tempo e da sua energia, e que pode transformar sua maneira de ver a si mesmo. No Apêndice deste livro, apresento uma lista extensa desses versículos, em forma de confissões, para ajudá-lo a estar firmado na verdade de Deus acerca de quem você é. Eu o incentivo a ler estas palavras cheias de poder, memorizando-as, orando a respeito delas, e confessando-as, porque, se você crer nelas e renovar a sua mente de acordo com elas, elas transformarão a sua vida.

Capítulo 6

Avance com Fé

"O único limite às nossas realizações de amanhã serão as nossas dúvidas de hoje. Avancemos com uma fé ativa e forte".
— FRANKLIN D. ROOSEVELT

Uma jovem levou seu noivo para casa a fim de conhecer seus pais. Depois do jantar, a mãe da jovem pediu ao pai dela para descobrir quem era o rapaz. O pai convidou o noivo para irem até o escritório dele para conversarem.

"E então, quais são os seus planos?", perguntou o pai ao jovem.

"Estou cursando o Seminário", respondeu ele.

"Seminário. Hummmm", disse o pai. "Admirável, mas o que você vai fazer para dar uma boa casa para minha filha morar?".

"Vou estudar", respondeu o jovem, "e Deus proverá para nós".

"E como você vai comprar um belo anel de noivado para ela, como ela merece?", perguntou o pai.

"Vou me concentrar nos meus estudos", respondeu o jovem. "Deus proverá para nós".

"E os filhos?", perguntou o pai. "Como você vai sustentar os filhos?".

"Não se preocupe, senhor. Deus proverá", respondeu o noivo.

A conversa prosseguiu assim, e toda vez que o pai questionava, o jovem idealista insistia que Deus iria prover. Mais tarde, a mãe perguntou: "Como foi, querido?". O pai respondeu: "Ele não tem emprego nem planos, e pensa que eu sou Deus".[1]

Uma coisa é verdade com relação ao jovem dessa história: ele certamente tinha fé! Todos nós precisamos fazer o nosso melhor, trabalhar duro, e viver sabiamente, mas também precisamos ter fé em Deus, confiando Nele para solucionar as nossas dificuldades, nos mostrar como viver, para nos suprir e para nos guiar nos assuntos da nossa vida diária. Precisamos colocar fé em tudo que fazemos porque não podemos agradar a Deus sem isso (ver Hebreus 11:6).

Para desfrutar o hoje e abraçar o amanhã, precisamos abordar a vida com fé. Abraçar o amanhã significa aguardar o amanhã com expectativa. Não tenha pavor do desconhecido nem das coisas iminentes que talvez você não espere. O pavor é parente do medo, e está oposto à fé. A Bíblia diz que devemos *viver* por fé, e encarar tudo com fé (ver Habacuque 2:4). A fé não é simplesmente algo necessário para recebermos a salvação; ela é um modo de vida. Precisamos de fé para administrar nossas finanças, para criar nossos filhos e para construir lares e casamentos de sucesso. Também precisamos de fé para lidar com o nosso trabalho — fé para trabalhar duro e atuar com integridade e para olhar para Deus como a nossa fonte de provisão, em vez da nossa empresa ou organização. Precisamos de fé para cobrir os erros do nosso passado e para encarar o amanhã com coragem. Um dia, chegaremos ao fim da nossa vida terrena e precisaremos até mesmo morrer por fé, crendo que Deus está esperando para nos receber na Sua eterna presença no céu.

> Tudo o mais pode falhar conosco, mas Deus é a nossa Rocha, o nosso Refúgio, o nosso Esconderijo, a nossa Torre Alta, a nossa Fortaleza em tempo de angústia; o nosso Lugar Secreto.

Sim, precisamos de fé para hoje e fé para amanhã. Sem essa confiança em Deus, podemos ficar duvidosos e hesitantes quanto ao presente e temerosos quanto ao futuro. Só Deus nos dá força para enfrentarmos cada dia, de modo que precisamos nos voltar para Ele e colocar a nossa fé somente Nele. Tudo o mais — as pessoas, os bens materiais, a educação, os relacionamentos, as empresas, os salários — pode falhar conosco, mas Deus é a nossa Rocha, o nosso Refúgio, o nosso Esconderijo, a nossa Torre Alta, a nossa Fortaleza em tempo de angústia; o nosso Lugar Secreto. Ele é a nossa esperança, a nossa paz, a nossa alegria, a nossa força e a fonte de tudo que precisamos. Ele é o único que nunca falha e o único digno de colocarmos a nossa fé.

CONFIANÇA ABSOLUTA

Amo a definição de fé da Bíblia em língua inglesa *Amplified Bible*, em Colossenses 1:4: "Pois temos ouvido falar da fé que vocês têm em Cristo Jesus *[da dependência de toda a sua personalidade humana Nele em absoluta confiança no Seu poder, sabedoria e bondade]* e do amor que têm *[e demonstram]* por todos os santos (os que foram consagrados por Deus)" (ênfase da autora). Ela nos ensina que a fé em Deus é a "dependência de toda a sua personalidade humana Nele em *absoluta* confiança no Seu poder, sabedoria e bondade" (ênfase da autora). Quando você e eu exercitamos nossa fé, dependemos Dele com tudo que há em nós e colocamos a nossa confiança em três atributos específicos do Seu caráter: Seu poder, Sua sabedoria e Sua bondade.

O Poder de Deus

Quando nos aproximamos de Deus com fé, primeiro precisamos entender que Ele tem o poder, a capacidade sobrenatural de atender às nossas necessidades e resolver os nossos problemas. Ele é capaz de orquestrar circunstâncias e acontecimentos, consertar relacionamentos, abrir portas de oportunidade, nos resgatar dos problemas, enviar provisão financeira ou material e operar qualquer tipo de milagre que necessitemos. O próprio Jesus disse: "Para Deus *todas as coisas* são possíveis" (Mateus 19:26, ênfase da autora). Você e eu somos limitados na nossa força humana, mas Deus pode fazer qualquer coisa. Crer nisso é essencial para termos fé.

A Sabedoria de Deus

A fé também inclui colocar confiança absoluta na sabedoria de Deus. Quando não sabemos o que fazer ou como fazer, Deus sabe. Ele é poderoso o bastante para fazer qualquer coisa! Mas na Sua sabedoria, Ele pode optar por não fazer tudo que é capaz de fazer. Ele sabe o que é melhor para nós; e Ele sempre opera em nossa vida tendo em mente o nosso melhor interesse. Ele sabe exatamente o que fazer por nós e como nos ajudar. Quando responde às nossas orações de uma maneira que não entendemos, precisamos confiar no fato de que Ele é um Deus sábio que vê o quadro global de nossa vida e faz com que todas as coisas cooperem para o nosso bem (ver Romanos 8:28). Deus é sempre capaz de nos libertar das dificuldades, mas Ele pode optar por não fazer isso para o nosso bem. Às vezes precisamos ter a experiência de passar por alguma coisa, em vez de sermos livres dela. Em Isaías 41, é dito ao povo para não temer porque Deus estava tornando-os resistentes às dificuldades (ver v. 10). Creio que essa é uma afirmação interessante e algo que devemos entender. Ao sermos expostos a desafios, aprendemos a superá-los em vez de sermos derrotados por eles. Existem algumas coisas em minha vida das quais Deus optou por não me livrar e que a princípio me irritavam, mas que agora não me incomodam nem um pouco. Por quê? Porque por meio da minha experiência, descobri que eu era mais forte em Deus do que pensei que fosse.

A Bondade de Deus

Deus é um bom Deus, e precisamos ter fé na Sua bondade. A Bíblia está cheia de versículos que nos dizem o quanto Ele é bom e o quanto nos ama. Ele também tem bons planos para a nossa vida. Em Jeremias 29:11, Deus promete: "Porque sou eu que conheço os planos que tenho para vocês... planos de fazê-los prosperar e não de lhes causar dano, planos de dar-lhes esperança e um futuro".

Nessa mesma perspectiva, Efésios 2:10 diz que Deus planejou boas obras para nós para que andássemos nelas, "as quais Deus preparou antes para nós as praticarmos".

> Quando coloca sua fé em Deus, você está confiando completamente no Seu poder, na Sua sabedoria e na Sua bondade.

Quando coloca sua fé em Deus, você está confiando completamente no Seu poder, na Sua sabedoria e na Sua bondade. Você não está implorando favores a um juiz celestial que quer punir você; você não está tentando se conectar com uma divindade distante que observa o universo de longe. Quando tem fé, você tem confiança completa no Deus sempre presente que tem o poder para realizar qualquer coisa em seu favor, a sabedoria para saber exatamente o que você precisa e a bondade para trabalhar na sua vida de uma maneira que gere a maior bênção possível.

Gosto de dizer isto assim: "Deus é poderoso o bastante para fazer o que precisa ser feito em minha vida; Ele sabe como fazê-lo, e quer fazê-lo porque Ele é bom!".

DE FÉ EM FÉ

Romanos 1:17 diz: "Porque no evangelho é revelada a justiça de Deus, uma justiça que do princípio ao fim é pela fé, como está escrito: 'O justo viverá pela fé'". Esse versículo lembra que precisamos aprender a viver de fé em fé. Isso significa que encaramos tudo que enfrentamos, cada desafio que encontramos, cada decisão que tomamos e tudo que fazemos com fé. A fé deve ser a postura do nosso coração e a atitude de nossa mente com relação a cada situação.

Certamente preciso de fé em minha vida diária e em meu ministério. Quando viajo para fazer conferências, vou com a fé de que chegarei em segurança ao meu destino. Quando começo a ensinar, faço-o na fé de que Deus me deu a mensagem certa para aquele público. Tenho fé de que sou ungida para ensinar a Palavra de Deus, para ajudar pessoas, e para dizer as palavras certas. Quando saio da plataforma, tenho fé de que Deus usou meu ministério para transformar vidas. Quando vou para casa, tenho fé de que chegarei em segurança. Depois de muitos anos com dúvidas e temores, decidi definitivamente que a fé é muito melhor. A fé permite que desfrutemos nossa vida e façamos coisas impressionantes. Viver por fé não é um *sentimento* que temos; é uma decisão consciente que precisamos tomar.

Imagine que tipo de ministra eu seria se não tivesse fé com relação às minhas mensagens. Eu não seria muito eficaz se começasse a ensinar, acreditando que meu ensinamento era a palavra de Deus para um grupo de pessoas, e depois perdesse minha confiança no meio do sermão porque alguém bocejou, resmungou, saiu do aposento ou olhou para mim da maneira errada. O diabo saberia que eu havia perdido minha confiança, e isso abriria a porta para ele arruinar toda a reunião. O público também perceberia que eu não tinha confiança no que estava dizendo e não poderia receber ajuda com a mensagem. Fazer as coisas com medo não apenas nos atormenta, como também desperdiça o nosso tempo. Nenhum bem pode vir daí porque Deus não trabalha por meio do medo; Ele trabalha por meio da nossa fé.

Você pode aplicar os princípios da minha história à sua vida? Às vezes você sente que está fazendo a coisa certa e dá um passo de fé? Então, se você não vê a reação que parece ser apropriada, você começa a duvidar e a ficar incrédulo e passa os próximos dias pensando: *Ah, fiz a coisa errada. Eu não devia ter feito aquilo. Eu não devia ter dito aquilo?* Deus não quer que vivamos com esse tipo de confusão em nossa vida, sem nunca saber o que fazer e sem nunca nos sentirmos confiantes quanto às nossas palavras ou aos nossos atos. Ele quer que vivamos por fé e que façamos tudo que fazemos com confiança Nele.

> Fazer as coisas com medo não apenas nos atormenta, como também desperdiça o nosso tempo.

Mesmo que você chegue ao ponto de saber que tomou uma decisão errada sobre alguma coisa, você ainda pode ter fé de que Deus fará com que tudo coopere para o bem. A fé é realmente impressionante. Ela abre a porta para Deus se envolver em tudo que fazemos; e com Ele no nosso time, não podemos perder.

Não podemos verdadeiramente viver por fé se hesitamos entre a fé e o medo, a dúvida e a incredulidade, e voltamos para o medo e para mais dúvidas e incredulidade e finalmente voltamos para a fé. Precisamos nos livrar dessa mistura! Essa maneira instável de viver gera um tormento tremendo na vida das pessoas, por isso precisamos chegar ao ponto de nos decidirmos, de uma vez por todas, sobre o que acreditamos e em quem acreditamos. Temos de decidir quem pode resolver nossos problemas e quem não pode. Quando tivermos nos decidido com firmeza, temos de permanecer firmes e manter as nossas convicções com decisão. É a isso que a Bíblia se refere como "combater o bom combate". Certamente, é desafiador continuar tendo fé quando nada do que você vê, sente ou pensa apoia isso. Mas é então que precisamos olhar mais fundo para ver o que está em nosso coração Quando fizermos isso, descobriremos que Deus está sempre nos encorajando a continuar crendo.

A FÉ SIMPLES

Gosto de definir fé de uma maneira muito básica e de fácil compreensão: viver com uma atitude positiva. Viver por fé é olhar tudo de uma maneira positiva, não confiando no poder do pensamento positivo, mas confiando no poder de Deus, que nos ama e deseja o melhor para nós. Quando temos fé, podemos dizer com confiança em nosso coração:

- "Não sei o que fazer, mas Deus sabe"."Não entendo o que está acontecendo em minha vida, mas Deus fará um caminho para mim".
- "Não sei como vou pagar minhas contas este mês, mas Deus proverá".
- "Esta prova não está sendo agradável; não gosto disto, mas creio que Deus faz com que todas as coisas cooperem para o bem daqueles que O amam e que são chamados segundo o Seu propósito" (ver Romanos 8:28).

> Viver por fé é olhar tudo de uma maneira positiva, não confiando no poder do pensamento positivo, mas confiando no poder de Deus, que nos ama e deseja o melhor para nós.

- "Não gosto da situação pela qual estou passando, mas o que Satanás planeja para o meu mal, Deus transforma em bem" (ver Gênesis 50:20).

Essas afirmações e as atitudes que elas representam demonstram fé. A fé sempre confia no amor de Deus e olha além de onde está para ver o resultado final. A fé sempre tem esperança e se recusa a aceitar a derrota. As pessoas que vivem por fé podem aproveitar cada dia de sua vida e abraçar o amanhã com entusiasmo.

Capítulo 6

FÉ PARA TODO DIA

Efésios 2:8,9 diz: "Pois vocês são salvos pela graça, por meio da fé, e isto não vem de vocês, é dom de Deus; não por obras, para que ninguém se glorie". Ninguém que está vivo hoje viu Jesus morrer na cruz, mas porque temos fé, sinceramente cremos que esse evento aconteceu. Como cristãos, decidimos deliberadamente crer no poder de um acontecimento que não testemunhamos e do qual nem sequer ouvimos falar em primeira mão. Quando lemos as histórias sobre a crucificação na Bíblia ou ouvimos as pessoas falarem sobre como Jesus mudou a vida delas, podemos optar por crer nelas ou não; a decisão cabe inteiramente a nós. Creio que a fé vem quando ouvimos o evangelho, mas ainda assim precisamos tomar uma decisão. Quando optamos por crer que Jesus morreu por nós e ressuscitou dos mortos, isso é o princípio do que pode ser uma vida de fé. A nossa fé inicial redundará em mais fé à medida que estudarmos a Palavra de Deus e aprendermos a andar com Ele. Cada vez que vemos como a fé opera em nossa vida, isso aumenta a nossa fé para confiarmos em Deus em outras situações.

Como mencionei anteriormente, Deus não quer que limitemos a fé à nossa experiência de salvação. Colossenses 2:6 diz: "Portanto, assim como vocês receberam Cristo Jesus, o Senhor, andem (regulem sua vida e conduzam-se) em união *e* conformidade com Ele" (AMP). Portanto, se recebemos Cristo pela fé, devemos viver toda a nossa vida por fé. Não devemos decidir crer em Deus com relação a certos projetos ou situações e tentar lidar com tudo o mais por nós mesmos. Mas, às vezes, lidamos com a nossa vida desse modo, pensando: *Ó Deus, estou com um enorme problema hoje. Quero dizer, este é importante, Deus, realmente preciso de ajuda para lidar com isto.*

Deus quer nos ajudar com as coisas que parecem "grandes" para nós e com as coisas que parecem menos importantes. Ele quer nos ajudar quando estamos desesperados e quando não estamos. Anos atrás, entendi que tudo na vida está além da minha capacidade; é muita coisa para que eu possa lidar com tudo sozinha. Eu costumava correr para Deus só quando achava que estava desesperada, mas então um dia finalmente entendi que eu estava desesperada o tempo todo; eu apenas não sabia disso.

O mesmo acontece com você. Você está desesperado por Deus o tempo todo, quer perceba isso ou não. Jesus disse em João 15:5: "Eu sou a videira; vocês são os ramos. Se alguém permanecer em mim e eu nele, esse dará muito fruto; pois *sem mim vocês não podem fazer coisa alguma*" (ênfase da autora). Para permanecer Nele, precisamos ter fé. Não podemos vê-lo com os nossos olhos físicos ou estender a mão e tocá-lo com as nossas mãos, mas podemos nos identificar com Ele de uma forma poderosa e pessoal quando temos fé. À medida que permane-

> Deus quer nos ajudar com as coisas que parecem "grandes" para nós e com as coisas que parecem menos importantes.

cemos Nele por meio da fé, podemos fazer tudo, mas separados Dele, não podemos fazer nada que tenha qualquer valor real e duradouro.

A nossa necessidade desesperada por Deus e o desejo Dele de que permaneçamos Nele não significa que temos de ser "superespirituais" o tempo todo. Não precisamos nos sentir obrigados a ler as nossas Bíblias e a ficarmos confinados ao nosso quarto orando por horas a cada dia, mas quando realmente amamos a Deus e Ele vem em primeiro lugar em nossa vida, tudo que fazemos passa a ser espiritual de certa forma, porque estamos fazendo as coisas com Ele, Nele, por meio Dele, por Ele, para Ele e para a Sua glória.

Devemos estudar nossa Bíblia e orar porque queremos e porque sentimos que fazer isso é um tremendo privilégio. Não devemos ler e estudar só por um sentimento de dever ou porque achamos que com isso ganhamos pontos com Deus. Isso deve ser parte da nossa vida, mas não precisamos achar que estamos sendo "espirituais" quando fazemos isso e "não espirituais" quando fazemos as coisas comuns. Foi muito libertador para mim entender finalmente que tudo assume uma natureza espiritual se o fizermos através de Jesus, por Jesus, para Jesus e com Jesus. Até escolher as roupas que vou vestir todo dia se torna algo mais significativo se eu tiver em mente que quero me vestir para a Sua glória.

Deixe-me encorajá-lo a deixar Deus entrar em todas as áreas da sua vida por meio da fé. Jesus morreu para que pudéssemos desfrutar nossa vida — tudo que faz parte dela. À medida que crescemos em fé, aumentamos nossa capacidade de relaxar e aproveitar cada aspecto do hoje, e aguardarmos o amanhã com expectativa.

Capítulo 7

Confie em Meio às Provações

"O caráter não pode ser desenvolvido na calma e na facilidade. Somente por meio da experiência das provações e dos sofrimentos é que a alma pode ser fortalecida, a ambição inspirada e o sucesso alcançado".
— HELEN KELLER

Com o objetivo de incentivar o progresso de seu filho no piano, uma mãe levou o garotinho a um concerto do famoso pianista Paderewski. Depois que estavam sentados, a mãe avistou uma amiga na plateia e desceu até o corredor para cumprimentá-la.

Aproveitando a oportunidade para explorar as maravilhas da sala de concerto, o garotinho se levantou e finalmente abriu caminho até uma porta onde estava escrito "PROIBIDA A ENTRADA".

Quando as luzes se apagaram e o concerto estava para começar, a mãe voltou ao seu assento e descobriu que seu filho não estava. De repente, as cortinas se abriram e os holofotes focalizaram o impressionante piano Steinway no palco.

Horrorizada, a mãe viu seu menininho sentado ao piano, inocentemente dedilhando "Brilha, Brilha, Estrelinha".

Naquele instante, o grande mestre do piano fez sua entrada, andou rapidamente até o piano e sussurrou ao ouvido do garotinho: "Não pare, continue tocando".

Então, encurvando-se, Paderewski estendeu a mão esquerda e começou a preencher a parte do baixo. Logo seu braço direito cercou o menino pelo outro lado e ele acrescentou um movimento *obbligato*.

Juntos, o velho mestre e o jovem novato transformaram uma situação aterradora em uma experiência maravilhosamente criativa. A plateia ficou hipnotizada.[1]

Com Deus é assim. O que podemos realizar sozinhos raramente é digno de nota. Tentamos o melhor que podemos, mas o resultado não é exatamente uma música que flui, cheia de graça. Mas com a mão do Mestre, a obra da nossa vida pode ser realmente linda.

Da próxima vez que você se dispuser a realizar grandes feitos, ouça com atenção. Você pode ouvir a voz do Mestre, sussurrando em seu ouvido: "Não pare. Continue tocando". Sinta os Seus braços amorosos ao seu redor. Saiba que as Suas mãos fortes estão tocando o concerto da sua vida.

O garotinho dessa história aprendeu uma lição valiosa sobre confiança. Ele estava prestes a passar por um grande constrangimento — e provavelmente por um castigo de sua mãe — antes que o mestre pianista viesse em seu socorro. Em algum ponto de nossa vida, todos nós nos encontramos em algum tipo de problema. Pode ser ou não uma situação que nós mesmos criamos; pode ser muito mais sério que a aventura do garotinho no concerto, mas percebemos que precisamos da ajuda do Mestre.

Todo mundo enfrenta testes e provações ao longo da vida, e podemos escolher como queremos lidar com eles. Podemos fazer escolhas pouco inteligentes ou pouco saudáveis quando enfrentamos dificuldades; podemos tentar resolver as coisas com as próprias mãos; ou podemos confiar em Deus. Recomendo firmemente que você confie Nele. Ele é o único que realmente pode nos ajudar, salvar, guiar, nos dar o que precisamos e nos encorajar com a Sua presença quando passamos por adversidades.

> Podemos fazer escolhas pouco inteligentes ou pouco saudáveis quando enfrentamos dificuldades; podemos tentar resolver as coisas com as próprias mãos; ou podemos confiar em Deus.

Minha grande esperança é que você desfrute cada dia da sua vida, mas o fato é que você terá desafios e provações. Você pode ter alguns dias escuros e difíceis ao longo da vida; essas são simplesmente oportunidades de confiar em Deus. Vi Deus fazer coisas absolutamente surpreendentes

Capítulo 7

na vida das pessoas ao longo dos anos, e experimentei o Seu poder de fazer milagres em minha vida, em minha família e em meu ministério. Aprendi que a melhor maneira de nos posicionarmos para um milagre é confiando em Deus em meio aos problemas e provações que encontramos em nossa vida. Ele é um Deus fiel; e Ele sempre vem em nosso socorro quando confiamos Nele.

CONFIANDO EM DEUS *PARA* ALGO E *DURANTE* ALGUMA SITUAÇÃO

Geralmente, quando pensamos em confiar em Deus, pensamos em confiar Nele para obtermos as coisas de que precisamos ou que queremos — provisão financeira, cura física, restauração de um relacionamento, uma promoção no trabalho, um lugar para morar, uma oportunidade que queremos ou uma grande vitória em algum tipo de competição. Um verdadeiro relacionamento de confiança em Deus vai além de confiar Nele para termos alguma coisa e inclui confiar Nele em certas circunstâncias ou *durante* uma situação. Precisamos aprender não apenas a esperar Dele os resultados que queremos; precisamos aprender a confiar Nele durante o processo de alcançá-los.

Houve um tempo em minha vida em que eu me concentrava intensamente em confiar em Deus para conseguir coisas, dizendo: "Quero isto, Deus", "Quero aquilo, Deus" e "Preciso disso e disso, Deus". Em meio aos meus pedidos, Ele começou a me mostrar que conseguir todas aquelas coisas não era o mais importante em minha vida naquela época. Aquelas coisas viriam mais tarde, mas naquele momento, Ele precisava me ensinar a confiar Nele enquanto eu estava passando por situações, a confiar Nele o bastante para atravessá-las com estabilidade e com uma atitude positiva de forma persistente. Deus queria que eu aprendesse que Ele nem sempre nos salva quando queremos nos livrar das circunstâncias, mas Ele está sempre conosco enquanto passamos por elas.

Deus nem sempre *nos livra de* tudo quando achamos que Ele deve fazer isso. Através da Sua Palavra, lemos sobre pessoas que tiveram de *passar por* certas coisas. Uma passagem familiar a muitos está no Salmo 23:4: "Mesmo quando eu andar *por* um vale de trevas e morte, não temerei perigo algum, pois tu estás comigo; a tua vara e o teu cajado me protegem" (ênfase da autora). O Salmo 66:12 diz: "Deixaste que os inimigos cavalgassem sobre a nossa cabeça; passamos *pelo* fogo e *pela* água, mas a um lugar de fartura nos trouxeste" (ênfase da autora). O profeta Isaías, falando por Deus, disse: "Quando você atravessar as águas, eu estarei com você; quando você atravessar os rios, eles não o encobrirão. Quando você andar através do fogo, não se queimará; as chamas não o deixarão em brasas" (Isaías 43:2, ênfase da autora).

Uma das histórias mais impressionantes de confiança em Deus em meio aos problemas é o relato de três jovens corajosos chamados Sadraque, Mesaque e Abednego. O rei Nabucodonosor, do Antigo Testamento, ameaçou lançá-los em uma fornalha ardente onde eles certamente seriam queimados vivos se não adorassem os seus ídolos. Eles responderam: "Se formos atirados na fornalha em chamas, o Deus a quem prestamos culto pode livrar-nos, e ele nos livrará das tuas mãos,

> Deus nem sempre *nos livra de* tudo quando achamos que Ele deve fazer isso. Através da Sua Palavra, lemos sobre pessoas que tiveram de *passar por* certas coisas.

ó rei. Mas, se ele não nos livrar, saiba, ó rei, que não prestaremos culto aos teus deuses nem adoraremos a imagem de ouro que mandaste erguer" (Daniel 3:17,18). Deixe-me esclarecer que a frase "Mas, se ele não nos livrar" não significa que Deus talvez não tivesse poder para livrá-los; Ele certamente tem esse poder. Nesse contexto, essas palavras significam "se não estiver no plano Dele, se isto não for o melhor para todos os envolvidos".

O irado rei Nabucodonosor realmente lançou os três homens na fornalha ardente — depois de ordenar que a fornalha fosse aquecida sete vezes mais que a sua temperatura normal. As chamas da fornalha estavam tão altas que incineraram os homens que amarraram os jovens e os lançaram nela. Quando Nabucodonosor olhou para dentro da fornalha, esperando que os três homens estivessem incinerados, ele disse, assombrado: "Olhem! Estou vendo quatro homens, desamarrados e ilesos, andando pelo fogo, e o quarto se parece com um filho dos deuses" (v. 25 — muitas pessoas acreditam que o quarto homem era a pré-encarnação de Jesus).

Capítulo 7

O rei chamou Sadraque, Mesaque e Abednego para fora da fornalha, e quando eles apareceram, nem um cabelo da cabeça deles havia sido queimado, suas roupas não haviam sido tostadas, e eles nem sequer tinham cheiro de fumaça.

Esse testemunho de passar por dificuldades com absoluta confiança em Deus inspirou as pessoas por gerações. Hoje, podemos extrair muito encorajamento do fato de que Sadraque, Mesaque e Abednego passaram por uma situação aterradora, uma situação da qual podemos presumir que eles queriam se livrar, e Jesus estava na fornalha ardente com eles. À medida que seguimos o exemplo deles, podemos passar por provações em nossa vida com uma atitude estável e positiva, confiando em Deus inteiramente, mesmo contra probabilidades aparentemente impossíveis. Então, outras pessoas podem adquirir força e encorajamento com base em nossa vida, assim como nós ganhamos coragem com base na história de Sadraque, Mesaque e Abednego.

> Lembre, cabe a você comandar a sua atitude em cada situação.

Lembre, cabe a você comandar a sua atitude em cada situação. Ninguém pode forçá-lo a ter uma atitude negativa ou uma atitude positiva; isso cabe inteiramente a você. Mantenha uma atitude de fé, de louvor, de gratidão e de expectativa positiva, e você definitivamente sairá da sua situação em vitória, exatamente na hora certa.

CONFIANDO QUANDO NÃO ENTENDEMOS

Um dos grandes mistérios e fatos sobre a nossa caminhada com Deus é que raramente entendemos tudo que Ele está fazendo em nossa vida. Se sempre entendêssemos, não teríamos necessidade de confiar Nele. Como crentes, costumamos estar em situações nas quais nada sabemos, e nos surpreendemos questionando Deus: "O que vai acontecer no meu futuro?", "Será que um dia vou me casar?", "O que meus filhos serão quando crescerem?", "Terei a provisão de que preciso quanto ficar idoso?".

Temos de aprender a confiar em Deus quando não entendemos o que está acontecendo em nossa vida, e precisamos ficar à vontade com perguntas não respondidas. Você e eu talvez nunca tenhamos todas as respostas que queremos quando queremos, de modo que precisamos relaxar e ficar à vontade conhecendo e confiando em Deus, Aquele que sabe. Sem confiança, é impossível desfrutar o hoje e estar pronto para enfrentar o amanhã com expectativa.

Jó, que tinha muitas razões para questionar Deus quando enfrentou uma série impressionante de crises e perdas, disse: "Embora ele me mate, ainda assim esperarei nele" (Jó 13:15). Jó não entendia o que estava acontecendo com sua vida, mas ele tomou a decisão de confiar em Deus de qualquer maneira. Creio que essa foi a única maneira pela qual ele pôde encontrar paz em meio àquela situação terrível. Do mesmo modo, você e eu nunca teremos paz em nossa vida até que aprendamos a parar de tentar entender tudo e começarmos a confiar mais em Deus.

Provérbios 3:5,6 diz: "Confie no Senhor de todo o seu coração e não se apóie em seu próprio entendimento; reconheça o Senhor em todos os seus caminhos, e ele endireitará as suas veredas". Observe que devemos confiar no Senhor de *todo* o nosso coração. Não podemos dizer com nossos lábios "confio em Deus", e depois permitir que nossas emoções fiquem angustiadas e nossos pensamentos enlouqueçam. Temos de ser diligentes para mantermos uma postura firme e inabalável de fé e confiança em Deus em nosso coração e em nossa mente.

Em minha vida, isso me ajudou a finalmente ser sincera comigo mesma sobre o fato de estar ou não *realmente* confiando em Deus. Tive de encarar a verdade de que, se eu estava preocupada, não estava realmente confiando em Deus. Ser sincera com relação ao nível da minha fé me ajudou a crescer nela e a chegar aonde eu precisava.

Se você é do tipo de pessoa que precisa entender tudo para se acalmar, deixe-me encoraja-lo hoje a aceitar o fato de que é provável que você não receba todas as respostas que quer nesta vida. Opte por deixar de exigir explicações e começar a praticar a confiança. Em vez de perguntar a Deus por que, diga a Ele que você confia Nele. Isso faz parte do processo de confiar em Deus de maneira prática quando você não entende o que está acontecendo. Houve muitas vezes em minha vida em que eu quis de todo o coração saber por que alguma coisa estava acontecendo ou não, mas sabia que Deus queria a minha confiança, e não as minhas perguntas.

Quando você só pode ver um passo à sua frente, mas preferia ver todo o caminho, dê esse passo e confie em Deus para lhe mostrar o próximo. Quando você sabe que Deus poderia suprir uma necessidade sua sem nenhum esforço, mas a resposta Dele é retardada, confie que Ele lhe responderá no tempo certo. Em Isaías 55:8, Deus diz: "Pois os meus pensamentos não são os pensamentos de vocês, nem os seus caminhos são os meus caminhos". Os pensamentos e os caminhos Dele são mais altos, melhores e mais sábios que os nossos. Ele pode ver o fim desde o começo, e Ele sabe as respostas que não podemos compreender ainda. Precisamos confiar Nele quando não entendemos as circunstâncias.

CONFIANDO DURANTE AS PROVAS

Deus quer fazer o bem a nós. Ele quer nos abençoar. Mas também quer ter certeza de que estamos suficientemente maduros para as bênçãos que Ele quer derramar. Às vezes, para nos mostrar o que está em nosso coração — e as coisas com as quais podemos ou não podemos lidar, Deus nos prova. Foi exatamente isso que Ele fez com os israelitas no deserto antes de eles entrarem na Terra Prometida, como lemos em Deuteronômio 8.

> Deus quer fazer o bem a nós. Ele quer nos abençoar. Mas também quer ter certeza de que estamos suficientemente maduros para as bênçãos que Ele quer derramar.

"Lembrem-se de como o Senhor, o seu Deus, os conduziu por todo o caminho no deserto, durante estes quarenta anos, para humilhá-los e pô-los à prova, a fim de conhecer suas intenções, se iriam obedecer aos seus mandamentos ou não" (v. 2). Observe primeiro que Deus conduziu os israelitas através do deserto. Eles não se perderam nem terminaram no deserto. Em vez disso, Ele os conduziu pelo deserto com o propósito de testá-los para ver se eles guardariam os Seus mandamentos e O adorariam em meio às dificuldades do deserto. Do mesmo modo, Deus levará você a passar por algumas provas e por algumas experiências que testarão a sua fé. Durante esses momentos, Ele estará observando para ver o que está no seu coração.

Os versículos 3 e 4 descrevem o tempo de prova dos israelitas com mais detalhes: "Assim, ele os humilhou e os deixou passar fome. Mas depois os sustentou com maná, que nem vocês nem os seus antepassados conheciam, para mostrar-lhes que nem só de pão viverá o homem, mas de toda palavra que procede da boca do Senhor. As roupas de vocês não se gastaram e os seus pés não incharam durante esses quarenta anos". Enquanto Deus testava o Seu povo, Ele os humilhou, e fez com que eles confiassem Nele para terem a sua provisão diária. Eles nunca sabiam de um dia para o outro se o maná cairia do céu na manhã seguinte, mas Deus exigia que eles recolhessem somente o maná que podiam comer a cada dia. Eles não tinham escolha senão confiar Nele quanto à próxima refeição. Ele os disciplinou dessa forma, e de outras formas, como lemos nos versículos 5 e 6: "Saibam, pois, em seu coração que, assim como um homem disciplina o seu filho, da mesma forma o Senhor, o seu Deus, os disciplina. Obedeçam aos mandamentos do Senhor, o seu Deus, andando em seus caminhos e dele tendo temor".

Quando Deus nos prova, faz isso porque quer nos abençoar. No caso dos israelitas, Ele os testou e os disciplinou com a finalidade de levá-los até a abundância e a bênção da Terra Prometida. Os versículos 7 a 9 nos mostram o coração de Deus

> Quando Deus nos prova, faz isso porque quer nos abençoar.

para com eles: "Pois o Senhor, o seu Deus, os está levando a uma boa terra, cheia de riachos e tanques de água, de fontes que jorram nos vales e nas colinas; terra de trigo e cevada, videiras e figueiras, de romãzeiras, azeite de oliva e mel; *terra onde não faltará pão e onde não terão falta de nada;* terra onde as rochas têm ferro e onde vocês poderão extrair cobre das colinas" (ênfase da autora).

A passagem prossegue descrevendo a boa terra à qual Deus estava levando o Seu povo. Precisamos nos lembrar de que Ele primeiro os levou

Capítulo 7

por uma jornada longa e difícil; Ele os testou e os disciplinou no deserto antes que eles entrassem na terra que havia prometido. Deus os estava testando séculos antes, e Ele ainda testa aqueles a quem ama hoje. Quando você se deparar com provas e dificuldades, lembre que as bênçãos estão à frente, e avance com absoluta confiança em Deus. Concentre-se mais em passar nos seus testes do que na dificuldade deles. Você é capaz de muito mais do que pensa, e Deus sempre o livrará na hora certa.

CONFIANDO QUANDO NÃO PODEMOS VER

No início deste capítulo, escrevi sobre Sadraque, Mesaque e Abednego. Esses três jovens não tinham ideia do que lhes aconteceria quando fossem lançados na fornalha ardente, mas estavam dispostos a colocar a vida em risco em vez de desobedecer a Deus. Precisamos de pessoas hoje que se levantem em nome da justiça, e do que é certo segundo a Palavra de Deus. Se isso não acontecer, nosso mundo estará com sérios problemas. Muitas vezes, porém, as pessoas não se posicionam em favor da justiça porque têm medo do que acontecerá quando fizerem isso. Será que elas perderão o emprego? Será que perderão os amigos? Será que serão ridicularizadas na mídia? Em situações como essas, quando não sabemos qual será o resultado de uma atitude, precisamos confiar em Deus e seguir em frente para fazer o que acreditamos que é certo. Mesmo se formos perseguidos por amor à justiça, a Palavra de Deus diz que somos abençoados (ver Mateus 5:10).

> Precisamos de pessoas hoje que se levantem em nome da justiça, e do que é certo segundo a Palavra de Deus.

O mundo precisa desesperadamente de homens e mulheres que prefiram perder o emprego a comprometerem sua integridade para mantê-lo. Precisamos de políticos que percam votos se necessário, mas não sacrifiquem sua integridade. Deus pode nos colocar em lugares melhores do que qualquer pessoa possa nos colocar se pusermos a nossa confiança Nele e se formos pessoas íntegras e excelentes. Precisamos de pessoas que coloquem tudo em risco e digam: "Mesmo que eu perca o que quero, não farei concessões nem farei o que sei em meu coração que está errado". Às vezes, nem damos a Deus a oportunidade de trabalhar em nossa vida porque estamos ocupados demais tentando cuidar de nós mesmos. Pensamos: *Bem, é melhor eu fazer isto porque não quero perder meu emprego*. Não podemos permitir que o temor do homem seja maior que o temor de Deus em nossa vida.

Precisamos temer a Deus acima de qualquer coisa, e confiar Nele em todo o tempo, em todas as situações, todos os dias de nossa vida. Quer você esteja passando por alguma situação que não entende, sendo testado ou imaginando o que acontecerá se você se recusar a fazer concessões, coloque a sua confiança em Deus. E não se esqueça de que a confiança permite que você entre no descanso de Deus; somente nesse lugar você poderá realmente desfrutar sua vida.

Capítulo 8

Descanse um Pouco

"Tudo tem suas maravilhas, até a escuridão e o silêncio, e aprendo, em qualquer situação que esteja, a estar ali contente".
— HELEN KELLER

A maioria de nós entende o valor do descanso e do relaxamento físico. Sabemos que precisamos de sono suficiente, de fazer intervalos durante o dia, e de nos permitir um tempo para nos renovarmos se quisermos ser saudáveis e desfrutar nossa vida diária. Também precisamos de descanso para nossa alma; o nosso "interior" precisa de descanso tanto quanto o nosso corpo exterior.

PAZ E DESCANSO

Há vários anos, ouvi dizer que uma velha amiga estava muito doente. Embora eu não tivesse tido muitas oportunidades de falar com ela por cerca de dez anos, telefonei para dizer que estava orando por ela. Ela estava enfrentando uma batalha feroz contra o câncer, mas encontrou tempo para ser alegre e até brincar um pouco ao telefone. Ela também falou sobre sua total confiança em Deus, e pude dizer-lhe que ela estava realmente descansando em fé. Próximo ao fim da nossa conversa, ela disse: "Sabe de uma coisa, Joyce? Você me parece estar realmente em paz". Essa observação realmente me abençoou porque aquela mulher havia me conhecido dez anos antes, e ela percebeu o quanto Deus havia me transformado.

Naquele tempo, eu lutava contra a preocupação e a ansiedade constantemente, e estava sempre frustrada porque não estava realmente confiando em Deus para resolver os meus problemas. *Eu* estava tentando resolver os meus problemas e não estava descansando no Senhor. Dizia que confiava em Deus, e depois me preocupava o tempo todo. Mas quando minha amiga disse: "Você me parece estar realmente em paz", sei que o motivo disso é que, na maioria das vezes, aprendi a entrar no descanso de Deus. Isso não significa que eu nunca escorrego e saio desse descanso, mas quando faço isso, me sinto tão infeliz que faço qualquer coisa para recuperar minha paz. Quando entendemos como é a paz, mal podemos suportar viver sem ela. Quando vivemos em conflito, confusão e ansiedade, e depois encontramos a paz e o descanso em Deus, fazemos tudo que é possível para permanecer assim.

A paz e o descanso de Deus estão disponíveis para todo crente. Não temos de viver todos os dias estressados, angustiados, preocupados ou exaustos. Hebreus 4:1 nos diz: "A promessa de entrarmos no descanso de Deus ainda permanece *e* é oferecida [hoje]" (AMP), e podemos desfrutar do descanso Dele todos os dias de nossa vida.

O DESCANSO REQUER ESFORÇO

Lemos em Hebreus 4:10,11: "Pois todo aquele que entra no descanso de Deus, também descansa das suas obras, como Deus descansou das suas. Portanto, esforcemo-nos por entrar nesse descanso, para que ninguém venha a cair, seguindo aquele exemplo de desobediência". Esses versículos nos chamam a trabalhar junto com o Espírito Santo e a fazer um esforço para aprender a viver em descanso. Seja radical quanto ao descanso! Recuse-se a viver preocupado, angustiado, frustrado, irritado e sem alegria. Decida-se agora mesmo a aprender a permanecer em paz e a desfrutar sua vida.

Uma maneira pela qual aprendemos a viver em descanso é identificando as coisas que nos angustiam. O inimigo adora nos seduzir para sairmos do descanso de Deus, mas ele não usa as mesmas táticas para cada pessoa. Gosto de dizer: "O diabo nos engana para nos irritar". Ele costuma saber quais são os nossos pontos fracos e "aperta os botões" sem parar até chegarmos ao ponto de explodir. Eu encorajo você a descobrir quais são os seus "botões"; descubra o que o angustia e faz com que você perca a sua paz para poder aprender a lidar com essas coisas e entrar no descanso de Deus.

Tenho certeza de que você consegue pensar em alguma coisa que realmente o irrita ou faz com que você perca a paciência. Podem ser problemas com o seu computador, com seus colegas de trabalho que falam demais, pode ser ir até à mercearia e descobrir que eles não têm o que você precisa, ou um filho adolescente que responde a cada comentário seu virando os olhos como se fosse desmaiar. Pessoalmente, não fico bem se tiver de me preocupar, principalmente se tiver de me preocupar por muito tempo. Consigo suportar um pouco de pressa, mas se tiver que me apressar e correr sem parar durante o dia todo, começo a ficar cada vez mais irritada emocionalmente e logo quero levantar as mãos e dizer: "Chega! Não vou viver assim!".

Outro exemplo que me vem à mente é a forma como Dave reage ao trânsito. O trânsito não me incomoda muito, mas Dave consegue ficar realmente irritado quando as pessoas não estão dirigindo direito. Se ele estiver esperando por muito tempo por determinada vaga de estacionamento, e exatamente na hora em que o carro que está estacionado sai, outro carro se apressa e toma a vaga, isso realmente incomoda Dave. Por algum motivo, isso não me irrita tanto quanto a ele, mas, como mencionei, outras coisas realmente me afetam. Assim, precisamos conhecer a nós mesmos. Precisamos saber o que faz com que percamos a nossa paz, e precisamos ser diligentes para aprendermos a superar essas situações e permanecer descansando em Deus.

DESCANSANDO EM FÉ

Viver pela fé nos ajuda a descansar no Senhor porque, quando temos fé, acreditamos que Deus de alguma maneira fará com que qualquer coisa que esteja acontecendo em nossa vida coopere para o bem. Quando vivemos por fé, confiamos Nele completamente e presumimos que Ele está sempre trabalhando para nos beneficiar e abençoar. Talvez ficar preso em um engarrafamento de trânsito impeça que sejamos mortos em um acidente. Talvez não conseguir a vaga que queríamos impeça que alguém estacione ao nosso lado e amasse nosso carro. Existem muitas razões pelas quais as coisas acontecem do jeito que acontecem, e quando confiamos nossa vida a Deus, optamos por acreditar que Ele está sempre cuidando de nós e fazendo com que as coisas cooperem para o nosso bem.

Levando esse pensamento um pouco mais além, precisamos entender que não podemos entrar no descanso de Deus se não estivermos vivendo por fé. Hebreus 4:3 diz: "Pois nós, os que cremos, é que entramos naquele descanso, conforme Deus disse: 'Assim jurei na minha ira: Jamais entrarão no meu descanso' embora as suas obras estivessem concluídas desde a criação do mundo". Observe que esse versículo diz "nós os que cremos é que entramos" no descanso de Deus. A fé é a porta de entrada através da qual entramos no descanso de Deus. Quando queremos saber se estamos ou não tendo realmente fé em uma situação, simplesmente precisamos fazer uma checagem interna para ver se estamos em paz. Não podemos entrar no descanso de Deus se não tivermos confiança Nele, portanto, quando estamos descansando Nele, é possível que também estejamos vivendo por fé.

> Viver pela fé nos ajuda a descansar no Senhor porque, quando temos fé, acreditamos que Deus de alguma maneira fará com que qualquer coisa que esteja acontecendo em nossa vida coopere para o bem.

ESPERE UM MINUTO

O Salmo 62 nos ensina sobre descansar em Deus aprendendo a esperar Nele:

> "A minha alma descansa somente em Deus; dele vem a minha salvação. Somente ele é a rocha que me salva; ele é a minha torre segura! Jamais serei abalado! Descanse somente em Deus, ó minha alma; dele vem a minha esperança. Somente ele é a rocha que me salva; ele é a minha torre alta! Não serei abalado! A minha salvação

Capítulo 8

e a minha honra de Deus dependem; ele é a minha rocha firme, o meu refúgio. Confie nele em todos os momentos, ó povo; derrame diante dele o coração, pois ele é o nosso refúgio. Pausa" (Salmo 62:1,2; 5-8).

O que significa a afirmação de abertura dessa passagem: "A minha alma descansa somente em Deus"? A alma compreende a mente, a vontade e as emoções. Quando confiamos em Deus e descansamos Nele, não tentamos entender o que está acontecendo nem especular sobre como Deus poderá nos responder, mas nossa mente está calma, nossa vontade deseja o que Deus quer para nós, e nossas emoções estão em paz enquanto esperamos confiantemente pela resposta de Deus. Não tentamos fazer as coisas acontecerem na nossa força; esperamos que Deus se mova em nosso favor.

À medida que esperamos em Deus, aprendemos a desenvolver a atitude que Jesus demonstrou no jardim do Getsêmani: "Pai, se queres, afasta de mim este cálice; contudo, não seja feita a minha vontade, mas a tua" (Lucas 22:42). É nesse ponto que precisamos chegar em nossa vida espiritual. Precisamos chegar ao ponto de podermos dizer: "Deus, não gosto disto; isto dói; isto não é o que eu tinha planejado; isto não é o que eu queria; e Deus, eu gostaria que Tu tirasses isto, *mas* se este não é o Teu plano, dá-me a graça para suportá-lo". Encontramos uma grande paz e entramos no descanso sobrenatural quando conseguimos nos render. Finalmente, tive de admitir que Deus simplesmente é mais inteligente que eu. Se você ainda não chegou a esse ponto em sua vida, este seria um bom momento!

> A vida se torna muito mais fácil quando sinceramente acreditamos que Deus está no controle e realmente sabe o que está fazendo.

A vida se torna muito mais fácil quando sinceramente acreditamos que Deus está no controle e realmente sabe o que está fazendo.

Criamos problemas para nós quando nossa alma decide deixar de esperar em Deus. Quando nossa vontade não quer mais esperar e nossa mente fica cansada de estar quieta, nossa emoção encontra uma maneira de se expressar. Quando Deus nos pede para ficarmos calmos e esperar, mas insistimos em tentar fazer as coisas acontecerem, o resultado é esforço e frustração. Por outro lado, quando disciplinamos nossa mente, nossa vontade e nossas emoções para descansarmos em Deus, Ele cuida de tudo de acordo com os Seus bons planos e no tempo Dele. Se for preciso, fale em voz alta consigo mesmo e diga: "Pare de se preocupar e confie em Deus!".

DÊ UM TEMPO AO SEU CÉREBRO

Do ponto de vista prático, como aprendemos a descansar em Deus? Posso lhe dizer para esperar no Senhor e descansar Nele o dia inteiro, mas isso de nada adianta se você não sabe *como* entrar no descanso Dele. Creio que a maneira mais simples e mais fácil de confiar Nele é tirando sua mente dos problemas. Você talvez pense que nunca conseguirá fazer isso, mas você pode. Você faz isso optando por pensar em outra coisa. Às vezes, uma das melhores coisas que você pode fazer quando tem um problema e parece não conseguir tirá-lo da mente é simplesmente ir fazer alguma coisa. Telefone para um amigo; vá até à mercearia; dê um passeio; troque o óleo do carro; assista a um bom filme, puro e engraçado; leia um livro; ou vá cozinhar alguma coisa. Ocupe-se! Invista sua energia mental em alguma outra coisa que não seja o seu problema. Você achará difícil confiar se ficar falando sobre o problema, porque

> Crescer na capacidade de confiar em Deus e de andar por fé é uma jornada que dura a vida inteira.

quanto mais falar nele, mais angustiado você ficará. Volte seus pensamentos para outra coisa; dê um tempo ao seu cérebro; e você terá mais condições de descansar em Deus.

Crescer na capacidade de confiar em Deus e de andar por fé é uma jornada que dura a vida inteira; não acontece rapidamente. À medida que crescemos espiritualmente, temos de lembrar sucessivamente: lance os seus cuidados sobre Deus; não fique ansioso por nada; confie Nele em todas as situações. Quando somos diligentes em fazer essas coisas, descobrimos que estamos descansando no Senhor cada vez mais, e é ali que encontramos paz, clareza, sabedoria e a força para enfrentar cada dia.

DEIXE-OS EM PAZ

Antes de encerrarmos este capítulo, quero chamar sua atenção para um problema que faz com que muitas pessoas percam a paz e não consigam descansar em Deus, que é o nosso desejo de ajudar, consertar, socorrer ou mudar as outras pessoas. Uma coisa que não podemos fazer com nossa fé é controlar o direito de outra pessoa à livre escolha. Como diz o antigo ditado, "Você pode levar um cavalo até à água, mas não pode obrigá-lo a beber". Simplesmente não podemos fazer com que as pessoas amem a Deus, vivam corretamente ou façam o que achamos que elas devem fazer. Às vezes eu gostaria de poder abrir o zíper da mente das pessoas e enchê-la com a Palavra de Deus para que elas parem de fazer escolhas erradas que arruínam sua vida. A maioria de nós quer ajudar as pessoas quando as vemos ferindo a si mesmas, mas precisamos nos lembrar de que um dos grandes presentes de Deus para a humanidade é o dom do livre arbítrio. Toda pessoa vivente é livre para fazer as próprias escolhas.

> Quando ora pelas pessoas, você abre a porta para Deus trabalhar na vida delas, mas elas ainda precisam optar por cooperar com Ele.

Quando você está crendo em Deus para fazer alguma coisa na vida de outra pessoa, sua vontade não é a única vontade envolvida. A vontade dessa pessoa também afeta o resultado — até mais do que a sua. Quando ora pelas pessoas, você abre a porta para Deus trabalhar na vida delas, mas elas ainda precisam optar por cooperar com Ele. Recuse-se a perder sua alegria por causa da escolha errada de alguém. Você tem uma vida para viver, e eu o encorajo a vivê-la aprendendo a confiar, a esperar em Deus e a descansar Nele. E lembre, você não pode ajudar alguém que não quer ser ajudado ou que não acredita que tem um problema.

Capítulo 9

Escolha Bem

"O que chamamos de segredo da felicidade não é exatamente um segredo, mas a nossa disposição de escolher a vida".
— LEO BUSCAGLIA

Você e eu temos o privilégio dado por Deus de fazer escolhas todos os dias. Com o passar do tempo, as escolhas que fazemos determinam a qualidade, a direção e os resultados de nossa vida. Se quisermos desfrutar a vida hoje e abraçar tudo que o futuro nos reserva, precisamos aprender a fazer as escolhas certas. Recentemente tomei conhecimento da história de uma mulher idosa que entendia o poder das escolhas. O título dela é "Atitude Positiva", mas para mim ilustra não apenas os benefícios de uma abordagem positiva para cada situação, mas também a importância de tomarmos decisões certas.

Ela tem noventa e dois anos, é pequena, equilibrada e orgulhosa. Ela está totalmente vestida às oito da manhã, com os cabelos penteados de acordo com a moda, e a maquiagem perfeita, apesar do fato de ser oficialmente cega. Hoje ela se mudou para um asilo. Seu marido de setenta anos faleceu recentemente, o que tornou a mudança necessária.

Depois de muitas horas esperando pacientemente no saguão do asilo onde trabalho, ela sorriu docemente quando lhe disseram que seu quarto estava pronto. Enquanto manobrava seu andador até o elevador, fiz uma descrição visual de seu pequeno quarto, inclusive as cortinas com ilhoses que haviam sido penduradas em suas janelas.

"Acho lindo", declarou ela com o entusiasmo de uma menina de oito anos que havia acabado de ganhar um cachorrinho. "Sra. Jones, a senhora não viu o quarto... espere um pouco", disse eu. Então, ela disse aquelas palavras que jamais esquecerei: "Não tem nada a ver uma coisa com a outra", respondeu ela gentilmente. "A felicidade é uma coisa que você decide com antecedência. Quer eu goste do quarto ou não, isso não depende da arrumação dos móveis. Depende de como arrumo minha mente. Já decidir gostar dele. Essa é uma decisão que tomo todas as manhãs quando acordo. Tenho uma escolha. Posso passar o dia na cama relembrando a dificuldade que tenho com as partes de meu corpo que não funcionam mais, ou posso sair da cama e ser grata por aquelas que funcionam. Cada dia é um presente, e desde que meus olhos se abram, vou me concentrar no novo dia e em todas as lembranças felizes que armazenei... exatamente para este momento de minha vida".[1]

Tenho fortes suspeitas de que a mulher dessa história passou muito tempo fazendo boas escolhas em sua vida. Por quê? Porque em meio a uma situação difícil, o treinamento é saber escolher bem. Quando se deparou com a enorme transformação que acompanha uma mudança para um asilo depois de perder seu marido de setenta anos, ela teve a capacidade de optar por ser positiva e otimista em vez de negativa e deprimida. Ela entendia que sua capacidade de desfrutar a vida no asilo dependia de *fazer a escolha de ser feliz ali*. A liberdade de escolha da qual Deus nos dotou é realmente um dos maiores presentes de todos. Ela nos assegura que podemos desfrutar nossa vida se realmente quisermos.

Todos nós temos de fazer escolhas regularmente. Elas podem ser escolhas significativas, como uma carreira a seguir ou com quem se casar, ou podem ser decisões aparentemente menores como o que vestir para o trabalho e o que comer no almoço. Todas as vezes que temos de fazer uma escolha, temos de tomar uma decisão. Entendo que isso parece simples, mas meu ponto de vista é que quando temos uma escolha a fazer, só temos uma opção entre duas, ou talvez uma opção entre muitas. Às vezes podemos escolher entre o bom e o mau; outras vezes temos de escolher entre uma boa opção e uma opção melhor. Seja qual for o caso, precisamos da habilidade para fazer boas escolhas porque nossas escolhas mapeiam o curso da nossa vida.

Uma das passagens mais poderosas da Palavra de Deus é Deuteronômio 30:19: "Hoje invoco os céus e a terra como testemunhas contra vocês, de que coloquei diante de vocês a vida e a morte, a bênção e a maldição. Agora *escolham* a vida, para que vocês e os seus filhos vivam" (ênfase da autora).

Gosto desse versículo porque nele Deus nos diz quais são as nossas opções, e depois nos diz o que devemos escolher. Deus diz, basicamente: "Essas são as opções de vocês: a vida e as bênçãos, ou a morte e as maldições", e depois nos instrui claramente a escolhermos a vida. É como fazer uma prova na escola e o professor escrever as respostas no quadro! Deus quer facilitar as coisas para que possamos experimentar a vida e as bênçãos que Ele quer nos dar, mas precisamos escolher essas coisas acima das coisas que trazem morte e destruição.

> Deus quer facilitar as coisas para que possamos experimentar a vida e as bênçãos que Ele quer nos dar, mas precisamos escolher essas coisas acima das coisas que trazem morte e destruição.

A AGONIA DO REMORSO

Algumas pessoas decidem não escolher a vida. Elas tomam decisões que levam a conflitos em lugar de paz, a escravidão em lugar de liberdade, ou a infelicidade em lugar de alegria. Creio que o principal resultado das escolhas erradas é o remorso, que significa: lamentar, ficar decepcionado ou angustiado por alguma coisa; sentir desgosto ou tristeza.

O mundo está cheio de pessoas que vivem com remorsos. Na maior parte do tempo, você consegue identificar essas pessoas porque elas parecem ter uma sensação de peso, tristeza ou sofrimento sem qualquer motivo aparente e por muito tempo. Essas são pessoas que lamentam tudo. Elas lamentam por sua vida, lamentam o que fizeram e o que não fizeram, lamentam não terem terminado os estudos, lamentam estar endividadas, lamentam ter comido tanto no jantar, lamentam não ter economizado mais dinheiro, lamentam ter destruído seu casamento ou não ter dedicado mais tempo aos seus filhos. Viver com uma atitude de desgosto e remorso simplesmente rouba dessas pessoas a alegria que elas poderiam experimentar todos os dias e a esperança de um amanhã melhor. As escolhas erradas provocam remorso, e quando sentimos remorso, precisamos lidar com ele e deixar que nos ensine a fazer escolhas melhores no futuro.

Entendo por experiência própria que as escolhas erradas levam ao remorso. Olhei para mim mesma há algum tempo e lamentei nunca ter levado o exercício a sério em minha vida. Via uma diferença gritante entre mim e Dave porque ele se exercitou a vida inteira e é saudável, forte e está em ótima forma física. Quando Dave e eu voltamos para casa de alguma viagem ao exterior, sofro com a diferença de fuso horário por vários dias, mas ele pode tirar *um cochilo* e ficar bem! Isso costumava me deixar irritada, mas agora entendo que ele se recupera mais rapidamente porque é mais forte do que eu.

> As escolhas erradas provocam remorso, e quando sentimos remorso, precisamos lidar com ele e deixar que nos ensine a fazer escolhas melhores no futuro.

A princípio, eu apenas lamentava não ser tão forte quanto Dave, mas depois entendi que podia fazer alguma coisa a respeito. Nunca é tarde demais para fazer boas escolhas e começar a colher bons resultados. Agora, exercito-me regularmente e tenho ficado impressionada com a rapidez com que meu corpo tem reagido perdendo gordura, criando músculos e produzindo mais energia. Portanto, se você está lamentando algumas das escolhas pouco inteligentes que tem feito na vida, não se engane pensando que é tarde demais para fazer alguma coisa a respeito. Você pode sair das dívidas, melhorar relacionamentos, aumentar sua energia, ou fazer qualquer coisa que queira fazer. Tudo que você precisa fazer é começar e não desistir!

UMA ESCOLHA DE CADA VEZ

Você está desfrutando a vida e as bênçãos de Deus em sua vida diária? Ou você fez uma série de escolhas que resultaram em decepção, dor ou no sentimento de que tudo que você faz exige muito esforço e resulta em pouca recompensa? Se é assim que você se sente, há esperança para você! Não desperdice seu tempo e sua energia se lamentando pelas decisões erradas que você tomou; apenas comece a tomar as decisões certas.

A maneira de superar os resultados de uma série de escolhas erradas é por meio de uma série de escolhas certas. A única maneira de sair de um problema é fazer o contrário do que você fez para entrar no problema — fazendo uma escolha de cada vez. Talvez as circunstâncias da sua vida neste instante sejam o resultado direto de uma série de escolhas erradas. Você pode estar endividado por causa de uma série de escolhas erradas com relação ao dinheiro. Você pode estar sozinho por causa de uma série de escolhas erradas nos relacionamentos ou na sua maneira de tratar as pessoas. Você pode estar doente por causa de uma série de escolhas pouco saudáveis: comer mal, não descansar o suficiente, ou abusar do seu corpo trabalhando demais e não tendo equilíbrio em sua vida.

> Não desperdice seu tempo e sua energia se lamentando pelas decisões erradas que você tomou; apenas comece a tomar as decisões certas.

Você não pode fazer uma série de escolhas erradas que resultam em problemas significativos e depois fazer uma escolha certa e esperar que todos os resultados de todas aquelas escolhas ruins desapareçam. Você não se meteu em grandes problemas devido a uma escolha errada; você se meteu em problemas devido a uma *série* de escolhas más. Se quer realmente que sua vida mude para melhor, você vai precisar fazer uma escolha certa depois da outra, por algum tempo, com tanta perseverança quanto fez as escolhas negativas que geraram resultados negativos.

Não importa em que tipo de problema ou dificuldade está, você ainda pode ter uma vida abençoada. Você pode ter sofrido algumas perdas, e talvez nunca recupere algumas coisas. Você não pode fazer nada a respei-

Capítulo 9

to do que ficou para trás, mas pode fazer muito a respeito do que está à sua frente. Creio que se for realmente fiel a Deus, Ele lhe dará até mesmo coisas melhores do que você teria anteriormente. Com Deus, você nunca perde a esperança! Com Deus, o "plano B" pode ser ainda melhor que o "plano A" teria sido. Deus é redentor; Ele faz com que as coisas ruins cooperem para o seu bem; e Ele sempre lhe dará outra chance. Se você tem um problema grande demais para resolver, então está pronto para um milagre. Convide Deus para se envolver na sua situação, siga as instruções Dele, e você verá resultados surpreendentes.

NÃO JOGUE O JOGO DA CULPA

Muitas vezes, quando sofremos as consequências das más escolhas, queremos culpar alguém por isso. Em vez de assumirmos a responsabilidade por nossas decisões e pelo resultado delas, dizemos: "O diabo me fez fazer aquilo", "Estou nesta situação por causa da forma como meus pais me criaram" ou "Se meu chefe me pagasse melhor, eu não estaria endividado". Às vezes as pessoas realmente têm motivos para fazer más escolhas, mas esses motivos nunca devem se transformar em desculpas. Precisamos usar o reconhecimento desses motivos para nos ajudar a entender o quanto precisamos mudar e fazer boas escolhas, e não para justificar que continuemos fazendo escolhas erradas. Eu tinha muitos desvios de personalidade pelo fato de meu pai ter cometido abuso sexual contra mim, e Deus precisou me lembrar de que embora o abuso fosse o motivo de eu ser como era, não podia deixar que isso se tornasse uma desculpa para nunca mudar. O Espírito Santo tem o trabalho de transformar cada um de nós à imagem de Jesus Cristo, mas temos de parar de culpar os outros, parar de dar desculpas, e começar a fazer as escolhas certas.

As más escolhas raramente afetam apenas uma pessoa. Se você fizer escolhas negativas ou prejudiciais em sua vida, elas inevitavel-

> As más escolhas raramente afetam apenas uma pessoa. Se você fizer escolhas negativas ou prejudiciais em sua vida, elas inevitavelmente afetarão alguém mais.

mente afetarão alguém mais — seu cônjuge, seus filhos, seus amigos, seus pais, e talvez seus colegas de trabalho, seus colegas de turma, ou seus vizinhos.

Às vezes o impacto das escolhas dos outros é trágico ou devastador. No meu caso, a decisão de alguém de abusar de mim sexualmente afetou minha vida de uma forma radical. O resultado foi que eu também fiz escolhas ruins — não as mesmas escolhas ruins, mas outras escolhas prejudiciais a mim e aos meus relacionamentos. Com o tempo, minhas más escolhas começaram a afetar meus filhos. Mas agora, graças a Deus, aprendi a fazer escolhas boas e sábias. Durante anos, Dave e eu observamos como fazer escolhas certas teve um efeito positivo sobre nossos filhos. O mesmo pode acontecer com você. Independentemente de quantas escolhas erradas você tenha feito no passado, se começar a fazer boas escolhas e *se mantiver assim*, começará a ver resultados positivos em sua vida e na vida das pessoas que o cercam.

Deus nos dá a capacidade de fazer as próprias escolhas. Independentemente do que Jesus fez por nós, e independentemente do que o Espírito Santo está tentando fazer por nós em nossa vida diária, ainda temos o tremendo privilégio e a responsabilidade da livre escolha, e precisamos exercê-los de uma forma que leve à vida e à bênção. Precisamos optar por concordar com Deus; precisamos optar por cooperar com o plano Dele. Temos de parar de pôr a culpa pelos problemas em nossa vida nas circunstâncias e nas pessoas e começar a assumir a responsabilidade pelas nossas escolhas.

> Se você tem uma atitude negativa, assuma a responsabilidade por ela em seu coração e diante de Deus.

Se você tem uma atitude negativa, assuma a responsabilidade por ela em seu coração e diante de Deus. Diga: "Esta atitude está errada. Não é culpa de ninguém, mas minha culpa, Deus, e quero mudar!". Se você está com problemas financeiros, assuma a responsabilidade por isso! Diga: "Bem, Deus, deve haver algo errado. Ou estou gastando dinheiro demais, ou administrando meu dinheiro da forma errada, ou gastando meu dinheiro em coisas com as quais não deveria gastar. Entrei em dívidas e não tenho me disposto a pagar o preço necessário para sair das dívidas. Talvez eu esteja no emprego errado e o Senhor esteja me dizendo para fazer outra coisa e eu não estou fazendo isso. Não sei o que está errado, Deus, mas alguma coisa está errada e não vou ficar pondo a culpa no diabo, na inflação ou nos altos preços. Vou assumir a responsabilidade, e preciso que o Senhor me mostre o que preciso fazer para sair deste caos". Deus virá em seu socorro.

COLHEMOS O QUE PLANTAMOS

Meu objetivo principal neste capítulo é ajudá-lo a ver onde as más escolhas redundaram em remorso ou problemas em sua vida e encorajá-lo a começar a fazer boas escolhas, a fim de que você possa viver uma vida na qual desfrute as bênçãos de Deus todos os dias.

Gálatas 6:7,8 nos ensina um princípio que precisamos entender: "Não se deixem enganar: de Deus não se zomba. *Pois o que o homem semear, isso também colherá.* Quem semeia para a sua carne, da carne colherá destruição; mas quem semeia para o Espírito, do Espírito colherá a vida eterna" (ênfase da autora).

Esse princípio de plantar e colher é fundamental em nossa vida. Todos nós entendemos que ele é verdadeiro no mundo natural. Se um fazendeiro planta milho, não colherá batatas na época da colheita. Se plantar soja, não colherá algodão. O fazendeiro terá em forma madura e plena aquilo que plantou na forma de sementes. O mesmo acontece com pensamentos, palavras, ações e escolhas. Se você pensar nas situações que o deixaram irado, expressará ira em sua vida. Se pensar e falar coisas positivas e palavras cheias de fé, terá resultados positivos. Se agir com gentileza e generosidade com alguém, essa pessoa provavelmente será generoso e gentil com você. Se fizer escolhas que se alinhem com a Palavra de Deus, você colherá os benefícios que Ele promete. Cuidado com o que você semeia quando faz suas escolhas todos os dias, porque o que quer que semeie, você também colherá. Talvez não colha imediatamente, mas algum dia você terá uma colheita.

Romanos 8:5,6 afirma essa verdade, apresentando-a de uma forma ligeiramente diferente:

"Quem vive segundo a carne tem a mente voltada para o que a carne deseja; mas quem vive de acordo com o Espírito, tem a mente voltada para o que o Espírito deseja. A mentalidade da carne é morte, mas a mentalidade do Espírito é vida e paz".

Nesses versículos, Paulo está escrevendo sobre o poder da escolha e sobre colher o que plantamos. Se escolhermos concentrar pensamentos e ações na carne (nossos pensamentos e desejos mundanos) seremos infelizes. Mas se nos concentrarmos no Espírito de Deus e O seguirmos, teremos paz e alegria.

A não ser que sua vida seja extremamente incomum, por vezes a paz e a alegria devem parecer muito difíceis de se encontrar. A existência diária é cheia de desafios, problemas e oportunidades de superar obstáculos. Pneus furados, fraldas sujas, contas, um para-brisa quebrado e outras coisas do tipo sempre farão parte da vida, de modo que você precisa aceitar o fato de que os problemas não vão desaparecer completamente. Mas em meio aos grandes desafios e aos desafios que não são tão grandes, você tem a capacidade e o poder, através do Espírito Santo, de optar por reagir bem. As pessoas que vivem vidas felizes e agradáveis não estão livres de lutas; elas simplesmente fazem boas escolhas.

Eu o encorajo a fazer o mesmo. Escolha a vida hoje!

Capítulo 10

Chore Suas Perdas

"O pesar em si é um remédio"
— WILLIAM COWPER

Em 2005, ocorreram aproximadamente 2,4 milhões de mortes nos Estados Unidos. Isso significa que pelo menos o mesmo número de pessoas sofreu a perda de alguém a quem amava. Além disso, várias outras passaram por diversas formas de perdas significativas. Um furacão ou um desastre natural atinge e dissipa uma comunidade inteira. A casa de alguém se incendeia. Uma pessoa vai ao médico se sentindo bem, mas depois de fazer exames descobre que tem câncer em estágio avançado. Um empregado decepcionado espalha notícias terríveis sobre um ex-empregador e arruína sua reputação. Essas situações acontecem todos os dias, e as pessoas precisam confrontá-las. A maior fé do mundo não pode nos impedir de sentir a dor da perda, mas pode nos ajudar a nos recuperarmos e a prosseguir com nossa vida.

Talvez algo devastador tenha acontecido com você — talvez recentemente, talvez há muitos anos. Quero oferecer ajuda a você hoje em relação a essas perdas. Seja qual for a sua situação, Deus quer curá-lo, fortalecê-lo e lhe dar condições de desfrutar a vida outra vez. É certo que você precisa chorar suas perdas, mas pode fazer isso de uma forma saudável e adequada que o impeça de ficar encurralado na tristeza ou na dor, e que pode lhe permitir ser curado e prosseguir com os planos e os propósitos de Deus para sua vida.

VÁ EM FRENTE E CHORE

Quando sofre uma perda em sua vida, você precisa passar pelo processo da dor. Na verdade, a única maneira de lidar com a perda de uma forma saudável é sofrer da forma adequada. Esse sentimento se define como uma profunda angústia mental por uma perda, ou como uma tristeza profunda. É o mesmo que estar pesaroso, lamentar ou estar sofrendo. O processo do luto é necessário quando ocorre uma perda; ele é saudável mental, espiritual e até fisicamente.

O luto é necessário e saudável porque você precisa lidar com seus problemas e com sua dor, ou serão eles que irão tratar com você. Mais cedo ou mais tarde, eles o alcançarão se você não os confrontar de forma honesta e os resolver, portanto, decida-se hoje a chorar as perdas de sua vida. Passar pelo processo de luto às vezes é difícil e doloroso, mas Deus lhe dará a capacidade de fazer isso e Ele estará com você ao longo do processo. A negação não é a resposta para as dificuldades.

Lembre, Deus lhe deu canais lacrimais por alguma razão. Ele sabe que às vezes você simplesmente precisa chorar. Chorar não é sinal de fraqueza; é parte do processo de cura de situações e acontecimentos dolorosos. Deixe-me repetir: o processo de luto é importante, e é normal. Se você é um cristão que sofreu uma

> A única maneira de lidar com a perda de uma forma saudável é sofrer da forma adequada.

perda e está tendo dificuldades; se em alguns dias você chora com facilidade ou por longos períodos todos os dias, não pense que é fraco ou que não tem nenhuma fé. Essas expressões de emoção significam simplesmente que você está em uma fase de luto na qual precisa chorar, e está tudo bem. Deus valoriza as nossas lágrimas e as guarda em um odre; e quando precisar chorar, Ele quer que você faça isso.

O PROCESSO DO LUTO

O luto, como muitas outras coisas na vida, é um processo; ele tem um início e um fim. Às vezes as pessoas não querem passar por todo o processo porque se sentem culpadas em ultrapassar a intensa dor da perda. As pessoas que perderam um ente querido podem se sentir culpadas quando pensam em não ficarem mais constantemente tristes pela morte da pessoa. Algumas pessoas me disseram que se sentem culpadas quando estão felizes. Isso é simplesmente a maneira de Satanás mantê-las aprisionadas em um passado a respeito do qual elas nada podem fazer. Quando está de luto, você passa por um período de grande tristeza e um tempo em que precisa chorar, mas não pode se permitir permanecer assim. Você precisa passar pelo processo do luto até o fim, porque se permitir que o luto excessivo tome conta de sua vida, ele se tornará destrutivo. Por isso, assim que possível, depois de uma perda, eu o encorajo a tomar uma decisão e dizer a si mesmo: *Não vou deixar isto me derrotar ou me oprimir. Vou seguir em frente, mesmo que tudo seja destruído. Mesmo que tenha de começar tudo de novo, tudo é possível para Deus.* Você tem a permissão de Deus para desfrutar sua vida novamente!

Deus é o Deus que cura corações; Ele quer que nosso coração seja curado, restaurado e fortalecido depois de suportarmos a dor da perda. Neste capítulo, quero ajudá-lo a entender o processo do luto para que você saiba o que esperar e o que é saudável e normal enquanto

> Quando está de luto, você passa por um período de grande tristeza e um tempo em que precisa chorar, mas não pode se permitir permanecer assim.

chora as perdas que o afetaram, ou que o afetarão, e comece a lidar com elas. Como você pode perceber, todos nós passamos por algum tipo de perda às vezes, e para desfrutar a vida e não temer o amanhã precisamos saber que podemos nos recuperar delas.

Choque

Quando você passa por uma grande perda em sua vida, sua primeira resposta provavelmente será um choque. Mesmo que estivesse esperando a perda, provavelmente ficará chocado quando isso realmente acontecer. O choque é bom e saudável porque ele funciona na sua vida como os amortecedores do seu carro. Quando atinge um buraco enquanto dirige, os amortecedores impedem que você seja sacudido ou lançado contra o teto do carro com o impacto; eles amortecem o golpe. Um período de choque depois de uma perda significativa fará o mesmo com as suas emoções.

Quando você estiver de luto, espere ter um período de dormência. Não se sinta culpado por não sentir mais nada, mas entenda que o período de choque e dormência é útil porque se você pudesse sentir tudo de uma vez, seria avassalador; suas emoções não suportariam. Pouco a pouco, Deus liberará esses sentimentos e o ajudará a começar a resolvê-los. O choque é temporário. Ele é como um anestésico; não durará para sempre, mas faz parte do processo de cura.

Às vezes, quando você está chocado e paralisado depois de um trauma ou de uma perda, estará sofrendo demais até para orar. Talvez você não consiga fazer nada além de olhar pela janela e dizer: "Ó Deus, ó Deus, ó...". Isso é compreensível e perfeitamente aceitável. Faz parte do processo de choque, que é uma fase importante do processo de luto.

Sentimento

À medida que o tempo passar, o choque começará a diminuir e você começará a sentir a dor da perda. Um amigo que perdeu seu filho me disse que o momento mais difícil para ele foi depois do enterro, porque foi então que as pessoas pararam de telefonar, pararam de enviar flores, pararam de passar para fazer visitas. Ele e sua mulher simplesmente foram deixados com a dor deles.

> Sentir a dor é vital para se chorar uma perda. Tentar não sentir a dor não é normal, nem saudável.

Ser "deixado com a sua dor" é parte do processo do luto. É difícil, mas necessário. Quando você chega ao ponto de sentir a dor, está avançando no processo do luto. Sentir a dor é vital para se chorar uma perda. Tentar não sentir a dor não é normal, nem saudável. Na verdade, creio que enfrentar e sentir a dor que acompanha a perda é *necessário* para superar a perda e passar para a próxima fase que Deus tem para você.

Raiva

A raiva é outro aspecto do processo do luto, e ela costuma vir depois que o choque passa e enquanto você está sentindo a dor da perda. Se você perdeu alguém a quem ama, pode ficar com raiva dessa pessoa por abandoná-lo; você pode ficar com raiva dos amigos ou dos membros da família por diversas razões.

Às vezes as pessoas ficam com raiva de si mesmas ou se culpam por uma perda. Elas dizem: "Bem, eu gostaria de ter... Por que não fiz isso? Eu poderia ter... eu deveria ter... eu não deveria ter...". Comentários como esses não ajudam em nada. Todos nós que passamos por perdas podemos olhar para trás e desejar termos feito ou dito coisas de outra forma. Nessas circunstâncias, precisamos acreditar que fizemos o melhor que podíamos naquela situação, e precisamos conceder a nós mesmos a graça para aceitar isso.

Você também pode ficar com raiva de Deus, e isso é bastante comum após uma perda devastadora. A raiva de Deus é a principal reação que o inimigo quer ver em você quando a tragédia o atingir. Ele quer que você fique furioso com Deus, que acredite que Deus não o ama mais, e que pare de orar e de falar com Deus. Ele também quer que você chegue ao ponto de não poder receber o consolo do Espírito Santo, porque se isso acontecer, ele sabe que você nunca concluirá o processo de luto para sair da tristeza.

Em geral, uma pessoa que está de luto e está zangada com Deus dirá algo do tipo: "Bem, eu não entendo. Se Deus é amor, como Ele pode ter deixado isto acontecer?". A primeira coisa que uma pessoa irada quer fazer é colocar a culpa em alguém. Isso é normal; é natural. Contudo, mais cedo ou mais tarde você terá de chegar ao ponto de dizer: "Sabe de uma coisa? Se eu estiver com raiva de Deus, não estou machucando ninguém a não ser a mim mesmo, porque Ele é o único que pode me ajudar". Talvez você não entenda algumas coisas que aconteceram em sua vida, mas isso não torna Deus alguém que não o ama. Se você está irado com Deus, eu o encorajo a ter paz com Ele e parar de tentar entendê-lo. Se pudéssemos entender Deus totalmente, Ele não poderia mais ser o nosso Deus. Ele sabe de coisas que nós não sabemos. A sabedoria Dele é infinita, além de qualquer coisa que possamos imaginar.

Não sei explicar por que as coisas acontecem do jeito que acontecem. Apenas sei que precisamos confiar em Deus diante das perguntas sem resposta. Vivemos em um mundo sob a influência do pecado, e coisas ruins acontecem com pessoas boas. Deus nunca nos garante uma vida livre de problemas, mas promete nos fortalecer. Ele nos permite seguir em frente com a nossa vida e desfrutar o que resta dela em vez de desperdiçá-la vivendo em um passado que não podemos mudar. O fato é que simplesmente não temos respostas para muitas coisas, e quando chegamos ao ponto de podermos aceitar isso, podemos parar de ficar com raiva e começar realmente a viver novamente em vez de meramente existir dia após dia.

> Talvez você não entenda algumas coisas que aconteceram em sua vida, mas isso não torna Deus alguém que não o ama.

CONTINUE SEGUINDO EM FRENTE

Quero enfatizar novamente que o processo do luto é saudável, mas também quero deixar claro que ele precisa chegar ao fim. Quando ele não chega a uma conclusão, surgem problemas. Há um tempo para o luto, para lamentar, para a tristeza e para chorar. Quando você suportou uma grande perda em sua vida, precisa passar pela dor. Se não der a si mesmo tempo para ser curado, você sofrerá mais que o necessário. Por isso, vá em frente e passe pelo processo, mas lembre-se que chegará um tempo em que Deus dirá: "Agora é hora de seguir em frente".

Deuteronômio 34:8 nos ensina uma lição valiosa sobre chorarmos as nossas perdas: "Os israelitas choraram Moisés nas campinas de Moabe durante trinta dias, até passar o período de pranto e luto". Ao lermos esse versículo, precisamos nos lembrar de que Moisés era uma pessoa extremamente importante na vida dos israelitas. Quando ele morreu, eles lamentaram profundamente e choraram a perda daquele líder tão significativo. Observe que eles choraram por ele "nas campinas de Moabe durante trinta dias, até passar o período de pranto e luto".

Ao chamar sua atenção para essa passagem, não estou sugerindo de modo algum que uma pessoa que perde um ente querido deva parar de chorar por ele depois de apenas trinta dias. Quero que você veja, porém, que a lei do Antigo Testamento só permitia aos israelitas trinta dias de luto, e então eles tinham de seguir em frente. Eles tinham de continuar avançando.

O princípio que está por trás desse versículo é importante para todos que sofrem perdas: Às vezes a melhor coisa que você pode fazer quando está sofrendo é fazer alguma coisa. Siga em frente e continue avançando. Vá dar um passeio. Saia para ver o sol e diga a Deus como você se sente. Vá fazer alguma coisa por alguém. Muitas vezes, a melhor maneira de cooperar com a obra de cura de Deus em sua alma é ir procurar outras pessoas que estão sofrendo e semear na vida delas, e ser uma bênção para elas. À medida que você prosseguir lutando para superar sua dor, poderá haver momentos em que simplesmente precisará tirar sua mente do que está passando porque você já fez tudo que podia a respeito; não há nada mais que você possa fazer, e agora você precisa esperar pela cura completa.

> Às vezes a melhor coisa que você pode fazer quando está sofrendo é fazer alguma coisa. Siga em frente e continue avançando.

Seja o que for que você faça, não fique sentado pensando na sua perda o tempo todo. Você pode pensar tanto a ponto de entrar em depressão ou desespero. Se você sofreu uma perda, talvez seja hora de se levantar e seguir em frente em uma direção positiva outra vez.

Se você passou por uma perda trágica recentemente, talvez não esteja pronto para sequer pensar em seguir em frente, e não há problema algum com isso. Mas chegará o tempo em que você saberá em seu coração que precisa deixar o passado para trás e se ocupar com o futuro. Quando essa hora chegar, você terá de tomar uma decisão que só você pode tomar. Quando a hora realmente chegar, abrace-a e confie no Espírito Santo para guiá-lo e consolá-lo enquanto você segue em frente.

A morte de meu tio há muitos anos foi muito difícil para minha tia, porque eles tinham um relacionamento extremamente próximo. Ela precisou de muito tempo para estar disposta a desenvolver um novo estilo de vida. Ela estava acostumada a fazer tudo com ele, e de repente, ele não estava mais disponível. Ela vivia na casa que eles compartilharam durante muitos anos e depois se mudou com relutância para um condomínio com assistência para idosos, de acordo com a minha sugestão. Eu queria que ela estivesse em um lugar junto com outras pessoas e com atividades disponíveis para que ela não se sentisse só.

Mesmo depois que se mudou, ela continuou a ficar sozinha na maior parte do tempo — até cerca de dois anos atrás. Então ela decidiu se envolver em algumas das atividades disponíveis no local onde mora. Agora ela está tão ocupada desfrutando a nova fase de sua vida que raramente a encontro em casa. Ela não apenas se envolveu em atividades, como também se tornou a distribuidora de todos os meus livros e CDs no local onde mora. Ela gosta de abençoar os idosos com materiais que os ajudem, e fazer isso a ajudou a aguardar cada dia com expectativa. Ela parou de pensar no que perdeu e decidiu fazer algo frutífero com o que lhe restou. Havia muita vida e alegria disponível para ela, mas ela tinha de tomar a decisão de tirar proveito disso.

O CONSOLADOR

Creio que existem duas coisas principais que podem curar um coração partido após uma perda: o tempo e o consolo do Espírito Santo. A passagem de 2 Coríntios 1:3 diz: "Bendito seja o Deus e Pai de nosso Senhor Jesus Cristo, Pai das misericórdias e Deus de toda consolação". Quando passamos por uma perda significativa de qualquer tipo, precisamos nos lembrar: Deus é a fonte de todo consolo. Outras pessoas não podem dar o verdadeiro consolo, portanto precisamos parar de ficar irritados com nossos amigos porque eles não podem fazer com que nós nos sintamos melhor. Se esperarmos deles a ajuda que só Deus pode dar, Deus pode não permitir que eles a deem. Só Ele é a fonte de todo consolo. Ele pode escolher nos consolar *através de* pessoas, mas isso será porque nós fomos até Ele antes, e Ele decidiu operar através delas e usá-las para nos abençoar. Quando fizer isso, precisamos nos lembrar de dar a Ele a glória e a não dar a elas o crédito — porque Ele é Aquele que está operando através das pessoas para nos ajudar.

Referindo-se ao Espírito Santo, 2 Coríntios continua: "... que nos consola em todas as nossas tribulações, para que, com a consolação que recebemos de Deus possamos consolar os que estão passando por tribulações" (v. 4). Neste livro, posso lhe oferecer ajuda com relação à dor porque Deus me ajudou. Se eu não tivesse tido a experiência desse consolo, não seria capaz de consolar você. Como posso lhe escrever hoje e lhe dizer que Deus tem um grande

> Creio que existem duas coisas principais que podem curar um coração partido após uma perda: o tempo e o consolo do Espírito Santo.

futuro para sua vida e você não precisa ficar aprisionado nos problemas do passado? Porque Ele fez isso por mim. Por causa do que o Espírito Santo fez em minha vida, posso consolar você com o consolo com o qual eu mesma fui consolada. O mesmo Espírito Santo que me consolou o consolará.

UMA ORAÇÃO PARA VOCÊ

Quero encerrar este capítulo com uma oração que você pode fazer se tiver sofrido uma perda. Seja o que for que tenha acontecido com você, Deus se importa. Ele quer consolá-lo, ajudá-lo em meio ao processo do luto, e lhe dar a força para seguir em frente.

Veja essa oração especial na página seguinte:

Deus Pai, venho a Ti hoje em nome de Jesus. Eu Te entrego tudo que me feriu. Eu Te entrego cada perda e a dor que senti por cada uma delas. Eu Te entrego a injustiça, cada situação injusta, tudo que não entendo. Eu Te entrego as pessoas que me feriram. Eu Te entrego o meu passado. Eu entrego tudo a Ti, e deixo tudo neste instante.

Peço que o consolo do Espírito Santo venha e entre em minha vida. Consola-me, ó Deus, como só Tu podes fazer. Perdoame por correr em busca de pessoas e por ficar irado com elas por não poderem fazer com que eu me sinta melhor. Tu és o único que podes fazer com que eu me sinta melhor.

Eu Te agradeço, Senhor, pela cura. Peço que o processo do luto tome o seu curso natural em mim e que Tu me mostres quando chegar a hora de seguir em frente e como fazer isso. Oro para que a minha alegria retorne e a minha vida retorne. Eu me comprometo contigo a me levantar e seguir em frente. Em nome de Jesus, amém.

Capítulo 11

Tenha Uma Perspectiva Correta
sobre os Bens

"O dinheiro geralmente custa demais"
— RALPH WALDO EMERSON

Sem uma atitude saudável com relação ao dinheiro e aos bens, a vida diária pode ser muito infeliz. As pessoas que dão importância demais às finanças e aos bens materiais costumam viver em busca de luxos que as deixam insatisfeitas. Elas acabam com a conta bancária cheia e o coração vazio, ou terminam gastando mais do que ganham e lutando contra o peso das dívidas. Esta história, intitulada "E Isto Também Passará", ilustra de maneira poderosa a necessidade de colocarmos nosso dinheiro e nossos bens sob a perspectiva correta.

Um dia, Salomão decidiu humilhar Benaiah Bem Yehoyada, seu ministro de maior confiança. Ele lhe disse: "Benaiah, há certo anel que quero que você me traga. Desejo usá-lo na Festa dos Tabernáculos, o que lhe dá seis meses para encontrá-lo".

"Se ele existe em algum lugar da terra, majestade", respondeu Benaiah, "eu o encontrarei e o trarei para sua majestade, mas o que torna esse anel tão especial?".

"Ele tem poderes mágicos", respondeu o rei. "Se um homem feliz olhar para ele, ficará triste, e se um homem triste olhar para ele, ficará feliz". Salomão sabia que não existia um anel assim no mundo, mas queria dar ao seu ministro o gosto de um pouco de humildade.

Passou o inverno e depois o verão, e Benaiah ainda não tinha ideia de onde poderia encontrar o anel. Na noite anterior à Festa dos Tabernáculos, ele decidiu dar uma caminhada em um dos quarteirões mais pobres de Jerusalém. Passou por um mercador que havia começado a arrumar as mercadorias do dia em um tapete surrado. "Por acaso o senhor ouviu falar de um anel mágico que faz a pessoa alegre que o usa esquecer a sua alegria e o triste que o usa esquecer suas tristezas?", perguntou Benaiah.

Ele observou o idoso tirar um anel de ouro puro de seu tapete e gravar alguma coisa nele. Quando Benaiah leu as palavras no anel, sua face irrompeu em um largo sorriso.

Naquela noite, toda a cidade deu as boas-vindas ao feriado da Festa dos Tabernáculos com grande festividade: "Bem, meu amigo", disse Salomão, "você encontrou o que o mandei procurar?". Todos os ministros riram e o próprio Salomão riu.

Para surpresa de todos, Benaiah segurou um pequeno anel de ouro e declarou: "Ei-lo aqui, majestade!". Assim que Salomão leu a inscrição, o sorriso desapareceu de seu rosto. O joalheiro havia escrito três letras hebraicas no anel de ouro: "gimel, zayin, yud", que são as iniciais das palavras "Gam zeh ya'avor" — "Isto também passará".

Naquele instante, Salomão percebeu que toda a sua sabedoria, sua fabulosa fortuna e seu tremendo poder não passavam de coisas efêmeras, pois um dia ele não seria nada além de pó.[1]

VOCÊ NÃO PODE LEVAR NADA

Em muitas culturas em todo o mundo de hoje, é colocada muita ênfase no dinheiro, nas roupas e nos acessórios de grife; nos aparelhos eletrônicos avançados; nos carros de luxo, e em outros bens materiais. Muitos aspectos da vida diária caíram nas garras da comercialização, e as sociedades dão um grande valor ao sucesso e às provisões mundanas, e em todo lugar para onde olhamos a mensagem é ganhar mais, comprar mais e ter mais.

Porém, não estou certa de que "mais" seja tudo que irá nos satisfazer; não acredito que mais dinheiro ou mais bens sejam a solução para os problemas das pessoas. Em todo lugar aonde vou, observo que homens e mulheres, e até meninos e meninas, estão muito ocupados tentando adquirir mais — mais dinheiro, mais "coisas", mais qualquer coisa. As pessoas raramente têm mais tempo umas para as outras — e isso não parece incomodá-las tanto quanto incomodava as pessoas anos atrás. A vida ficou tão complicada e tão compulsiva, geralmente pela busca do dinheiro e dos bens — uma busca que nos deixará vazios e irrealizados se não tomarmos cuidado.

1 Timóteo 6:7 diz: "Pois nada trouxemos para este mundo e dele nada podemos levar". À medida que desenvolvemos uma perspectiva saudável dos bens e das finanças, precisamos entender que não poderemos levar nada conosco quando morrermos. O dinheiro e as coisas que temos na terra são para desfrutarmos e usarmos para abençoar outros. Eles não são para fazer com que nos sintamos superiores a alguém, ou para nos exibirmos. Não devemos amar, valorizar ou servir às coisas. Devemos amar e servir a Deus. Não devemos buscar as *coisas* acima de tudo; devemos buscar o Reino de Deus antes de qualquer coisa — e as coisas nos serão acrescentadas (ver Mateus 6:33).

> O dinheiro e as coisas que temos na terra são para desfrutarmos e usarmos para abençoar outros.

Não tenho problema algum com as pessoas que possuem coisas boas. Tenho algumas coisas boas e as aprecio, mas estou determinada a não amá-las. Neste dia e nesta época, se alguém entre nós vai resistir à tentação de amar os bens materiais, precisa resistir a ela deliberadamente, porque estamos cercados pela ganância. Costumo ouvir as pessoas fazendo comentários do tipo: "Bem, simplesmente não posso ser feliz se não tiver uma casa maior" ou "Eu tenho de comprar aqueles jeans novos de marca". Até já ouvi pessoas dizerem: "Ai, aquilo (aquela casa, aquele carro, aquela roupa) é de morrer". Essas afirmações representam os valores da nossa cultura, mas eles não refletem os valores do Reino de Deus.

CONTENTE E SATISFEITO

A Palavra de Deus tem muito a nos dizer sobre dinheiro e provisão física. Em 1 Timóteo 6:8, Paulo escreve: "... por isso, tendo o que comer e com que vestir-nos, estejamos com isso satisfeitos". Nossa mente moderna mal consegue compreender essa afirmação. Perguntamos: "Como alguém neste mundo poderia ficar satisfeito apenas com alimento e roupas?". Acredito que o ponto que Paulo pretendia provar aqui se refere a mais do que comida e roupas literalmente. Ele está se referindo às necessidades básicas da vida. Se as nossas necessidades básicas estão sendo atendidas, precisamos estar felizes!

Devemos ficar contentes com as coisas que realmente necessitamos, sem nos sentirmos impulsionados a continuar adquirindo mais. Se colocarmos o foco em sermos gratos a Deus por atender às nossas necessidades e se mantivermos nossa mente Nele, seremos abençoados. Muitas vezes, acabaremos tendo mais e melhores coisas do que poderíamos adquirir por nós mesmos se simplesmente O amarmos e confiarmos Nele. Quando sabe que nosso coração realmente pertence a Ele, sabe que pode contar conosco para sermos bons mordomos das coisas que Ele nos dá, e não amá-las excessivamente ou permitir que tenhamos uma atitude desequilibrada com relação a elas.

> Devemos ficar contentes com as coisas que realmente necessitamos, sem nos sentirmos impulsionados a continuar adquirindo mais.

CORRA!

A passagem de 1 Timóteo continua: "Os que querem ficar ricos caem em tentação, em armadilhas e em muitos desejos descontrolados e nocivos, que levam os homens a mergulharem na ruína e na destruição, pois o amor ao dinheiro é raiz de todos os males. Algumas pessoas, por cobiçarem o dinheiro, desviaram-se da fé e se atormentaram a si mesmas com muitos sofrimentos. Você, porém, homem de Deus, *fuja* de tudo isso" (vv. 9-11, ênfase da autora).

Aqui, Paulo encoraja Timóteo, como homem de Deus, a fugir da mentalidade daqueles que anseiam por ser ricos e amam o dinheiro. Realmente, ele está falando a todos nós com relação à ganância e dizendo: "Não permitam que isso tome conta de vocês". Mais uma vez, quero lhe garantir que Deus tem prazer na sua prosperidade e Deuteronômio 8:18 afirma que Deus nos deu o poder para adquirirmos riquezas, mas a ganância é perigosa e rouba a vida daquele que a possui (ver Provérbios 1:19).

Precisamos prestar atenção ao que está se passando em nossa mente e com os nossos desejos. Quando começamos a ficar infelizes porque não temos "um desses" e "um daqueles" e "mais um daquele outro", estamos fadados a ter uma concepção desequilibrada do dinheiro e dos bens. Deus não se incomoda que possuamos as coisas desde que as coisas não "nos possuam". Ele não se opõe a que tenhamos dinheiro; é o amor ao dinheiro que nos causa problemas, e que, na verdade, é "a raiz de todos os males"

> Deus não se incomoda que possuamos as coisas desde que as coisas não "nos possuam".

O GANANCIOSO GEAZI

Quero que você conheça a história de um homem chamado Geazi, o personagem do Antigo Testamento que amava o dinheiro a ponto de ele literalmente impedir que Geazi alcançasse o seu destino.

Geazi era servo do profeta Eliseu, e um dia, um oficial militar chamado Naamã, que tinha lepra, foi até Eliseu em busca de cura. Depois de ter sido curado, ele insistiu muito para dar um presente a Eliseu, mas Eliseu se recusou a receber qualquer coisa dele.

Em 2 Reis 5, lemos sobre a decisão que mudou a vida de Geazi:

> "Geazi, servo de Eliseu, o homem de Deus, pensou: 'Meu senhor foi bom demais para Naamã, aquele arameu, não aceitando o que ele lhe ofereceu. Juro pelo nome do Senhor que correrei atrás dele para ver se ganho alguma coisa'. Então Geazi correu para alcan-

çar Naamã, que, vendo-o se aproximar, desceu da carruagem para encontrá-lo e perguntou: 'Está tudo bem?'. Geazi respondeu: 'Sim, tudo bem. Mas o meu senhor enviou-me para dizer que dois jovens, discípulos dos profetas, acabaram de chegar, vindos dos montes de Efraim. Por favor, dê-lhes trinta e cinco quilos de prata e duas mudas de roupas finas'" (vv. 20-22).

Naamã deu o dinheiro e as roupas a Geazi, e até enviou os seus servos para levá-las a casa dele. Mais tarde, quando Eliseu perguntou a Geazi, "Onde você esteve?", Geazi disse outra mentira: "Teu servo não foi a lugar algum" (ver v. 25). Mas Eliseu sabia das coisas e disse: "Você acha que eu não estava com você em espírito quando o homem desceu da carruagem para encontrar-se com você? Este não era o momento de aceitar prata nem roupas, nem de cobiçar olivais, vinhas, ovelhas, bois, servos e servas" (v. 26). Em resultado do comportamento de Geazi, Eliseu disse: "'Por isso a lepra de Naamã atingirá você e os seus descendentes para sempre'. Então Geazi saiu da presença de Eliseu já leproso, parecido com neve" (v. 27).

Imagino quantas vezes em sua vida Geazi ficou sentado com a sua lepra, olhando as outras pessoas que eram bem-sucedidas, e pensando no homem que poderia ter sido.

Geazi permitiu que o amor ao dinheiro mudasse o seu destino. Quantas pessoas hoje perdem suas famílias por causa do amor ao dinheiro? Quantos homens trabalham tanto que seus filhos não querem mais estar perto deles, ou suas esposas estão tão solitárias que acabam se envolvendo com outros homens? Quantas mulheres deixam de desenvolver relacionamentos saudáveis e profundos com amigas ou relacionamentos significativos com seus maridos, mas têm o respeito e a admiração de um escritório cheio de colegas de trabalho que na verdade nem sequer conhecem? Isso acontece mais do que gostaríamos de admitir — e tudo porque elas querem dinheiro e coisas! Isso é o amor ao dinheiro, e ele leva a todo tipo de problemas.

Às vezes, as pessoas têm de trabalhar excessivamente, conseguem um segundo emprego, ou fazem hora extra por um período para pagar suas dívidas, para fazerem uma compra maior, ou para atender a necessidades extras. Trabalhar duro por esses motivos por algum tempo é admirável. Mas trabalhar duro com o único propósito de se equiparar ou de superar as outras pessoas não provém de Deus. Elas precisam entender que outro barco, outro carro ou uma casa maior não as fará felizes. A felicidade e a capacidade de desfrutar a vida vêm de um bom relacionamento com Deus, com a família e com os amigos. A felicidade também vem da paz de saber que você não está endividado!

SEJA TRANSFORMADO

Eu o estimulo a não se deixar aprisionar pelo sistema deste mundo e por seus valores. Romanos 12:2 deixa claro as instruções de Deus aos crentes: "Não se amoldem ao padrão deste mundo, mas transformem-se pela renovação da sua mente, para que sejam capazes de experimentar e comprovar a boa, agradável e perfeita vontade de Deus".

> Tome decisões financeiras sábias e faça compras com sabedoria, para poder viver uma vida abençoada.

Espero que você aplique esse versículo à sua vida, principalmente no que diz respeito ao dinheiro e aos bens. Viva segundo a verdade da Palavra de Deus nessas áreas, e peça ao Espírito Santo para direcioná-lo em suas decisões. Não permita que seus amigos ou colegas de trabalho o dirijam, mas viva dentro das suas posses e esteja seguro na sua identidade com Cristo, não buscando afirmação ou aceitação no dinheiro ou nas coisas. Tome decisões financeiras sábias e faça compras com sabedoria, para poder viver uma vida abençoada.

ENTREGUE A DEUS TODO O SEU CORAÇÃO

Em Marcos 10, lemos a história de um homem que perguntou a Jesus: "Bom mestre, que farei para herdar a vida eterna?" (v. 17).

Jesus respondeu: "Por que você me chama bom? Ninguém é bom, a não ser um, que é Deus. Você conhece os mandamentos: 'não matarás, não adulterarás, não furtarás, não darás falso testemunho, não enganarás ninguém, honra teu pai e tua mãe'" (vv. 18,19).

O homem respondeu a Jesus que ele havia obedecido a todos os mandamentos desde quando podia se lembrar. Observe o que aconteceu em seguida: "Jesus olhou para ele e *o amou*" (v. 21, ênfase da autora). Jesus está prestes a dar a esse homem uma instrução *porque Ele o amava*: "Falta-lhe uma coisa", disse ele. "Vá, venda tudo o que você possui e dê o dinheiro aos pobres, e você terá um tesouro no céu. Depois, venha e siga-me" (v. 21).

Esse não é o versículo mais popular da Bíblia. Muitas pessoas não gostam dele, geralmente porque não entendem o coração cheio de amor que está por trás de suas palavras. Elas se perguntam: "Deus quer que eu venda tudo que tenho e dê o produto da venda aos pobres para servir a Ele?". Não, absolutamente. O ponto dessa parábola é que temos de amar a Jesus em primeiro lugar. Precisamos amá-lo mais do que amamos as nossas "coisas", o que não era o caso do homem dessa história. Precisamos nos livrar de qualquer coisa que nos impeça de amar e servir a Deus de todo o nosso coração.

> Precisamos nos livrar de qualquer coisa que nos impeça de amar e servir a Deus de todo o nosso coração.

Se você tem um emprego que o impede de servir a Deus, procure outro. Se você tem um namorado ou uma namorada que não quer que você ame a Deus em primeiro lugar, encontre outra pessoa. Se você tem um *hobby* ou um interesse que o afasta de servir a Deus, encontre outra maneira de passar o seu tempo. Em termos práticos, esse é o tipo de lição que Jesus estava ensinando ao jovem rico. Se você quer realmente ter uma caminhada mais profunda com Deus, pode ser necessário sacrificar algumas coisas que o impedem de alcançar essa profundidade. Na economia de Deus, muitas vezes temos de abandonar alguma coisa inferior para tomarmos posse de algo superior.

Preste atenção às palavras que Jesus disse aos Seus discípulos em seguida: "Como é difícil aos que possuem riquezas e que *se agarram a elas* entrar no Reino de Deus!" (v. 23, AMP, ênfase da autora). Jesus não disse

Capítulo 11

que havia alguma coisa errada com o fato de o homem possuir riquezas; Ele disse simplesmente que seria difícil as pessoas entrarem no Reino de Deus se elas possuem riquezas *e se agarram a elas.*

No que diz respeito aos nossos recursos, devemos ser canais, e não reservatórios. Devemos receber de Deus, ser abençoados e usar o que Ele nos dá para abençoar outras pessoas. Precisamos encarar as nossas finanças como um rio que tem um fluxo constante. Quando você represa a água, ela fica estagnada — e a ganância tem o mesmo efeito sobre nós. Ela pode fazer com que desejemos nos agarrar a tudo o que temos e não compartilhar as nossas bênçãos com os outros.

> Devemos receber de Deus, ser abençoados e usar o que Ele nos dá para abençoar outras pessoas.

Quero encorajá-lo a ser um doador. Não fique apaixonado pelo sistema de valores deste mundo e por suas tentativas de seduzi-lo a ter "cada vez mais". Preste atenção aos seus pensamentos e desejos, para que você não se torne um amante do dinheiro. Estude a Palavra de Deus para descobrir o que Ele diz sobre ter dinheiro e ser um bom mordomo, e mantenha o fluxo de seus recursos, usando-os para servir a Deus e para abençoar outras pessoas.

Capítulo 12

Seja Frutífero

"Cuidado com a esterilidade de uma vida ocupada".
— SÓCRATES

odas as pessoas hoje parecem estar muito ocupadas. Quando pergunto às pessoas como estão, elas frequentemente respondem: "Ocupado", ou quando pergunto, "Como vão as coisas?", elas respondem: "Enroladas". As pessoas parecem usar seus negócios como um crachá, como se isso fosse algo de que se orgulhar. Mas se olharmos para a Palavra de Deus, nem uma só vez ouvimos Deus dizer que devemos ficar ocupados, frustrados, assoberbados ou estressados. No entanto, Ele nos diz para sermos frutíferos. Em Gênesis 1:28, depois que Deus criou o primeiro homem e a primeira mulher na terra, Ele "os abençoou e lhes disse: 'Sejam *férteis (frutíferos)* e multipliquem-se! Encham e subjuguem a terra! Dominem sobre os peixes do mar, sobre as aves do céu e sobre todos os animais que se movem pela terra" (ênfase da autora).

Há uma diferença entre estar ocupado e ser frutífero. Quando estamos ocupados, simplesmente realizamos o que precisamos ou queremos fazer, às vezes sem nenhum sentimento de satisfação ou de qualquer benefício em longo prazo. Quando somos frutíferos, porém, podemos sentir a graça de Deus sobre aquilo que fazemos; nós nos sentimos satisfeitos e realizados, e sabemos que aquilo produzirá resultados duradouros e causará um impacto maior do que nós podemos causar na nossa força natural.

Quando somos frutíferos, assumimos o domínio que Deus nos instrui a assumirmos em Gênesis 1:28. Desde o princípio, Deus dá ao homem autoridade, dizendo basicamente: "Você não deve ser governado; você deve governar. Se você não governar e reinar, se não assumir a autoridade sobre as coisas, se não assumir o domínio, todas as coisas o governarão e você nunca conseguirá ser frutífero e multiplicar". E então, como assumimos a autoridade sobre as situações que exigem o nosso tempo e a nossa atenção e nos tornamos frutíferos em vez de ocupados? Continue a leitura.

SIMPLESMENTE DIGA NÃO

A primeira medida para assumir a autoridade sobre o seu tempo e a sua energia é aprender quando dizer sim e quando dizer não. Se você não está disposto a dizer não quando necessário, as atividades e os compromissos o arrastarão para o ativismo, esgotarão o seu tempo e roubarão a sua capacidade de ser frutífero. Dizer não quando necessário exerce o mesmo efeito sobre o seu tempo e a sua produtividade que a poda exerce sobre uma árvore. Nem sempre é agradável quando você o faz, mas depois de algum tempo, você se torna mais pleno, mais forte e mais produtivo do que antes.

> A primeira medida para assumir a autoridade sobre o seu tempo e a sua energia é aprender quando dizer sim e quando dizer não.

Passei grande parte da minha vida "fazendo" coisas, mas agora aprendi a desfrutar a arte de simplesmente "ser". Isso não significa que não faço mais nada, mas trabalhei duro para ter equilíbrio entre o *fazer* e o *ser*. É por isso que somos chamados de seres humanos, e não de "fazeres humanos".

Costumo ter de dizer não a convites e oportunidades. As pessoas nem sempre gostam ou entendem isso, mas cheguei a um ponto em minha vida em que sei o que preciso fazer e não fazer para cumprir aquilo que fui chamada a realizar, e ainda conseguir desfrutar minha vida ao mesmo tempo. Não posso frequentar todas as festas ou ir a todos os jantares aos quais sou convidada. Se as pessoas quiserem comer comigo, elas provavelmente terão de comer cedo. Não quero sair e comer às nove da noite e não conseguir dormir a noite inteira por estar com o estômago cheio. Se fizer isso, estarei cansada e infrutífera no dia seguinte.

E você? Você se sente levado de um lado para o outro por dizer muitos "sim" e poucos "não"? Você está com excesso de compromissos e insatisfeito? Eu o encorajo hoje a dizer não quando for preciso e a procurar estar realizado e frutífero em vez de meramente ocupado. Dirigir um ministério internacional pode não ser o seu desafio; talvez seu desafio seja criar três filhos ou dirigir um negócio. Não fomos chamados para fazer a mesma coisa, mas todos nós precisamos ter certeza de que não estamos desperdiçando o nosso tempo de forma pouco sábia, ou deixando que as pessoas, as circunstâncias ou o sistema deste mundo nos manipulem e roubem nosso tempo ao ponto de não conseguirmos encontrar tempo para fazer as coisas que realmente queremos fazer ou sentimos que devemos fazer.

EXAMINE SEUS MOTIVOS, AVALIE SUA PRODUTIVIDADE

Em João 15:16, Jesus diz: "Vocês não me escolheram, mas eu os escolhi para irem e darem fruto, fruto que permaneça, a fim de que o Pai lhes conceda o que pedirem em meu nome". Observe que nesse versículo o próprio Deus o escolheu e o chamou para um relacionamento com Ele, e Ele fez isso por uma razão. Sim, Deus quer que você desfrute a sua vida, mas também quer que você seja produtivo e dê bons frutos. Na verdade, esse é o propósito para o qual Ele o chamou e o nomeou.

> Sim, Deus quer que você desfrute a sua vida, mas também quer que você seja produtivo e dê bons frutos. Na verdade, esse é o propósito para o qual Ele o chamou e o nomeou.

Uma maneira de começar a controlar seu ativismo e ser frutífero é anotar todas as coisas às quais você dedica seu tempo e depois se perguntar: "Por que estou fazendo isto?", "Por que estou nesse comitê?", "Por que vou a esta festa?", "Por que vou àquele almoço?", "Por que me comprometi com isto?".

Se você avaliar o que está fazendo e se perguntar por que está fazendo, descobrirá que se comprometeu com muitas dessas coisas nem sempre pelo motivo correto. Você talvez descubra que está fazendo algumas coisas para impressionar alguém de quem nem mesmo gosta, ou para se sentir aceito, ou para impedir que as pessoas fiquem aborrecidas. Você também pode estar fazendo coisas porque acha que deve — por um falso sentimento de obrigação.

Além de examinar seus motivos, outro passo importante em direção a uma maior frutificação em sua vida é avaliar seu atual nível de produtividade. Você está sendo frutífero de algumas maneiras, mas não de outras? Ou está extramente ocupado, mas não está sendo nem um pouco frutífero? Faça essas perguntas a si mesmo e deixe que as respostas o ajudem a avançar em direção a uma vida mais frutífera e produtiva:

- Você está gastando seu tempo em coisas que o ajudam a cumprir seu propósito?
- Você está fazendo o que realmente deseja fazer, ou está simplesmente sendo controlado e pressionado pelas circunstâncias e pelas expectativas das outras pessoas?
- Você está sendo produtivo com o seu tempo e a sua energia?
- O que você está fazendo para ajudar outras pessoas?
- Você vê resultados palpáveis oriundos dos seus negócios, ou simplesmente está ocupado?
- Que mudanças específicas você precisa fazer nos seus compromissos se quiser realmente ser frutífero em vez de estar ocupado?
- Como você precisa reordenar ou repriorizar a maneira como gasta seu tempo para poder ser mais frutífero?

Deixe-me encorajá-lo a seguir a direção do Espírito Santo enquanto Ele lhe mostra as mudanças que você precisa fazer para ser mais frutífero. Se você não está disposto a mudar, então nada mudará; sua vida ficará exatamente como está. Você precisa entender que quando começar a fazer mudanças, algumas pessoas ficarão infelizes. Se você tem servido a uma pessoa específica e decidir mudar a quantidade de tempo que passa com ela ou fazendo coisas para ela, talvez sua decisão não seja bem recebida. Quando isso acontecer, simplesmente dê a essa pessoa tempo para se adaptar. Se ela não estiver disposta a se adaptar, então talvez não fosse verdadeiramente sua amiga. Se ser controlado por alguém é a única maneira de manter um relacionamento, então esse é um relacionamento que você não quer. Decida que você não vai comparecer diante de Deus um dia e ter de explicar por que não usou o seu tempo com sabedoria. Decida que você vai dar frutos. Escolha cada dia para fazer algo que valha a pena ser feito.

A RESPONSABILIDADE É SUA

Você pode viver uma vida maravilhosa, mas se não está sendo frutífero, ficará frustrado. A razão é porque Deus o criou para ser produtivo. Ele criou você para realizar os planos e os propósitos que tem para sua vida, e quando está fazendo isso, você se sente realizado. Você sabe que está usando o seu tempo com sabedoria; sente que está andando dentro da vontade de Deus para sua vida e acredita que o que está fazendo é importante. Você precisa ter a certeza de dedicar o seu tempo na realização do seu propósito; qualquer coisa menos que isso o deixará ansiando por algo mais. Diz-se que devemos dedicar oitenta por cento do nosso tempo às nossas duas maiores prioridades na vida. Podemos facilmente dedicar tempo demais a coisas menores, e ao

> Deus criou você para realizar os planos e os propósitos que tem para sua vida, e quando está fazendo isso, você se sente realizado.

fazer isso, terminamos por nunca realizar nossos objetivos principais.

Quando Deus chamou Josué para completar o que havia chamado Moisés para iniciar, liderando os israelitas rumo à Terra Prometida, Ele lhe disse: "Não deixe de falar as palavras deste Livro da Lei e de meditar nelas de dia e de noite, para que você cumpra fielmente tudo o que nele está escrito. Só então os seus caminhos prosperarão e você será bem-sucedido" (Josué 1:8). Assim como tinha para Josué, Deus tem uma vida próspera, abençoada, maravilhosa, cheia de alegria e frutífera para você!

Você não tem de se limitar a uma vida de segunda categoria enquanto ouve outras pessoas falarem sobre a vida maravilhosa que têm. Você pode ter sucesso e uma vida maravilhosa também.

Durante muitos, minha vida não foi maravilhosa, mas isso não era culpa de Deus. Mesmo as circunstâncias que me cercavam não eram culpa de ninguém; eram culpa minha. Até assumir a responsabilidade por minha vida, nada mudou. Se você quer ver mudanças em sua vida, não fique sentado desejando ser mais produtivo; faça os ajustes necessários para ter mais frutificação e produtividade em sua vida. Entenda que você tem muitas das mesmas oportunidades que todas as outras pessoas têm. Deus não faz acepção de pessoas. O que Ele faz por outra pessoa, fará por você também, se você assumir a responsabilidade pelas suas escolhas.

Se você decidir que deixará de ser ocupado para ser frutífero, terá de fazer algumas mudanças. Algumas dessas mudanças serão impopulares para as pessoas à sua volta, mas você é a única pessoa que comparecerá diante de Deus e terá de prestar contas por sua vida. Ninguém mais pode fazer isso por você. Você tem o direito dado por Deus de seguir a liderança do Espírito Santo e de cumprir o seu destino, mas se não tomar a decisão de fazer isso e assumir a responsabilidade por fazê-lo, o inimigo roubará seu destino e seus sonhos. E fará isso por intermédio de coisas simples como fazer com que você fique com excesso de compromissos e viva emaranhado em atividades que o mantenham ocupado e o esgotem, mas que não sejam produtivas e não tenham nenhum valor duradouro. Um dos principais objetivos de Satanás é nos distrair. Ele sabe que nos impedirá de sermos frutíferos se puder impedir que coloquemos o nosso foco naquilo que é importante. O seu destino é importante; você só tem uma vida para viver para Deus. Esteja determinado a assumir a responsabilidade por ela e a fazer as coisas que Ele o criou e o chamou para fazer.

> Deus não faz acepção de pessoas. O que Ele faz por outra pessoa, fará por você também, se você assumir a responsabilidade pelas suas escolhas.

BUSQUE O EQUILÍBRIO

Lembre-se do que Deus disse em Gênesis 1:28: "Sejam férteis e multipliquem-se! Encham e subjuguem a terra! Dominem sobre os peixes do mar, sobre as aves do céu e sobre todos os animais que se movem pela terra". O que você está fazendo com o que tem? Pare de adiar até alguma outra hora aquilo que você sente que Deus o chamou para fazer. Talvez você pretenda obedecer a Deus em algum outro momento, mas as boas intenções não são o mesmo que obediência, e elas não geram recompensas. A procrastinação engana as pessoas e geralmente rouba delas o seu destino.

Observe que Deus estava dizendo essencialmente: "Tudo que Eu lhe dei, Eu quero usar para que você Me sirva e ajude as pessoas". Uma das melhores maneiras que conheço de desfrutar a vida é fazer coisas por outras pessoas, e eu o encorajo a ser uma bênção para todos que puder, de todas as maneiras que você puder. Mas não se permita ficar tão ocupado ajudando as outras pessoas a ponto de negligenciar a si mesmo, seu tempo com Deus ou seu propósito na vida. Você precisa viver uma vida de sacrifício e servir às outras pessoas, mas lembre-se: também existe um "você". Você tem desejos. Há coisas que você quer fazer, experimentar e desfrutar. Se Deus colocou um desejo profundo de alguma coisa em você, então você estará negando-o se ficar tão ocupado fazendo outras atividades a ponto de nunca perseguir aquilo que Ele quer que você faça. No que se refere ao seu destino, você é a única pessoa que pode cumpri-lo. Ninguém mais pode fazer isso por você. Então, faça o que puder pelas outras pessoas, mas não se permita ser consumido por elas a ponto de deixar de passar tempo com Deus ou de percorrer o destino Dele para a sua vida. Se você está ocupado demais para Deus, então definitivamente você está ocupado demais!

> Se Deus colocou um desejo profundo de alguma coisa em você, então você estará negando-o se ficar tão ocupado fazendo outras atividades a ponto de nunca perseguir aquilo que Ele quer que você faça.

Capítulo 12

EXTRAIA O MÁXIMO DE CADA MINUTO

Quando falamos de ativismo e frutificação, estamos abordando principalmente a maneira como usamos o nosso tempo. O tempo é um recurso que Deus nos dá, e precisamos usá-lo para sermos frutíferos. Duas das expressões que devemos evitar, tanto verbalmente quanto nas nossas atitudes, são: "Vou matar o tempo" e "Estou apenas passando o tempo". O tempo não é um bem que podemos matar ou passar, ele é um dom do qual somos mordomos.

Não sou propensa a desperdiçar tempo. Gosto de ser produtiva em cada minuto que tenho. Na minha vida diária, esforço-me diligentemente para manter tudo dentro do programa. Às vezes isso me cria problemas, porque as circunstâncias podem fazer com que eu me atrase, e depois tenha de me apressar. Não gosto de me apressar, por isso estou aprendendo a deixar uma margem um pouco maior na minha vida — a fim de permitir mais tempo entre os compromissos e as atividades agendadas — e isso me poupa uma boa dose de frustração.

Há momentos em que você não tem minutos ou horas suficientes para completar uma tarefa ou para fazer algo que deseja, mas é cedo demais para fazer a próxima coisa que precisa fazer. Quando você tiver cinco, dez ou quinze minutos livres entre as atividades, não "mate" o seu tempo. Use-o para dar frutos. Tenha um livro ou uma Bíblia com você e use esses minutos para ler algo. Ouça músicas de adoração ou trechos de um sermão. Ore. Escreva um bilhete de encorajamento para alguém. Quando tiver alguns minutos, faça com que eles valham a pena.

Não quero sugerir que devamos estar fazendo algo a cada minuto de cada dia. Tirar tempo para refletir e simplesmente desfrutar da quietude e do silêncio também é muito valioso durante esses momentos entre eventos agendados. O silêncio restaura a alma e ajuda a nos preparar para a próxima coisa que precisamos fazer.

Aprenda a discernir suas necessidades emocional, mental, física e espiritualmente, e use o seu tempo de acordo com elas. Às vezes, ler é melhor e outras vezes se sentar em silêncio sem fazer absolutamente nada é melhor. Simplesmente lembre que quando o tempo passa você não pode mais tê-lo de volta, então aprenda a usá-lo com sabedoria.

Para mim, uma das piores coisas que podem acontecer a alguém é envelhecer e olhar para trás e perceber que nunca dedicou tempo para fazer o que queria fazer ou sentir que desperdiçou sua vida. Não quero que você olhe para trás nos seus últimos anos e fique cheio de pesar. Independentemente da sua idade, não é tarde demais para começar a usar o seu tempo com sabedoria e dar bons frutos.

Como cristãos, não lamentamos o passado; nós o deixamos para trás e seguimos em frente. Creio que Deus pode usar os anos que lhe restam nesta terra e fazer com que eles valham a pena. Ele pode compensar você pelo tempo perdido e redimir dias ou até anos que você possa ter perdido. Os seus últimos anos podem ser ainda mais frutíferos que os primeiros se hoje você decidir não desperdiçar nem mais um minuto, mas assumir o domínio sobre cada coisa improdutiva em sua vida e ser frutífero todos os dias.

Capítulo 13

Fique Alerta!

"Nunca confunda conhecimento com sabedoria.
Um nos ajuda a ganhar a vida;
o outro nos ajuda a construir uma vida".
— SANDRA CAREY

Uma mulher sábia que estava viajando pelas montanhas encontrou uma pedra preciosa em um riacho. No dia seguinte, ela encontrou outro viajante que estava com fome, e abriu a bolsa para compartilhar sua comida. O viajante faminto viu a pedra preciosa e pediu à mulher que a desse a ele. Ela o fez sem hesitar. O viajante partiu, alegrando-se com a sua boa sorte. Ele sabia que a pedra valia o suficiente para lhe dar segurança por toda a vida. Alguns dias depois, porém, ele voltou para devolver a pedra à mulher sábia.

"Estive pensando", disse ele, "sei o quanto a pedra é valiosa, mas vou devolvê-la a você na esperança de que você me dê algo ainda mais precioso. Peço que me dê aquilo que há dentro de você que permitiu que você me desse a pedra".[1]

Todos nós precisamos desesperadamente do que havia dentro da mulher com a pedra preciosa: sabedoria. Se você quiser edificar sua vida sobre um fundamento firme de sabedoria, uma das melhores maneiras de fazer isso é ler e estudar o livro de Provérbios. Ele lhe ensinará a tomar boas decisões e a usar a sabedoria no seu trabalho, nas suas finanças e na administração do seu tempo, assim como em outras áreas de sua vida prática e diária.

Gosto de definir o uso da sabedoria como "escolher fazer certo agora aquilo com o que você ficará satisfeito mais tarde". Sabedoria não é conhe-

Fique Alerta!

cimento intelectual; em vez disso, é saber, no seu coração, a maneira correta de pensar, falar e agir em qualquer situação. A sabedoria não está reservada às pessoas com educação elevada, pessoas naturalmente inteligentes, ou que se separam das outras para irem em busca dos mistérios da vida. Na verdade, a sabedoria é o discernimento dado por Deus e o entendimento que todos podemos aplicar às circunstâncias, aos desafios e às decisões que enfrentamos na vida diária. Quanto mais sabedoria usarmos hoje, melhor será o nosso amanhã.

Se você é um crente que conhece a Palavra de Deus, você tem sabedoria. A Bíblia diz que você tem a mente de Cristo (ver 1 Coríntios 2:16). Ela também diz que Cristo se tornou sabedoria de Deus para nós (ver 1 Coríntios 1:30), e que "o Senhor dá sabedoria hábil e divina" àqueles que andam retamente pela fé nele (ver Provérbios 2:6,7). A sabedoria está disponível a você na Palavra de Deus. Se você estuda a Palavra de Deus, está bem equipado para saber o que fazer em qualquer situação e para tomar decisões corretas. Quando você precisar tomar uma decisão, pare e ouça o seu coração antes de agir. Isso impedirá que você tome decisões emocionais que terminem mal. Peça a Deus para revelar a Sua sabedoria a você e depois tome as decisões de acordo com ela.

> A sabedoria é o discernimento dado por Deus e o entendimento que todos podemos aplicar às circunstâncias, aos desafios e às decisões que enfrentamos na vida diária.

A SABEDORIA GRITA

Deus quer que usemos a sabedoria, e o Espírito Santo nos direcionará a ela se simplesmente pedirmos a Ele que o faça. Provérbios 1:20 nos ensina: "A sabedoria clama em voz alta nas ruas, ergue a voz nas praças públicas". Em outras palavras, não é difícil obter sabedoria. Deus quer revelá-la a nós; precisamos simplesmente prestar atenção.

Por exemplo, você já precisou tomar uma decisão e sua mente (sua habilidades intelectuais) tentou conduzi-lo por um caminho enquanto o seu coração o estava dirigindo para outro? Você já passou por uma situação em que sua carne (seus pensamentos e sentimentos naturais) parecia estar guiando-o para uma direção, mas algo dentro de você o impelia a seguir por outra? Por exemplo, alguma vez você ficou acordado até tarde assistindo televisão, embora soubesse que precisava ter uma boa noite de sono para estar forte e alerta para uma reunião importante no dia seguinte — e você ficou resistindo ao conhecimento dentro do seu coração de que você realmente *devia* ir para a cama? Você já comprou alguma coisa que o deixou entusiasmado emocionalmente, mas que sabia no seu coração que era um gasto que na verdade não podia fazer e que era algo que nem sequer precisava?

O que estava acontecendo nas situações que acabo de descrever? É possível que a sabedoria estivesse gritando com você. Muitas vezes, ela grita através de coisas que você se descobre pensando se deveria ou não deveria fazer — você *deve* comer de forma saudável, você *deve* ser gentil com as outras pessoas, você *não deve* gastar um dinheiro que não tem. Todos esses são exemplos práticos do uso da sabedoria na vida

> Deus quer que andemos em sabedoria e façamos escolhas agora com as quais nos alegraremos mais tarde.

diária. Quando você sente esses impulsos, o Espírito Santo, que fala ao seu coração, está tentando ajudá-lo a tomar uma decisão sábia, embora talvez não seja a escolha que você quer fazer ou talvez pareça que não faz muito sentido nas atuais circunstâncias.

O Espírito está em guerra contra a nossa carne, e vice-versa (ver Gálatas 5:17). Quando sabemos qual é a escolha certa a fazer e não a fazemos, o motivo em geral é que estamos permitindo que a nossa carne nos dirija e estamos tentando ver se podemos nos dar bem tomando decisões erradas — que também são conhecidas como "tolices". A carne nos leva a cometer tolices, mas Deus quer que andemos em sabedoria e façamos escolhas agora com as quais nos alegraremos mais tarde.

BUSQUE A SABEDORIA

Provérbios 2:1-5 nos dá uma ótima percepção da maneira como a sabedoria opera e do valor de nos esforçarmos para buscar a sabedoria na vida:

> "Meu filho, se você aceitar as minhas palavras e guardar no coração os meus mandamentos; se der ouvidos à sabedoria e inclinar o coração para o discernimento; se clamar por entendimento e por discernimento gritar bem alto; se procurar a sabedoria como se procura a prata e buscá-la como quem busca um tesouro escondido, então você entenderá o que é temer o Senhor e achará o conhecimento de Deus".

Essa passagem nos encoraja a buscarmos a sabedoria com tanta diligência quanto buscamos as outras coisas na vida, e a entendermos que o temor do Senhor é essencial para vivermos uma vida sábia. Na verdade, o Salmo 111:10 diz: "O temor do Senhor é o princípio da sabedoria". Se buscássemos a sabedoria com a mesma paixão com que buscamos a educação, o dinheiro, a boa aparência, os empregos lucrativos ou os relacionamentos realizadores, nossa vida seria muito melhor.

O versículo 5 dessa passagem revela que muitas pessoas têm uma vida tremendamente caótica porque não entendem o "temor reverente" ao Senhor. Esse tipo de reverência diante de Deus é o primeiro passo em direção à sabedoria; sem ela, jamais seremos sábios. Quando utilizo as palavras "temor reverente", não quero dizer que devemos ter medo de Deus, mas sim que devemos ter grande respeito por Ele e tratá-lo com honra. O temor reverente e o assombro diante de Deus significam que sabemos que Deus é poderoso e Ele fala sério naquilo que diz. Deus é onisciente, onipotente, onipresente e vê todas as coisas o tempo todo. Devemos respeitar a Sua grandiosidade e respeitosamente temermos desobedecer-Lhe.

Muitas pessoas tratam Deus meramente como seu camarada, alguém que é bondoso e misericordioso demais para discipliná-las, para lhes pedir que se sacrifiquem por Ele, ou para exigir que corrijam suas atitudes e

Capítulo 13

seus comportamentos. Creio que elas adotaram essa visão simplesmente porque não querem mudar seu estilo de vida e serem obedientes à Palavra de Deus. Essa abordagem em relação a Deus não é bíblica. Se quisermos nos relacionar com Ele em temor reverente, como a Bíblia nos instrui, entenderemos que precisamos honrá-Lo e obedecer-Lhe — porque nossa vida ficará em ruínas se não fizermos isso. Deus nos ama incondicionalmente, mas nos ama demais para deixar que permaneçamos em nossos pecados.

A SABEDORIA O PROMOVERÁ

A sabedoria é uma das chaves para a promoção e o crescimento em qualquer área da vida. Provérbios 4:8 nos incentiva: "Dedique alta estima à sabedoria, e ela o exaltará; abrace-a, e ela o honrará".

Creio que muitas pessoas deixam de receber promoções que poderiam alcançar em suas profissões simplesmente porque não agem com sabedoria em seus empregos. Você já percebeu que às vezes as pessoas que parecem ser as mais inteligentes ou as mais intelectuais não são promovidas? Isso acontece porque capacidade intelectual apenas não basta; sabedoria e bom senso também são importantes.

> A sabedoria é uma das chaves para a promoção e o crescimento em qualquer área da vida.

Tive pessoas extremamente brilhantes trabalhando em minha equipe ao longo dos anos. Algumas delas, porém, não usavam a sabedoria no trabalho. Talvez elas fossem rudes com os seus colegas de trabalho. Talvez falassem demais enquanto os outros estavam tentando trabalhar. Talvez parecessem incapazes de voltar para suas mesas a tempo depois do almoço ou passassem tempo demais em telefonemas particulares durante o horário de trabalho. Suas habilidades eram excelentes, mas elas não demonstravam sabedoria de outras formas, de modo que não as promovi. As habilidades são importantes, mas se uma pessoa pode digitar na velocidade de um raio, mas não consegue ser amigável e respeitosa no escritório, ela não será promovida em nossa organização. Por outro lado, uma pessoa sábia, que também tem boas habilidades, pode ter a expectativa de avançar em qualquer lugar onde esteja, porque é a sabedoria que nos promove e nos exalta.

Do mesmo modo, uma pessoa pode ter as melhores credenciais acadêmicas deste planeta e não ter sabedoria alguma. Nos tempos modernos, enfatizamos excessivamente a educação. Não precisamos apenas de pessoas instruídas e treinadas, que atuem com um conhecimento natural significativo, mas também precisamos enfatizar o valor da sabedoria, do entendimento espiritual e do discernimento.

A SABEDORIA E OS CAMINHOS DE DEUS

A versão da Bíblia em língua inglesa *Amplified Bible* nos ensina que parte da arte de andar em sabedoria inclui uma profunda compreensão dos caminhos e propósitos de Deus — não simplesmente de quem Ele é ou do que faz, mas de como opera na nossa vida. Provérbios 4:11 diz: "Eu o conduzi pelo caminho da sabedoria [que é o discernimento abrangente dos caminhos e propósitos de Deus]" (AMP).

> O verdadeiro Cristianismo é muito mais que um conjunto de crenças; é uma maneira de viver diária e prática, que vem de entendermos os caminhos e os propósitos de Deus.

Como você pode ver, o verdadeiro Cristianismo vai muito além da sã doutrina. Certamente precisamos conhecer os princípios da nossa fé na forma de doutrina, mas o verdadeiro Cristianismo é muito mais que um conjunto de crenças; é uma maneira de viver diária e prática, que vem de entendermos os caminhos e os propósitos de Deus. Gosto de dizer que ser cristão começa com uma decisão de receber Jesus Cristo como seu Salvador e Senhor e prossegue com um estilo de vida diário que adere aos Seus princípios.

Quando abordamos as situações diárias a partir da perspectiva dos caminhos e dos propósitos de Deus, fazemos perguntas do tipo: "Como

Capítulo 13

Jesus falaria com aquela pessoa?", "Como Jesus lidaria com esta situação?", "Como Jesus agiria nestas circunstâncias?", "Será que Jesus estaria fofocando agora?", "Como Jesus lidaria com a necessidade óbvia daquela pessoa? Será que Ele se afastaria sem se importar, ou tentaria fazer algo a respeito?". Quando começamos a pensar nesses termos, estamos aprendendo a ser sábios porque estamos procurando entender os caminhos e os propósitos de Deus.

Moisés foi um homem muito sábio, alguém que entendia a importância de conhecer os caminhos de Deus. Em Êxodo 33:13, ele clamou a Deus: "Se me vês com agrado, revela-me os teus propósitos, para que eu Te conheça e continue sendo aceito por Ti". Deus atendeu à oração de Moisés, como lemos no Salmo 103:7: "Ele manifestou os seus caminhos a Moisés, os seus feitos aos israelitas".

Observe a distinção entre o que Deus deu a conhecer a Moisés (Seus caminhos) e o que Ele deu a conhecer aos filhos de Israel (Seus feitos). Algumas pessoas só se interessam pelos atos de Deus — pelo que Ele fará por elas. Mas as pessoas sábias são como Moises: elas têm fome de uma compreensão profunda dos caminhos de Deus. Deixe-me encorajá-lo a clamar a Deus como Moisés fez. Peça a Ele para lhe mostrar os Seus caminhos e para ajudá-lo a entender os Seus propósitos. À medida que Ele os revelar, você crescerá em sabedoria.

ENCONTRE A SABEDORIA NOS CRUZAMENTOS

Em quase todo lugar aonde vá, você provavelmente chegará a um ponto onde duas estradas se cruzam, e precisará escolher se deve virar ou seguir reto.

Todos nós chegamos nesse ponto em nossa vida. Ele é o nosso momento de decisão, a hora em que precisamos decidir em que direção seguir. Provérbios 8:1-3 fala desses momentos: "A sabedoria está clamando, o discernimento ergue a sua voz; nos lugares altos, junto ao caminho, nos cruzamentos ela se coloca; ao lado das portas, à entrada da cidade, portas adentro, ela clama em alta voz".

Observe que "nos cruzamentos, ela se coloca". Em outras palavras, a sabedoria está em todo cruzamento na vida. Ela está esperando por você em cada momento de decisão, e está clamando: "Ouça-me! Não faça simplesmente o que você sente vontade de fazer. Não diga simplesmente o que sente vontade de dizer. Não compre simplesmente tudo que sente vontade de comprar. Não tome suas próprias decisões. Siga a Deus! Obedeça à Sua Palavra!".

Se você está em um momento de decisão em sua vida neste instante, deixe-me incentivá-lo a seguir a sabedoria. Busque a Deus de todo o seu coração em vez de correr para os seus amigos, para um apresentador de televisão, para um site da Internet ou para livros e revistas em busca de conselhos. Busque a Deus e à Sua Palavra em primeiro lugar, e não se volte automaticamente para as pessoas e para os recursos que o cercam a fim de perguntar a eles o que você deve fazer. Deus pode guiá-lo até uma pessoa para lhe dar conselho ou pode responder à Sua oração falando através de alguém, mas é melhor honrá-Lo, buscando-O em primeiro lugar.

Recentemente, estive com uma conhecida que tinha problemas sérios nas costas. Depois de uma cirurgia mal sucedida, ela continuava sentindo dores terríveis. Seu médico lhe deu alta, dizendo que não podia fazer mais nada, e sugeriu que ela aprendesse a viver com a dor.

Consulto-me com um médico quiroprático que é especialista em trabalho muscular e que tem me ajudado ao longo dos anos. Recentemente, ele acrescentou à sua prática um ginásio completo com treinadores e *personal trainers*. Eu disse à minha amiga sofrida que realmente achava que esse médico poderia ajudá-la. Ela morava no Arizona e meu médico fica no Missouri, mas ela decidiu fazer a viagem e ver se ele podia ajudá-la. Depois de uma visita, sua dor diminuiu consideravelmente. O quiroprático colocou-a em um programa de reabilitação de força e depois que ela voltou a visitá-lo mais algumas vezes, logo ficou completamente livre da dor. Uau!

Ela não correu para mim e ignorou a Deus; em vez disso, ao buscar a Deus, Ele a aconselhou através de mim. Como eu disse, Deus pode usar uma pessoa para falar conosco palavras de sabedoria, mas é importante que o busquemos porque toda verdadeira sabedoria vem Dele. Ele merece o crédito, independentemente de que vaso use.

Pense nessa situação comum. Quando uma pessoa faz dieta e perde peso, geralmente todos que a cercam querem saber como ela teve tanto êxito. Então experimentamos fazer a mesma dieta, mas não temos os mesmos resultados. Não seria melhor se orássemos e pedíssemos a Deus para nos dar sabedoria com relação ao nosso corpo, ao nosso apetite e às nossas necessidades nutricionais, e deixássemos que Ele nos guiasse em um plano que será eficaz para cada um de nós individualmente? É isso que quero dizer com buscar a Deus em vez de procurarmos outras pessoas para nos aconselharem. Deus é a fonte de toda sabedoria. O que funciona para uma pessoa que você conhece não funcionará para você, a não ser que Deus o abençoe, portanto, certifique-se de não deixar Deus de fora dos seus p

> Deus é a fonte de toda sabedoria. O que funciona para uma pessoa que você conhece não funcionará para você, a não ser que Deus o abençoe, portanto, certifique-se de não deixar Deus de fora dos seus planos.

Quando você tiver de tomar uma decisão, busque a Deus diligentemente, obedeça à Sua direção e siga a Sua sabedoria. A sabedoria é sua amiga, e ela nunca lhe mostrará o caminho errado.

SABEDORIA PARA TODOS OS DIAS

No início deste capítulo, mencionei 1 Coríntios 1:30, que nos diz que Deus fez de Jesus Cristo a nossa sabedoria, a nossa justiça, a nossa consagração e a nossa redenção. Em outras palavras, se tivermos um relacionamento pessoal com Jesus Cristo, se Ele viver dentro de nós, teremos acesso à sabedoria de Deus.

Lembre: Sabedoria é escolher fazer agora aquilo que nos dará satisfação mais tarde. É adotar uma visão de longo alcance com relação à nossa vida e tomar decisões agora que nos beneficiarão no futuro.

O Espírito Santo é o Espírito de sabedoria (ver Isaías 11:2). Ele o direcionará a tomar decisões sábias. Encorajo você com muita veemência a fazer tudo o que Deus o guiar a fazer. Não procrastine, mas aja quando

Ele falar ao seu coração. Quando Deus lhe diz para fazer alguma coisa, há uma unção (um poder) para isso naquele instante. Se você agir quando Deus falar, será fácil porque terá graça (a capacidade e o favor de Deus) para fazer aquilo. Se esperar até achar que está pronto, ou até achar que tudo está perfeitamente ajustado, poderá ser difícil, e você pode ter de se esforçar. Mas se agir com fé quando Deus disser para agir, você terá a graça Dele para fazer qualquer coisa que Ele lhe pedir.

Muitas vezes, Deus o direcionará a andar em sabedoria simplesmente ajudando-o a usar o seu bom senso; geralmente, o velho bom senso *é* sabedoria. Use o bom senso no seu modo de agir, no seu modo de trabalhar, no seu modo de se relacionar com seu cônjuge e seus filhos, no seu modo de administrar o seu tempo, e no seu modo de lidar com suas finanças. Por exemplo, não gaste mais dinheiro do que ganha; não coma alimentos que o deixam doente; e não marque compromissos que irão deixá-lo assoberbado além do limite e gerarão estresse.

Lembre: o inimigo quer roubar, matar e destruir tudo em nossa vida, mas Jesus veio para que pudéssemos ter e desfrutar nossa vida (ver João 10:10). O plano de Deus nunca mudou. Ele tem um bom plano para a sua vida. Não seja tolo nem perca as bênçãos que Ele tem para você, mas seja sábio. Se você cometer tolices, terá problemas; mas se usar a sabedoria, a sua carne poderá ficar desconfortável por algum tempo, mas no fim, você terá vitória. Assuma hoje o compromisso de viver sabiamente e de fazer agora o que o deixará satisfeito mais tarde.

Capítulo 14

Eleve o Padrão

"Vamos nos ocupar em estabelecer padrões elevados para a vida, o amor, a criatividade e a sabedoria. Se as nossas expectativas nessas áreas forem baixas, provavelmente não experimentaremos o bem. Estabelecer padrões elevados faz com que valha a pena esperar cada dia e cada década".
— GREG ANDERSON

*E*m todo o mundo hoje, as sociedades estão em decadência, as famílias estão desmoronando e as pessoas estão ficando cada vez mais frustradas e infelizes. Creio que uma das principais razões para isso é que as pessoas deixaram de estabelecer padrões elevados para si mesmas, para seus casamentos, para seus filhos, para seus negócios e para as instituições sociais. Vemos evidências do declínio moral generalizado nas estatísticas crescentes de crimes, no aumento das taxas de divórcio, nas informações chocantes sobre o comportamento sexual dos adolescentes e nos problemas crescentes com drogas e abuso de álcool. Também vemos isso nos acontecimentos como tiroteios em escolas, suicídios e recém-nascidos deixados em latas de lixo.

Esses problemas não são o que Deus deseja, tampouco refletem a vida abundante que Jesus morreu para dar ao mundo. Contudo, como mencionei anteriormente neste livro, um dos dons de Deus para a humanidade é o poder da escolha. Se quisermos desfrutar as bênçãos que Ele tem para nós, precisamos fazer escolhas quanto ao nosso estilo de vida que estejam alinhadas com a Sua Palavra e sejam coerentes com os valores que ela apresenta, e não escolhas que reflitam os valores em constante deterioração do mundo.

VIVA EM UM PLANO MAIS ALTO

Durante os dias do profeta Elias, o povo de Deus se tornou inconstante. Eles diziam que o seguiam, mas não estavam profundamente comprometidos com Deus. Hoje, diríamos que "eles estavam com um pé no Reino de Deus e um pé no mundo". Nós também os chamaríamos de "cristãos carnais", aqueles que parecem muito piedosos no domingo e exatamente como os incrédulos durante o restante da semana.

Eles gostam do mesmo tipo de entretenimento popular da comunidade secular. Assistem aos mesmos filmes e aos mesmos programas de televisão que os incrédulos. Eles se vestem, falam, agem e pensam da mesma maneira que as pessoas mundanas; riem das mesmas piadas sujas e se envolvem nas mesmas conversas nada saudáveis. Mas porque usam bijuterias cristãs, têm adesivos nos carros com versículos, possuem Bíblias e frequentam a igreja no domingo, pensam que são cristãos. A Bíblia diz que se formos ouvintes da Palavra e não praticantes, estamos enganando a nós mesmos por raciocinarmos contrariamente à verdade (ver Tiago 1:22). O Cristianismo não é meramente uma viagem semanal à igreja; é receber Jesus como nosso Salvador e depois aprender a viver um estilo de vida coerente com os Seus princípios.

> O Cristianismo não é meramente uma viagem semanal à igreja; é receber Jesus como nosso Salvador e depois aprender a viver um estilo de vida coerente com os Seus princípios.

As pessoas não mudaram muito desde os tempos de Elias, e o profeta teve algumas palavras muito fortes para dizer aos crentes carnais dos seus dias: "'Até quando vocês vão oscilar entre duas opiniões? Se o Senhor é Deus, sigam-no; mas, se Baal é Deus, sigam-no'. O povo, porém, nada respondeu" (1 Reis 18:21).

Meu sentimento é o mesmo! Aos crentes dos dias modernos, digo que precisamos fazer compromissos mais firmes com Deus. Como cristãos, precisamos elevar o padrão da nossa vida para refletir a santidade e a excelência do Deus a quem servimos. Independentemente do quanto a nossa cultura se deteriore, precisamos continuar a viver em um plano mais alto

Capítulo 14

— não no sentido de estarmos "acima" das outras pessoas para podermos olhar para baixo e menosprezá-las, mas no sentido de nos recusarmos a nos unirmos àqueles que apreciam uma vida de baixo nível que os impede de desfrutar a presença e as bênçãos de Deus. Ter padrões elevados que refletem a santidade de Deus não significa que nunca podemos nos divertir nem desfrutar nada que o mundo oferece. Por exemplo, não creio que seja errado assistir à televisão, mas creio que devemos ser seletivos com ao que assistimos. Não é errado contar uma piada, mas deve ser uma piada cheia de humor sadio, e não de imoralidade. Vivemos no mundo e não podemos ignorar as coisas que nos cercam, mas precisamos ter padrões elevados que nos impeçam de nos tornarmos "mundanos". Devemos perguntar regularmente a Deus se estamos começando a fazer concessões em qualquer área de nossa vida. Caso isso tenha acontecido, precisamos pedir a Ele que nos perdoe e imediatamente optarmos por mudar para melhor.

Viver acima dos padrões do mundo tem a ver com as escolhas que fazemos com relação à qualidade das nossas conversas, à maneira como nos vestimos, ao conteúdo e às imagens nos livros e nas revistas que lemos e nos programas de televisão e filmes a que assistimos. Tudo isso tem a ver com o nível de integridade com o qual vivemos nossa vida, interagimos com as outras pessoas e nos conduzimos nos nossos negócios ou nossas profissões.

VENHA PARA O REINO

Como cristãos, precisamos encorajar-nos uns aos outros a viver segundo padrões divinos e a resistir à atração do mundo. Precisamos ser responsáveis e prestar contas uns aos outros pelas palavras, imagens e informações que permitimos entrar em nossa mente. Um ditado conhecido nos instrui: "Cuidado com os seus pensamentos, porque eles se transformam em palavras. Cuidado com as suas palavras, porque elas se transformam em atos. Cuidado com os seus atos, porque eles se transformam em hábitos. Cuidado com os seus hábitos, porque eles se transformam em caráter. Cuidado com o seu caráter, porque ele se transforma no seu destino" (Anônimo).

Talvez você esteja pensando: *Joyce, as músicas que ouço e os filmes a que assisto realmente não são da sua conta.* É verdade, mas tenho um grande desejo de ajudá-lo a desfrutar sua vida mais do que nunca, e sei que estabelecer padrões elevados e viver um estilo de vida divino trará paz, estabilidade e bênçãos à sua vida hoje e o colocará em um bom caminho em direção ao futuro. Não creio que assistir à violência excessiva, ouvir uma linguagem suja ou ver imagens de pessoas com pouca roupa possam ajudar você a crescer em Deus.

Uma das minhas maneiras favoritas de relaxar é assistir a um bom filme. Entendo o quanto é difícil encontrar alguma coisa para assistir que seja pura e de boa qualidade, mas é possível. Creio que o ponto importante é que cada um de nós preste atenção em como as coisas que vemos afetam o nosso espírito. Se sentimos tristeza dentro de nós ou convicção de pecado pelo que estamos vendo ou ouvindo, então precisamos simplesmente optar por ver ou ouvir outra coisa.

Coisas diferentes incomodam pessoas diferentes. Meu pai costumava usar uma linguagem obscena durante os anos do meu crescimento; assim, sou especialmente sensível à linguagem suja. Romanos 14:22 deixa claro que não devemos fazer coisas que nos façam sentir culpados, e afirma que não devemos tentar fazer com que os outros vivam de acordo com as nossas convicções: "Assim, seja qual for o seu modo de crer a respeito destas coisas, que isso permaneça entre você e Deus. Feliz é o homem que não se condena naquilo que aprova".

> Estabelecer padrões elevados e viver um estilo de vida divino trará paz, estabilidade e bênçãos à sua vida hoje e o colocará em um bom caminho em direção ao futuro.

O PODER DA INFLUÊNCIA

Deus está interessado nas influências que permitimos em nossa vida. Além do que vemos e ouvimos, precisamos ser muito cuidadosos com as pessoas com quem escolhemos passar o nosso tempo. A Bíblia nos ensina

Capítulo 14

a não ficarmos sentados passiva e inativamente no caminho dos pecadores, e a não relaxarmos e descansarmos na presença dos zombadores e escarnecedores (ver Salmo 1:1). Cooperar passivamente com o que as outras pessoas querem fazer pode ser muito perigoso. Talvez não possamos mudá-las, mas não temos de fazer o que elas fazem. É fácil mergulhar em um rio e descer corrente abaixo, mas é mais difícil nadar contra a maré. Geralmente é mais fácil cooperar com as outras pessoas e fazer o que a maioria quer fazer, mas fazer isso pode nos gerar um tremendo desgosto e infelicidade em longo prazo.

Precisamos estabelecer padrões elevados com relação ao que vestimos, ao que assistimos, ao que ouvimos, aonde vamos e ao modo como usamos o nosso tempo; a como gastamos o nosso dinheiro, a com quem nos associamos e a como nos divertimos. Não podemos ser como o povo dos dias do profeta Elias, dizendo basicamente: "Hoje vou servir e honrar a Deus, mas amanhã vou cooperar com as pessoas que me cercam!".

> Decida se você vai se dedicar a Deus ou vai servir ao mundo e ao seu sistema.

Quero dizer a você o que Elias disse às pessoas que o cercavam: "Decida-se!". Decida se você vai se dedicar a Deus ou vai servir ao mundo e ao seu sistema. Eu o incentivo a tomar a decisão de servir a Deus inteira e completamente, colocando-o em primeiro lugar em tudo o que fizer.

COMPROMETA-SE

Uma das chaves mais importantes para se viver uma vida abençoada e piedosa é o compromisso. Se quisermos experimentar as bênçãos de Deus em nossa vida diária, não podemos ser hesitantes no nosso relacionamento com Ele. Precisamos estar radicalmente comprometidos, dispostos a permitir que Ele reorganize nossos valores e nossas prioridades, nossos programas, nossos orçamentos e tudo o mais. Precisamos ser sinceros na nossa devoção a Ele e aos princípios da Sua Palavra.

Quero encorajá-lo a estar comprometido em passar tempo com Deus. Comprometa-se a estudar e a viver de acordo com a Palavra. Comprometa-se com a oração. Comprometa-se com um grupo de pessoas a quem você possa prestar contas por seus atos. Não frequente a igreja simplesmente quando sentir vontade, mas assuma o compromisso de estar ali, participando, prestando atenção e aplicando os ensinamentos bíblicos que recebe. Torne-se tão comprometido com Deus e com as coisas de Deus a ponto de recusar-se a se deixar ficar preguiçoso ou deixar de fazer o que precisa.

Hoje, muitas pessoas resistem à ideia de se comprometerem com qualquer coisa, porque querem ser "livres". Quero lhe dizer que a verdadeira liberdade não é ser capaz de fazer o que você quiser, quando quiser. A verdadeira liberdade é a capacidade de fazer escolhas que honrem a Deus e se alinhem com a Sua Palavra. Ser livre significa que podemos nos disciplinar para obedecer à Palavra de Deus, sabendo que ela nos conduzirá à paz e a uma grande realização na vida.

Não ponha sua felicidade em risco, deixando que influências mundanas sem valor impeçam a sua caminhada com Deus. Comprometa-se com Ele! Elimine as influências que são negativas para você, que desonram a Deus ou que simplesmente sugam a sua vida, e dedique seu tempo e sua energia às pessoas e às atividades que o encham com a vida de Deus. Siga a Deus de todo o coração!

O CRISTIANISMO É UM ESTILO DE VIDA

Muitas pessoas querem que sua vida seja diferente, mas não estão dispostas a mudar seu estilo de vida. Uma das lições mais importantes que aprendi sobre o Cristianismo é que ele é um *estilo de vida*. Uma maneira importante de fazer com que a fé se torne um estilo de vida é associar-se com pessoas que compartilhem convicções e valores compatíveis com os seus. Para crescer espiritualmente, você precisa estar cercado de pessoas que o encorajem a ser fiel a Deus. As atitudes e as convicções das pessoas que o cercam o influenciarão. Se você passar tempo com pessoas que reclamam e murmuram o tempo todo, você começará a fazer o mesmo. Se você se cercar de pessoas zangadas ou desrespeitosas, você se descobrirá expressando ira ou sendo desrespeitoso também. Se você se associar a pessoas mesquinhas ou egocêntricas, começará a encarar essas atitudes como aceitáveis e a incorporá-las aos seus próprios pensamentos e comportamentos. Se as pessoas com quem você passa tempo são amargas, ressentidas, detestáveis, preconceituosas e julgadoras — você se tornará como elas. Se você passa tempo com incrédulos ou com cristãos menos comprometidos, certifique-se de *influenciá-los* e de não permitir que eles *influenciem você*.

> Para crescer espiritualmente, você precisa estar cercado de pessoas que o encorajem a ser fiel a Deus.

Se você se cercar de pessoas positivas, logo verá que está se tornando otimista e alegre porque sempre que você diz alguma coisa negativa, elas lhe dão uma resposta positiva. A reação correta dessas pessoas lhe trará convicção quanto à sua reação errada, e você finalmente se tornará uma pessoa mais positiva. Se passar tempo com alguém que é generoso com os outros, muito provavelmente você também se tornará generoso. Se desenvolver relacionamentos com pessoas amorosas e compassivas, você também andará em amor.

PAGUE O PREÇO

Quero que você entenda que viver segundo padrões elevados e divinos terá um preço. Talvez você tenha de abrir mão de alguns de seus amigos. Talvez você não seja a pessoa mais popular no seu local de trabalho ou na sua escola, mas você será respeitado e desfrutará a sua vida. Você terá justiça, paz e alegria. Você não viverá debaixo da culpa e do tormento do pecado, mas terá confiança porque saberá que está fazendo as escolhas certas em vez de fazer concessões. Se você estiver disposto a se afastar dos relacionamentos errados, Deus finalmente o colocará em contato com as pessoas com quem você poderá ter relacionamentos maravilhosos e piedosos. Se você pagar o preço necessário para ter padrões elevados, poderá enfrentar o futuro com coragem e confiança.

Jesus disse que embora estejamos no mundo, não somos do mundo (ver João 17:16). Precisamos resistir à atração deste mundo, que está tentando nos puxar continuamente. Precisamos nos *recusar* a ser como o mundo, e decidir viver uma vida santa. Cristianismo não é apenas frequentar a igreja ou ler um versículo bíblico por dia. É um estilo de vida, uma maneira de viver e abordar cada área da vida; e ele deve afetar todas as decisões que tomamos.

Quando o Cristianismo se tornar realmente um estilo de vida para nós, não pensaremos com pensávamos anteriormente. Não falaremos como falávamos. Não nos vestiremos como nos vestíamos. Não teremos os hábitos que tínhamos antes de sermos salvos. Faremos escolhas diferentes sobre a maneira como usamos nosso dinheiro. Não assistiremos ao mesmo tipo de filmes a que assistíamos antes de conhecermos a Palavra de Deus. Podemos até descobrir que estamos fazendo escolhas melhores com relação à saúde, como comer de forma mais saudável ou nos exercitarmos com mais regularidade. Aprendemos que tudo é por Ele, para Ele e Nele (ver Romanos 11:36).

> Cristianismo não é apenas frequentar a igreja ou ler um versículo bíblico por dia. É um estilo de vida, uma maneira de viver e abordar cada área da vida; e ele deve afetar todas as decisões que tomamos.

Às vezes penso nas coisas que Dave e eu apreciávamos anos atrás e agora não posso sequer imaginar fazer essas coisas. Na verdade, nossa vida era cheia de infelicidade, por isso talvez não as estivéssemos apreciando tanto quanto achávamos que estávamos. Podemos ser facilmente enganados e nos tornar endurecidos e calejados com relação ao mal que nos cerca. Nós nos acostumamos com coisas que não procedem de Deus, e isso se torna perigoso, porque sequer percebemos que as pessoas estão fazendo pouco de Deus ou tomando o Seu nome em vão. O diabo quer que não fiquemos chocados com a maldade que impera na nossa sociedade, e por esse motivo precisamos manter uma consciência sensível por meio da oração e da comunhão com Deus e com outros cristãos comprometidos.

Precisamos orar pedindo a Deus sensibilidade em nosso coração; precisamos pedir a Ele que torne a nossa consciência sensível. Precisamos orar para que tenhamos a capacidade de estabelecer e manter padrões elevados em nossa vida. Precisamos desenhar algumas "linhas na areia" da nossa vida e dizer, "Não vou passar além deste limite! Não me importa que eu seja o único, vou permanecer fiel a Deus!". Tome uma decisão. Vai lhe custar muito servir a Deus de todo o coração, mas vai lhe custar muito mais se você não o fizer. Há um preço a ser pago — sim. Mas os lucros são altos! Ah, e por falar nisso, quando você realmente estipula um limite em termos de princípios morais para a sua vida, não mude esses limites quando se tornar inconveniente honrá-los. Decida-se e mantenha a sua mente nas coisas do alto e não nas coisas desta terra, porque você pertence a Deus através de Jesus Cristo.

Não tenho meios de descrever para você o quanto estou feliz por ter tomado as decisões que tomei ao longo do caminho. Realmente estou desfrutando minha vida. Houve momentos no passado em que estava sempre procurando algo a mais que eu achava que precisava para me sentir feliz, mas agora estou feliz e em paz porque Deus atende às minhas necessidades e satisfaz a minha alma. Naturalmente, há muitas coisas que aprecio, mas Deus é a minha porção; preciso mais Dele do que de qualquer outra coisa. Gosto das coisas, mas posso viver sem elas se for preciso; entretanto, não posso viver sem Deus e sem a Sua presença em minha vida.

Não sou consumida pela amargura, pelo ressentimento ou pela culpa. Não fico me atormentando, imaginando o que as pessoas pensam a meu respeito. Sei como receber o perdão de Deus quando cometo erros, e não sou consumida pela culpa e pela condenação. Não estou ferida, machucada nem sangrando por dentro, porque Ele curou a minha alma. Paguei o preço para ter um relacionamento íntimo com Deus, e estou vivendo as bênçãos de amá-lo e servi-lo. Espero que você faça o mesmo. Deus não tem favoritos. O que está disponível para uma pessoa está disponível a todas. Com todo o seu coração, busque a Deus e a Sua vontade e você não apenas o encontrará, mas também descobrirá uma vida que vale a pena ser vivida.

A PROTEÇÃO DE UM ESTILO DE VIDA PIEDOSO

Um estilo de vida que segue os princípios da Palavra de Deus oferece muitas bênçãos. Uma delas, na qual muitas pessoas não pensam, é a proteção contra o inimigo. As coisas que vemos e ouvimos podem ser ferramentas que o inimigo usa para guerrear no campo de batalha da nossa mente. Quando vemos ou ouvimos algo, aquilo fica gravado para sempre em nosso subconsciente. Quem você acha que está por trás das cenas, imagens e palavras ímpias; de muitas das músicas, dos programas de televisão, da Internet e do material impresso dos nossos dias? Não é Deus, mas sim o inimigo!

Se nos comprometêssemos com padrões mais elevados de santidade na nossa vida, poderíamos eliminar algumas das munições do inimigo e frustrar alguns de seus planos contra nós. As escolhas do nosso estilo de vida ajudariam a formar escudos ao redor de nós onde Satanás não poderia penetrar.

> Um estilo de vida que segue os princípios da Palavra de Deus oferece muitas bênçãos.

Se eu lhe oferecesse um gole de estricnina ou arsênico, você provavelmente recusaria. Bem, o mundo nos oferece veneno o tempo todo. Essas substâncias podem não nos causar mal fisicamente ou nos deixar doentes, mas elas destroem nosso coração e nossa mente e roubam o nosso prazer na vida diária. Pense nisso na próxima vez que você passar pelos canais da televisão, navegar na Internet, escolher músicas, selecionar material de leitura ou imaginar a que filme vai assistir. Satanás, operando através do sistema deste mundo, está constantemente derramando veneno sobre nós, e geralmente costumamos ficar sentados passivamente recebendo tudo que nos é oferecido. Sei que disse isso muitas vezes neste livro, mas deixe-me dizer mais uma vez: *Faça escolhas sábias!*

Capítulo 15

Seja Saudável

*"A única maneira de manter a sua saúde é comer
o que você não quer, beber o que você não
gosta, e fazer o que você prefere não fazer".*
— MARK TWAIN

*I*magine isto: Uma jovem mãe e executiva de talento, ainda sonolenta, estende a mão para desligar o despertador às cinco da manhã de uma segunda-feira. Ela resmunga diante do pensamento de outro dia longo e atarefado, mas diz a si mesma que são necessárias duas rendas para se sustentar uma família nos dias de hoje. Depois de vários minutos desejando poder tirar uma semana de folga, ela finalmente se arrasta até o chuveiro, aplica parte da maquiagem e veste uma calça nova da moda, que comprou para impressionar seus clientes e colegas de trabalho e que pagou com o cartão de crédito que no mês anterior apresentava uma cobrança extra por excesso de limite.

Ela desperta seu filho e sua filha, esperando que eles se levantem sem que ela precise chamá-los de novo. Eles não o fazem. Entre as tarefas de preparar o lanche dos filhos para a escola e recolher seus livros e papéis espalhados, ela faz mais duas viagens até o quarto deles, finalmente perdendo a calma enquanto grita: "Saiam dessa cama neste instante e se preparem para a escola!". Seu marido sugere que ela deve ser mais paciente com eles.

Quando as crianças chegam à cozinha, vestidas para a escola, não há tempo para um café da manhã saudável. "Dê a eles algumas rosquinhas", avisa o marido. "É isto que comemos". Ela diz às crianças para se servirem de rosquinhas e coloca uma jarra de suco de laranja na bancada da pia, esperando que aquilo dê a elas um pouco de vitamina C.

Ela se apressa para levá-las à escola, terminando sua maquiagem nos intervalos dos sinais de trânsito, e depois freando abruptamente bem na hora em que a sirene de entrada da escola toca. A caminho do escritório, ela para rapidamente em uma cafeteria local e pede um copo de café grande e um bolinho que possa comer enquanto dirige, porque não teve tempo de tomar café em casa.

Já cansada, ela se senta em sua mesa e se pergunta por onde deve começar a lidar com a montanha de trabalho diante de si. *Afinal,* ela diz a si mesma, *tudo é urgente.* À medida que seus colegas de trabalho chegam, todos passam pelo escritório dela e perguntam: "Como foi o fim de semana?". Ela se sente compelida a responder e a fazer a mesma pergunta em troca. Sua assistente, que supostamente deve estar ali para ajudar e não para trazer problemas, aparece em prantos. Terminou o namoro de forma terrível no fim de semana. Ela se sente preocupada, improdutiva e desejando estar em outro lugar.

Telefonemas, emails e pequenas "emergências" de uma manhã de segunda-feira interrompem as tentativas da jovem executiva de fazer o que precisa desesperadamente ser feito naquele dia. Seu filho se esqueceu de pedir que ela assinasse a folha autorizando-o a participar de uma visita ao corpo de bombeiros, de modo que ela corre até a escola para fazer isso. Voltando ao escritório, ela descobre que seu chefe precisa de um relatório pronto por volta do meio-dia, mas só se lembrou de lhe dizer isso agora. Então o chefe de seu chefe telefona de uma viagem de negócios e pergunta de forma impaciente pelas informações que havia solicitado na semana passada, informações essas que ela pretendia dar a ele — e o teria feito se outra coisa não tivesse surgido. Na semana passada, ela havia até mesmo pedido à sua assistente para pegar os arquivos que precisava e para lembrar a ela de terminar o trabalho, mas a assistente havia esquecido porque tinha ficado preocupada com seu namorado.

Ela reúne as informações e as envia por email ao chefe de seu chefe. O trabalho não tem a qualidade que ela é capaz de produzir. Ela estava ocupada demais para fazer as coisas corretamente, mas diz a si mesma que fará melhor da próxima vez. Logo, ela sai às pressas para um almoço — a reunião semanal de profissionais promissores. Na verdade, ela não

Capítulo 15

tem tempo para ir e quase não comparece a esses encontros, mas então se lembra de que precisa manter sua rede de comunicações se quiser subir a escada do sucesso empresarial.

Depois do almoço, uma quantidade avassaladora de trabalho ainda espera por ela. Ela está a ponto de começar a trabalhar em um projeto cujo prazo é o final do dia, mas é chamada para uma reunião "importante" onde se fala muito e se decide pouco.

Ela tinha planejado sair do escritório as cinco em ponto para assistir ao último tempo do jogo de futebol de sua filha. Mas um colega de trabalho quer discutir detalhes sobre um importante cliente novo, e antes que ela se dê conta, já passa das cinco. Correndo para ir ao jogo de sua filha, ela liga para seu marido para ter certeza de que ele está lá. Ele não está, mencionando o fato de que marcou um jantar de negócios de última hora porque ela "disse que estaria lá".

Quando chega à escola, seu filho e sua filha estão esperando do lado de fora, e são as únicas duas pessoas que se pode ver na porta da escola. Ela começa a se desculpar por perder o jogo, mas percebe que suas desculpas não significam muita coisa. As crianças entram no carro sem dar uma palavra, e ficam olhando pela janela enquanto seguem para casa.

"Mãe, estou com fome", dizem as duas crianças. Então ela pede um lanche — e sobremesas também, porque quer lhes dar uma pequena gostosura na tentativa de compensá-los por ter perdido o jogo.

Quando as crianças estão na cama naquela noite, ela liga a TV rapidamente em um canal de notícias para saber o que aconteceu no mundo naquele dia. *Crises por toda parte,* ela observa, totalmente esquecida do fato de que a própria vida é uma crise em si.

Ela leva o laptop para a mesa da cozinha para colocar em dia o trabalho que não conseguiu terminar no escritório. Com o canto do olho, vê contas que precisam ser pagas, um presente de aniversário que devia ter sido enviado para seu irmão na quinta-feira passada e um bilhete para retornar uma ligação de sua melhor amiga, que não vê há semanas. *Vou cuidar disso amanhã,* ela promete a si mesma.

Quase meia-noite, ela caminha tropeçando e se deita na cama ao lado de seu marido que ronca. As cinco horas da manhã seguinte parecem chegar depressa. Então, meio sonolenta, ela estende a mão para desligar o despertador e repete a mesma rotina outra vez.

ISSO PARECE FAMILIAR?

Você consegue se identificar com alguma coisa na história dessa mulher estressada? Quer você seja homem ou mulher, casado ou solteiro, não tenha filhos ou tenha uma casa cheia deles, trabalhe fora ou em casa, tenho certeza de que você entende o estresse na vida dessa mulher. Seu estresse pode vir de fontes diferentes, mas você certamente consegue "sentir a dor" de ter coisas demais para fazer em pouco tempo, de estar com excesso de compromissos e de se sentir dividido entre desejos, obrigações e responsabilidades.

Falta a essa mulher tudo de que ela precisa para poder desfrutar a vida. Ela não descansa o suficiente; está endividada. Não se alimenta de forma saudável; está assoberbada de trabalho e sob estresse; ela tenta fazer coisas demais; não tem um relacionamento profundo e de apoio mútuo com seu marido; ela não tem prazer de estar com seus filhos; não se exercita; e negligencia relacionamentos importantes.

> Como você desfrutará a sua vida neste instante e terá força para os anos que estão por vir se está vivendo o dia a dia em um alto nível de estresse e não está fisicamente saudável?

Agora, vamos pensar na sua vida. Como você desfrutará a sua vida neste instante e terá força para os anos que estão por vir se está vivendo o dia a dia em um alto nível de estresse e não está fisicamente saudável? O estresse e o prazer geralmente são mutuamente exclusivos — onde há um o outro não existe — e posso lhe assegurar que se você quiser aproveitar o hoje e estar pronto para abraçar plenamente o amanhã, terá de reduzir o nível de estresse e melhorar sua saúde.

ASSUMA A RESPONSABILIDADE

Creio que uma das principais razões pelas quais muitas pessoas não desfrutam sua vida é o simples fato de que não se sentem fortes, saudáveis e vibrantes. Elas estão sempre muito cansadas, doentes, com dores ou lutando com algum outro tipo de aflição física.

Muitas vezes em minhas reuniões, alguém me pede para orar por cura física. Faço de acordo com o que o Senhor me diz, mas frequentemente tenho consciência de que o que as pessoas realmente precisam é assumir a responsabilidade por sua saúde e seu bem-estar. Geralmente, seus problemas físicos podem ser resolvidos por meio da melhoria de sua saúde — alimentando-se melhor, exercitando-se, bebendo mais água, dormindo o suficiente à noite ou reservando tempo para o lazer, a recreação e o relaxamento.

Pessoalmente trabalhei duro por muitos anos. À medida que envelheço, entendo que não posso fazer tudo que podia fazer anos atrás. Por exemplo, preciso ser muito disciplinada com relação a comer doces, porque eles afetam a minha taxa de glicose no sangue, o que faz com que eu me sinta cansada e letárgica. Posso comer doces ocasionalmente, mas, certamente, não todos os dias.

Comer tarde da noite é outra proibição para mim. Na verdade, passei a não comer tarde da noite porque, se eu fizer isso, não dormirei bem nem me sentirei bem na manhã seguinte. Por esse motivo, costumo dizer não às reuniões com os amigos quando isso significa uma saída até tarde. Outras vezes, sento-me com as pessoas enquanto elas comem e apenas faço companhia e tenho comunhão com elas sem comer nada, ou peço uma porção pequena para mim.

Se você e eu quisermos ser suficientemente saudáveis para podermos desfrutar nossa vida, talvez não possamos fazer o que todo mundo faz. Há certos dias em que eu gostaria de ficar acordada até tarde, até de madrugada, assistindo a filmes ou fazendo alguma coisa divertida. Mas descobri que não manter um horário regular para ir dormir faz com que eu me sinta mal. Não se trata nem mesmo de ter certo número de horas de sono; trata-se de ir para a cama no mesmo horário todas as noites. Por exemplo, se eu fosse para a cama às duas da madrugada e dormisse oito horas, ainda assim não me sentiria bem. Preciso ter uma hora para ir para a cama regularmente, e talvez isso possa ajudá-lo também.

> Se você e eu quisermos ser suficientemente saudáveis para podermos desfrutar nossa vida, talvez não possamos fazer o que todo mundo faz.

Também aprendi que não me sentir forte e saudável exerce um efeito tremendo sobre muitas áreas da minha vida, dentre as quais está minha capacidade de aproveitar a vida diária. O meu "nível de alegria" despenca. Já que conheço essas coisas sobre mim, estou determinada a não desperdiçar mais nenhum dia sem desfrutá-lo. Quero desfrutar a minha vida, assim como você quer desfrutar a sua. Se eu tiver de fazer algumas mudanças para me sentir melhor, e assim poder desfrutar mais de mim mesma, estou disposta a fazê-las, porque creio que a alegria é importante. Eu o encorajo a fazer o mesmo e a fazer da sua saúde uma prioridade, para que você possa desfrutar a vida abundante que Deus quer que você tenha.

Paulo orou para que os Filipenses aprendessem a escolher e a apreciar o que era excelente e de real valor, e essa também é a minha oração por você (ver Filipenses 1:10). Faça escolhas que o ajudem a se sentir cheio de energia a fim de poder desfrutar totalmente cada instante que lhe resta do seu tempo aqui na terra.

O QUE VOCÊ PODE FAZER?

O primeiro passo para melhorar sua saúde é entender o quanto ela é importante. Afinal, você só tem um corpo físico e ele precisa durar por toda a vida! E o que é mais importante: seu corpo é um presente de Deus para você; ele abriga o seu espírito, que é onde o Espírito de Deus habita dentro de você; ele é o veículo que o capacita a desfrutar tudo o que Deus fez e a fazer as coisas que Ele lhe pede.

O apóstolo Paulo escreveu: "Acaso não sabem que o corpo de vocês é santuário do Espírito Santo que habita em vocês, que lhes foi dado por Deus, e que vocês não são de si mesmos?" (1 Coríntios 6:19). Deixe-me estimulá-lo a começar a cuidar melhor do seu "santuário" hoje. "Como eu faço isso?", você se pergunta. Fico feliz por você ter perguntado. Eis quatro disciplinas específicas que você pode adotar ou aperfeiçoar em sua vida para começar a percorrer a estrada para ter uma saúde cada vez melhor e ter menos estresse. Para obter mais informações e mais detalhes sobre esse assunto, recomendo a leitura do meu livro *Pareça Maravilhosa, Sinta-se Maravilhosa*.

Capítulo 15

Beba Mais Água

Você sabia que a água corresponde a dois terços do seu corpo? Apenas esse fato deveria encorajá-lo a aumentar sua ingestão de água! A água é tão crucial para a saúde física porque o corpo humano precisa de fluido em um nível adequado para funcionar — fluido que cerca as nossas células, que está no interior das nossas células, que facilita a eliminação de dejetos, que leva energia ao cérebro e aos músculos, e que ajuda o nosso sistema imunológico a funcionar adequadamente.

> Uma pessoa que pesa 63 kg deve beber 3 L de água por dia, ao passo que alguém que pesa 81 kg deve beber 3/2 L.

Quanto de água você necessita diariamente? Uma fórmula simples, mas comprovada, diz que você deve pegar o seu peso e dividir ao meio, e depois beber a mesma quantidade em mililitros por dia. Uma pessoa que pesa 63 kg deve beber 3 L de água por dia, ao passo que alguém que pesa 81 kg deve beber 3/2 L. Para facilitar, sugiro que você pegue um copo ou uma garrafa de água que contenha certo número de litros, e o encha quantas vezes for necessário a fim de beber a quantidade de água recomendada que o seu corpo necessita todos os dias.

Alimente-se de Forma Saudável

O alimento é o combustível que ajuda o corpo a funcionar, portanto, uma dieta balanceada e nutritiva é crucial para uma boa saúde. Como regra, uma variedade de cores vibrantes em seu prato na hora da refeição é bom sinal. Deve significar que você está comendo frutas e vegetais, que dão ao seu corpo vitaminas e antioxidantes e são de um valor incomparável para a sua saúde. Coma-os com frequência!

Faça o máximo para evitar carboidratos refinados (alimentos feitos com farinha branca, batata, açúcar ou outros adoçantes). Certifique-se de que a gordura em sua dieta seja insaturada e não saturada ou trans. Você consegue fazer isso ao reduzir a ingestão de carne vermelha, laticínios e alimentos processados preparados com óleos hidrogenados, e passar a comer mais peixe, frango ou peru, azeite de oliva (extra-virgem), nozes e abacate. Coma também arroz integral em vez de arroz branco, e coma pão integral ou com multicereais em vez de pão branco. Finalmente, não coma em excesso, colocando grandes porções no seu prato. Sirva-se de porções menores, coma mais lentamente, e discipline-se para parar de comer antes de estar com o estômago excessivamente cheio.

Exercite-se

Além de adquirir força, aumentar a resistência, ajudá-lo a perder peso e contribuir para a formação de músculos e de tônus muscular, o exercício é provavelmente a melhor coisa que uma pessoa pode fazer para reduzir o estresse. Os especialistas dizem que simplesmente caminhar por cerca de trinta minutos por dia produz resultados expressivos em nosso corpo. Exercitar-se com pesos é excelente, assim como usar uma esteira para correr ou outros aparelhos que podem oferecer benefícios para o seu sistema cardiovascular. Existem tantas maneiras de se exercitar — andando, correndo, nadando, andando de bicicleta, fazendo caminhadas, jogando tênis, golfe, fazendo esportes em grupo e outras atividades — que a maioria das pessoas deveria poder encontrar alguma coisa para fazer e desfrutar regularmente. A chave para se exercitar é fazê-lo regularmente, pelo menos de três a quatro vezes por semana, e se manter desafiado a fim de continuar colhendo benefícios reais.

> A chave para se exercitar é fazê-lo regularmente, pelo menos de três a quatro vezes por semana, e se manter desafiado a fim de continuar colhendo benefícios reais.

Descanse

Ninguém foi criado para trabalhar ou funcionar em ritmo acelerado o tempo todo. Nosso corpo e nossa mente precisam de descanso e relaxamento. Precisamos de intervalos, precisamos nos divertir, e precisamos fazer isso regularmente. Também precisamos dormir o suficiente e nos certificarmos de que o nosso sono seja de qualidade, que não seja interrompido ou agitado.

Enquanto dormimos, nossa mente está "desligada", mas nosso corpo está ocupado, desempenhando funções importantes que nos renovam e nos dão combustível para o dia seguinte. Dormir à noite é como levar o seu carro à loja para uma regulagem. Assim como seu carro, o seu corpo também funciona melhor quando recebe a manutenção adequada. Dormir dá ao seu cérebro a oportunidade de descarregar o estresse; capacita o seu corpo a reparar as lesões; e permite que o seu sangue envie um novo suprimento de energia aos seus músculos. A falta de sono acarreta má coordenação motora, diminuição dos reflexos e confusão mental. Por outro lado, uma pessoa bem descansada está alerta, focada, e é capaz de pensar claramente. Às vezes um problema que parece monumental quando estamos cansados pode ser resolvido facilmente depois de uma boa noite de sono.

Muita água, alimentação saudável, exercícios e o descanso adequado se associarão para reduzir seu nível de estresse e melhorar sua saúde física, o que fará maravilhas pela sua capacidade de aproveitar a vida hoje e estar forte e saudável no futuro.

Em minha vida, já me senti mal e já me senti bem, e posso lhe dizer que sentir-se bem é muito melhor!

Capítulo 16

Simplifique as Coisas

"Em termos de caráter, maneira, estilo, em todas as coisas, a suprema excelência é a simplicidade".
— HENRY WADSWORTH LONGFELLOW

Há anos eu vivia uma vida muito complicada. Um exemplo disso é que muitas vezes eu queria convidar pessoas para virem à nossa casa nos fins de semana para nos divertirmos, relaxarmos e desfrutarmos a companhia uns dos outros. Mas na maioria das vezes, quando essas reuniões terminavam, eu estava exausta! Por quê? Porque não sabia viver uma vida simples. Digo que minha vida era complicada, mas a verdade é que eu complicava minha vida. Minha maneira de encará-la precisava mudar para que eu pudesse desfrutá-la.

Minhas ideias começavam de forma bem simples. Dave e eu convidávamos um ou dois casais para um simples churrasco no jardim. Mas depois eu acrescentava outras pessoas à lista de convidados, porque não queria que ninguém ficasse magoado. Depois, decidia que a casa precisava estar imaculada antes que os convidados chegassem, então limpava tudo que estava diante dos meus olhos. Eu achava que a grama tinha de estar perfeitamente aparada, então cuidava disso. Depois, queria móveis novos no jardim — ou pelo menos uma mão de tinta fresca nos móveis velhos. Então eu me certificava de que as crianças parecessem ter saído das páginas de uma revista. É claro que eu também achava que tinha de vestir a roupa certa e que cada fio de cabelo deveria estar no lugar certo.

Com relação ao preparo da comida, eu começava com um cardápio fácil — algo do tipo hambúrgueres na grelha, e uma sobremesa comprada no mercado. Mas eu sempre mudava meus planos, porque queria

Capítulo 16

impressionar meus convidados. Comprava filés em lugar de hambúrgueres e passava um tempo considerável fazendo salada de batata caseira e acompanhamentos adicionais suficientes para alimentar um pequeno exército. Com relação às bebidas, eu não achava que chá gelado, água, café e limonada fossem suficientes, então oferecia também quatro ou cinco tipos diferentes de refrigerantes. Quando meus convidados chegavam, eu estava cansada demais para desfrutar a companhia deles e, às vezes, me surpreendia me sentindo chateada por eles estarem ali!

Mesmo durante a visita, eu continuava trabalhando. Se eles entrassem na cozinha, eu praticamente os seguia com uma vassoura para garantir que não levassem migalhas para os tapetes. Se colocavam um copo em algum lugar, eu o agarrava para lavá-lo. E depois tinha a coragem de ficar ressentida com todos porque eu estava trabalhando tanto e eles estavam se divertindo! Eu acabava dando festas das quais não gostava, para pessoas que sequer eram chegadas a mim, e com uma comida pela qual não podíamos pagar. Eu era especialista em complicar coisas simples.

Depois de muitas experiências como a que acabo de descrever, cheguei a um ponto em minha vida em que eu sabia que Deus estava tratando comigo quanto à simplicidade. Comecei a perceber cada vez mais como minha vida era complicada — e isso era culpa minha. Percebi também que não era provável que a vida mudasse. Se eu quisesse que as coisas fossem diferentes e que a vida fosse mais simples para que eu pudesse desfrutá-la, *eu* teria de fazer essa mudança.

> Se eu quisesse que as coisas fossem diferentes e que a vida fosse mais simples para que eu pudesse desfrutá-la, *eu* teria de fazer essa mudança.

Não eram apenas minhas atitudes e minhas atividades que eram complicadas, mas os meus processos mentais eram complicados também. O meu relacionamento com Deus era complicado porque eu estava tentando conquistar o amor e a aceitação Dele em vez de simplesmente recebê-los por fé. Tudo na minha vida era complicado. Eu achava que tinha muitos problemas complexos, mas na verdade estava complicando as coisas para mim mesma, com a minha maneira de encarar a vida, as pessoas e as situações diárias. Eu era complicada interiormente, de modo que, naturalmente, tudo na minha vida externa parecia complicado também.

A BOA PARTE

Você deve conhecer a história bíblica de Maria e Marta. Essas duas mulheres eram irmãs — e eram totalmente opostas. Um dia, Jesus foi visitá-las em sua casa. A Bíblia conta que Maria parou tudo e sentou-se aos pés de Jesus, ouvindo cada palavra que Ele dizia. "Marta, porém, estava ocupada com muito serviço" (Lucas 10:40).

Ela estava tão ocupada correndo pela casa fazendo coisas que disse a Jesus: "Senhor, não te importas que minha irmã tenha me deixado sozinha com o serviço? Dize-lhe que me ajude!" (v. 40).

Jesus respondeu: "Marta! Marta! Você está preocupada e inquieta com muitas coisas; todavia apenas *uma* é necessária. Maria escolheu a boa parte, e esta não lhe será tirada" (vs. 41, 42).

Como Jesus percebeu, Marta estava preocupada, ansiosa e incapaz de relaxar na Sua presença. Maria, por outro lado, estava perfeitamente contente sentada e ouvindo-o. Maria encarou a visita de Jesus de uma forma simples, relaxada e focada, ao passo que Marta insistia em complicar as coisas e em tentar fazer coisas demais.

Quando leio essa história, penso em como eu era parecida com Marta. Corria de lá para cá ansiosamente, tentando impressionar Deus e a todos com minha diligência e minhas realizações. Durante esse tempo, eu estava excessivamente preocupada com o que as outras pessoas pensavam a meu respeito. Não tinha a segurança que tenho agora, então me sentia melhor comigo mesma quando estava trabalhando — como se eu só tivesse valor como pessoa quando estava realizando alguma coisa. Assim como Marta, eu me ressentia de pessoas como Maria, que aproveitavam a vida.

Nunca fui ensinada sobre o valor do relaxamento e da diversão. Quando eu era criança, sofri abuso por parte de meu pai, e na verdade não tive a oportunidade de desfrutar a liberdade de ser criança. Tudo em minha vida era sério e difícil desde que consigo me lembrar, e por sentir que tudo na vida era difícil, eu achava que todos deviam ser responsáveis, sérios, e que deviam trabalhar tanto quanto eu.

Certamente, há momentos em que precisamos trabalhar. A Bíblia é clara quanto às virtudes e recompensas do trabalho honesto (ver Provérbios 10:4; 14:23). Também sabemos que quando fazemos coisas que dão fruto, Deus é glorificado. Mas não devemos trabalhar tanto a ponto de ficarmos desequilibrados e não apreciarmos mais a vida.

> Não devemos trabalhar tanto a ponto de ficarmos desequilibrados e não apreciarmos mais a vida.

A atitude de Marta tem suas virtudes, mas a de Maria também. Nas respectivas reações de cada uma à visita de Jesus em sua casa, Maria fez uma escolha melhor que a de Marta. Em minha vida, eu tinha "muito de Marta e pouco de Maria". Eu amava Jesus, mas não havia aprendido que Ele não se impressiona em nos ver correndo de um lado para o outro tentando realizar o que achamos que precisa ser feito. Ele está em busca de corações que desejem parar por um momento, ficar em paz, sentar-se aos Seus pés, e desfrutar a Sua presença.

É FÁCIL

Uma das melhores maneiras de definir a palavra *simples* é com a palavra *fácil*. Em muitos casos, essas palavras são sinônimas. Às vezes, quando dizemos que alguma coisa é simples, queremos dizer que ela é fácil de fazer. Durante os meus "dias complicados", nada em mim ou em minha vida era fácil. Com Dave, porém, a história era outra. Tudo na vida dele parecia fácil. Como pessoa, ele era simples, direto e descomplicado. Ele realmente aproveitava a vida, enquanto eu era infeliz. Dave ainda é assim, e, com o tempo, eu me tornei assim também.

Um dos segredos de Dave é que ele aprendeu a "lançar os seus cuidados" sobre o Senhor (ver 1 Pedro 5:7), enquanto eu sempre me agarrava às minhas preocupações e deixava que elas ficassem remoendo dentro de mim como uma tempestade em formação. Eu me sentia "responsável" por consertar tudo e ainda não havia aprendido o segredo de confiar em Deus. Enquanto Dave fazia o que precisava fazer e ficava "calmo, frio e controlado", eu ficava nervosa e bufava o tempo todo, e ficava constantemente contrariada e preocupada. Sentia-me esmagada pelo peso de toda a responsabilidade que eu achava que carregava. Ser responsável é uma qualidade admirável e divina, mas eu tinha um falso senso de responsabilidade. Fazia o que podia fazer e depois me esgotava tentando fazer o que não podia fazer. Eu não apenas tentava fazer a minha parte, como também tentava fazer a parte de Deus.

Às vezes, ficava ressentida com Dave porque a vida parecia tão fácil para ele, enquanto para mim era tão difícil. Ele era livre, e eu me sentia presa em uma roda para hamsters — correndo o mais rápido possível, usando toda minha energia, mas nunca chegando a lugar algum. Eu ficava estressada e me esforçava, e nunca parecia poder fazer progresso algum de verdade em minha vida, muito embora me esforçasse muito. Quando Deus começou a tratar comigo quanto a simplificar minha vida, eu não tinha consciência do quanto complicava as coisas. Como mencionei anteriormente neste capítulo, a maioria dos hábitos que me mantinham complicada estava em minha mente, na minha maneira de pensar sobre as coisas e na forma como eu encarava as situações que enfrentava. Esses padrões mentais se desenvolveram com o tempo, de modo que eu tinha muitos maus hábitos a serem quebrados, muitos novos hábitos a serem desenvolvidos, e muito a aprender.

É possível que você esteja complicando as coisas em sua vida pela maneira como as encara? Será que você poderia simplificar sua vida confiando mais em Deus? Você é um perfeccionista que se estressa com detalhes que ninguém nota além de você mesmo? Você tem um falso senso de responsabilidade, como eu tinha? Está tentando resolver problemas cuja solução não compete a você? Se sua resposta a qualquer dessas perguntas é sim, você pode começar hoje a simplificar sua vida.

UM RELACIONAMENTO SIMPLES

A Bíblia não inclui muitos versículos ou ensinamentos diretos sobre a simplicidade. Enquanto refletia sobre isso, finalmente entendi que toda a Nova Aliança — o relacionamento que temos com Deus através de Jesus Cristo — é muito simples. É tão lindo e simples que aqueles que têm uma mente complicada costumam ter dificuldades em crer nele. Deus enviou Jesus ao mundo para viver como um homem e para entender as pessoas. Jesus morreu pelos nossos pecados, levando sobre si a punição que os nossos pecados exigem. Ele pagou a dívida por eles. Ele ressuscitou dentre os mortos e preparou um caminho para vivermos uma vida maravilhosa, alegre, pacífica, frutífera e impressionante. Ele fez tudo isso livre e voluntariamente, por causa do Seu tremendo amor por nós.

Eu poderia escrever extensamente sobre o que Jesus fez por nós, mas o ponto é que a Sua obra não é complicada. Ela é profunda, bela e impressionante, mas simples. Até uma criança pode entendê-la e crer nela. Um corinho infantil diz simplesmente: "Oh eu amo a Cristo, porque Ele morreu por mim, aleluia!". Tudo na vida em Cristo é simples. Ela requer uma fé simples, orações simples e uma abordagem simples e cheia de fé para cada situação.

> Toda a Nova Aliança — o relacionamento que temos com Deus através de Jesus Cristo — é muito simples.

O inimigo tenta complicar o evangelho e a vida cristã na mente dos crentes a fim de nos manter separados de Deus. Quando voltamos à simplicidade do evangelho e procuramos andar nele, estamos trabalhando *com* Deus e *contra* o inimigo, que odeia a simplicidade, porque ele sabe o poder e a alegria que ela traz. Se prestar bastante atenção, você reconhecerá como o diabo tenta complicar sua vida. Resista a ele abraçando a simplicidade.

Anos atrás, quando estudava sobre a simplicidade, procurei livros sobre o assunto e não consegui encontrar muitos. O resultado foi que tive de confiar no Espírito Santo para me ensinar o que eu precisava saber. Ele me levou a prestar atenção no que estava acontecendo em minha vida e dentro de mim quando eu ficava ansiosa ou infeliz. Muitas vezes, o motivo era porque eu estava complicando uma situação.

Por exemplo, Dave e eu certa vez tivemos uma discussão não muito antes da hora que precisávamos ir dormir. Como já relatei, Dave é uma pessoa tranquila que não tem dificuldade em "perdoar e esquecer" as coisas e em superá-las. Ambos dissemos o que achávamos que tínhamos de dizer, e do ponto de vista de Dave, o assunto estava encerrado. Ele se deitou e foi dormir.

Eu, porém, fui para meu escritório para ficar remoendo o que havia acontecido. *Como começamos essa discussão*, me perguntei. *E como posso ter certeza de que nunca mais vamos discutir?* Com minhas perguntas e racionalizações, comecei a complicar uma situação que Dave já havia esquecido.

Relembrar a nossa discussão na minha mente e fazer perguntas sobre ela não era útil nem realista. Uma abordagem realista teria sido reconhecer o fato de que Dave e eu somos duas pessoas diferentes com opiniões diferentes. O realismo admitiria que provavelmente não teríamos anos e anos de casados sem nunca termos outra divergência.

Em vez de avaliar a situação sinceramente, eu estava sendo idealista. Queria garantir que nunca mais discutiríamos; eu queria que o nosso relacionamento fosse perfeito. As pessoas idealistas geralmente não desfrutam a vida. Elas querem que tudo seja perfeito, e quando as coisas não acontecem desse jeito, elas se decepcionam.

> Tudo na vida em Cristo é simples. Ela requer uma fé simples, orações simples e uma abordagem simples e cheia de fé para cada situação.

Na noite da discussão, eu estava determinada a encontrar respostas para minhas perguntas. Quanto mais tempo ficava acordada, supostamente "buscando a Deus", mais frustrada eu ficava. Finalmente, por volta de uma hora da madrugada, eu disse: "Senhor, o que vou fazer?".

Ouvi claramente em meu coração: *Por que você simplesmente não vai para a cama?*

Foi exatamente isso que Dave fez! Ele disse o que havia em sua mente e depois deixou a questão para lá. Eu não. Fiquei pensando nela, debatendo-me contra ela, questionando e me preocupando por horas. Na manhã seguinte, Dave estava bem, e eu estava exausta. A abordagem simples de Dave lhe trouxe resultados muito melhores que a minha abordagem complicada havia me trazido.

SIMPLIFIQUE OS SEUS DESEJOS

Uma das dinâmicas que realmente complicam nossa vida, geralmente sem que percebamos, é o fato de que podemos estar motivados e consumidos demais pelos nossos desejos. Os desejos não realizados podem até nos atormentar — e isso certamente nos impede de desfrutar nossa vida. A maioria de nós pode relacionar muitas coisas que gostaríamos de ter, e se não tomarmos cuidado, começaremos a nos esforçar de forma desequilibrada para obtê-las. Quando não conseguimos alcançá-las, começamos a perder a nossa paz e a nossa alegria, e ficamos frustrados, decepcionados, e contrariados. Estaríamos muito melhor se optássemos por simplificar ou ajustar os nossos desejos em vez de continuarmos a lutar para conseguir coisas que só Deus pode nos dar. Não estou sugerindo que não devemos ser determinados em tentarmos atingir os nossos objetivos, mas quando perdemos a nossa alegria e a nossa paz porque não conseguimos fazer com que alguma coisa aconteça, então é hora de orar e lançar os nossos cuidados sobre o Senhor.

> Estaríamos muito melhor se optássemos por simplificar ou ajustar os nossos desejos em vez de continuarmos a lutar para conseguir coisas que só Deus pode nos dar.

Tiago 4:2 afirma: "Vocês não têm, porque não pedem". Precisamos pedir a Deus o que queremos, e confiar que Ele nos dará no Seu tempo, do Seu modo. Nesse meio tempo, precisamos estar contentes com o que temos.

Há duas maneiras de lidar com os nossos desejos não realizados. Uma delas é nos esforçar para adquirir o que queremos; a outra é perguntar a nós mesmos se o que queremos é tão importante afinal. "Mais" nem sempre é melhor, porque quanto mais adquirimos, mais precisaremos manter e cuidar. Às vezes, com muitas posses, podemos perder a nossa alegria porque estamos tão preocupados em manter tudo o que possuímos, e essas coisas começam a nos possuir em vez de nós as possuirmos.

Ocasionalmente, faço uma vistoria em minha casa e dou algumas coisas que me pertencem. Não gosto de minha casa quando começo a colecionar coisas demais de que não preciso. Não gosto de sentir que estou vivendo no meio de uma confusão, e sempre consigo encontrar alguém que possa fazer bom uso das coisas que já não são mais uma bênção para mim. Estou certa de que o mesmo acontece com você. Quanto mais a nossa casa fica entulhada de coisas, mais tempo levará e mais difícil será mantê-la limpa. Livre-se de algumas coisas regularmente e você achará muito mais fácil limpar sua casa!

No Salmo 37:4, Davi escreveu: "Deleite-se no Senhor, e ele atenderá aos desejos do seu coração". Busque Deus em primeiro lugar; deseje-o mais do que qualquer outra coisa; e você descobrirá que Ele o abençoará com o que você deve ter no tempo certo.

> Confie que Deus ouvirá os seus pedidos e os responderá de uma forma que superará os seus melhores desejos e expectativas.

Se você é infeliz e não está aproveitando a vida por causa de alguma coisa que deseja, mas não possui, eu o encorajo a não permitir que esse desejo o domine. Confie que Deus ouvirá os seus pedidos e os responderá de uma forma que superará os seus melhores desejos e expectativas.

SIMPLIFIQUE SUAS DECISÕES

A vida pode se tornar complicada quando as pessoas não sabem como tomar decisões e permanecer nelas. Tiago 5:12 diz: "Sobretudo, meus irmãos, não jurem nem pelo céu, nem pela terra, nem por qualquer outra coisa. Seja o sim de vocês, sim, e o não, não, para que não caiam em condenação". Nesse versículo, Tiago está dizendo basicamente: "Tome uma decisão. Apenas diga sim ou não; e não fique mudando de ideia".

Costumamos ficar indecisos com as escolhas e opções que temos diante de nós, quando, na verdade, só precisamos tomar uma decisão e deixar que ela prevaleça. Por exemplo, quando você estiver na frente do armário pela manhã olhando para todas as suas roupas, escolha algo e vista. Não fique andando de um lado para outro até se atrasar para o trabalho!

Quando você estiver pronto para sair para comer, escolha um restaurante e vá. Não fique tão confuso a ponto de achar que não há um único lugar que o satisfaça. Às vezes, tenho vontade de tomar o café de um restaurante A, de comer a salada do restaurante B, meu prato de frango favorito do restaurante C, e a sobremesa do restaurante D. É óbvio que não posso ter tudo que quero ao mesmo tempo, então preciso escolher um desses lugares e comer. Posso ir aos outros outro dia.

Quero encorajá-lo a começar a tomar decisões sem criticar a si mesmo ou se preocupar com as escolhas que fez. Não seja inconstante ou fraco, porque duvidar das suas decisões depois de tomá-las roubará a alegria de tudo que você faz. Tome as melhores decisões que puder, e confie os resultados a Deus. Não fique ansioso ou com medo de estar errado. Se o seu coração estiver reto e você tomar uma decisão que não está de acordo com a vontade de Deus, Ele o perdoará e o ajudará a seguir em frente.

Seja decidido. Seja o que for que você precise fazer, faça-o — e simplifique as coisas.

Capítulo 17

Seja Criativo

"Seja corajoso o suficiente para viver de forma criativa".
— ALAN ALDA

Como diz um velho ditado, "A variedade é o tempero da vida". Uma maneira de ter certeza de desfrutar o hoje e viver na expectativa do futuro é acrescentar uma dose saudável de criatividade e variedade à sua vida diária. Entendo que as pressões do trabalho, da família, e de outros compromissos costumam nos arrastar para uma rotina na qual simplesmente tentamos "dar conta de tudo", mas quero encorajá-lo a não deixar que o dia a dia se torne rotineiro demais. O excesso de dias fazendo as mesmas coisas do mesmo jeito ao mesmo tempo pode drenar a alegria da sua vida, e gerar monotonia.

Só se vive uma vez, portanto, não se deixe arrastar para uma existência mundana e ordinária. Acrescente um pouco de tempero à sua vida sendo criativo e faça tudo que puder para mantê-la revigorada, vibrante e divertida. Viva a vida apaixonadamente, porque a vida sem paixão não é vida. Escrevi extensamente sobre esse assunto, e o encorajo a ler mais sobre isso em meu livro *Eu Desafio Você*.

VOCÊ É CRIATIVO

Todos nós conhecemos pessoas que poderíamos chamar de "criativas". Elas podem pintar, desenhar, escrever, tirar belas fotografias, compor ou tocar músicas, ou decorar ambientes.

Mas acredito que todas as pessoas são criativas de alguma maneira.

Capítulo 17

Talvez nem todos saibamos o que fazer com um piano ou um pincel, mas Deus deu a cada um de nós determinada medida de criatividade. Por exemplo, a criatividade de um homem de negócios pode se expressar por meio de sistemas de distribuição nada comuns ou da capacidade de formar parcerias estratégicas de sucesso que nunca passaram pela cabeça de outra pessoa. A criatividade de um estudante de pós-graduação pode estar em sua capacidade de analisar uma obra de literatura ou um evento histórico a partir de uma perspectiva nunca explorada antes. Um vendedor pode demonstrar criatividade pensando em formas novas e diferentes como as pessoas podem usar o produto que ele vende. A criatividade de uma professora será vista quando ela ajuda um aluno a aprender ouvindo histórias, enquanto percebe que o outro pode aprender melhor olhando imagens.

A criatividade se expressa de muitas formas maravilhosas de uma pessoa para outra. Deus é infinitamente criativo, e Ele projetou cada pessoa na terra com certo grau de criatividade. Todos nós temos uma necessidade, um desejo e uma capacidade de ser criativos e de desfrutar a variedade e aquilo que é novo.

TEMOS CRIATIVIDADE

Nossa necessidade e nosso desejo de criatividade, que nos foram dados por Deus, é o motivo pelo qual ficamos inquietos, frustrados ou entediados quando há muita "mesmice" em nossas atividades, relacionamentos, trabalho ou nas coisas que nos cercam. Não há nada de errado em acharmos que às vezes precisamos de uma mudança. Na verdade, a maioria de nós luta contra o tédio muitas vezes; simplesmente nos cansamos de fazer as mesmas coisas dia após dia, semana após semana. Costumamos nos envolver em rotinas e ficamos presos nesses padrões. Queremos algo novo e fresco, mas, ao mesmo tempo, também nos sentimos seguros com o que é familiar ou confortável.

Alguns de nós somos corajosos o bastante para fazer mudanças em nossa vida imediatamente, e realmente gostamos de experimentar coisas novas, ao passo que outros querem fazer algo diferente, mas têm dificuldades para identificar o que devem fazer ou hesitam em fazê-lo por medo. Eles preferem estar seguros, confortáveis e entediados do que ficar empolgados e viver no limite.

Algumas pessoas ficam no mesmo emprego, moram na mesma casa, ou se reúnem com os mesmos amigos a vida inteira, não porque realmente desejam, mas porque é algo confortável e familiar. Elas podem odiar seus empregos e se sentir completamente irrealizadas, mas o pensamento de fazer qualquer coisa diferente é extremamente assustador. Suas necessidades com relação a uma casa podem ter mudado, mas elas relutam em se mudar porque se sentem confortáveis na antiga casa, mesmo se não precisam do porão que reformaram para seus filhos adolescentes há vinte e cinco anos ou se precisam ter um quarto no primeiro andar em vez de ter todos os quartos no andar de cima. Elas podem sonhar com todo tipo de mudança que gostariam de incorporar à sua vida, mas não abraçam a ideia totalmente nem embarcam nesses sonhos porque têm medo de fracassar.

Independentemente do que impede as pessoas de tomarem decisões novas e criativas em sua vida, nunca conheci ninguém que *goste* de ficar entediado. Algumas pessoas *escolhem* o tédio, mas elas não têm prazer nele. Todos nós ansiamos por novidade e diversidade, e a razão é que Deus nos criou para a variedade. Fomos feitos para exigir novidade em nossa vida. Não quero sugerir que devamos pular de paraquedas para o meio de toda oportunidade que surja, mas realmente creio que há momentos em que precisamos sair do ordinário, sair da rotina, sair da zona de conforto, e nos aventurar em coisas novas.

> Todos nós ansiamos por novidade e diversidade, e a razão é que Deus nos criou para a variedade. Fomos feitos para exigir novidade em nossa vida.

Há vezes que não precisamos fazer grandes mudanças; simplesmente precisamos acrescentar um pouco de tempero ao que estamos fazendo — assim como às vezes queremos acrescentar um pouco de molho à comida que, de outro modo, ficaria insossa e sem gosto. Às vezes algo tão simples quanto experimentar um novo corte de cabelo poder fazer a diferença.

Capítulo 17

Creio que Deus nos dá sinais de advertência que podem se manifestar como um tédio moderado. Essa é a maneira de Ele fazer com que saibamos que precisamos mudar um pouco as coisas. Há vezes em que simplesmente sinto vontade de sentar em um lugar diferente em minha casa para tomar o café da manhã. Uma visão diferente é renovadora por algum tempo, e depois de alguns dias estou pronta para voltar ao meu lugar de costume. A nossa constituição emocional *precisa* de mudanças. Negar a nós mesmos a variedade necessária por causa da preguiça, do medo ou da insegurança — ou por qualquer outro motivo — é perigoso. Se fizermos isso, estamos fadados a uma grande perda de contentamento. Mas se formos criativos e incorporarmos um pouco de variedade às nossa vida, veremos que somos capazes de aproveitar o hoje e aguardar o amanhã com expectativa.

NÃO EXAGERE

Embora os nossos desejos de termos novas experiências e oportunidades sejam saudáveis e se originem do nosso desejo de variedade e diversidade, que foi dado por Deus, precisamos lembrar que a Palavra de Deus também nos encoraja a estarmos contentes (ver Filipenses 4:11; Hebreus 13:5). Precisamos encontrar uma forma de equilíbrio entre estarmos satisfeitos e ansiarmos por algo diferente, porque o equilíbrio é a chave para uma vida agradável, cheia de criatividade e de contentamento.

1 Pedro 5:8 nos encoraja: "Sejam bem equilibrados (moderados, sóbrios de mente), sejam vigilantes e cautelosos em todo o tempo; pois o inimigo de vocês, o diabo, anda ao redor como leão, rugindo [com uma fome atroz] e procurando alguém a quem possa dominar *e* devorar" (AMP). Nesse versículo, vemos que o equilíbrio é muito importante em nossa vida. Quando ficamos desequilibrados ao fazermos muito de alguma coisa e não o suficiente de outra, abrimos a porta para o inimigo.

A Palavra de Deus nos instrui a fazermos todas as coisas com moderação (ver 1 Coríntios 9:25). Essa é outra forma de nos encorajar a sermos equilibrados. Sem equilíbrio, podemos acabar tendo problemas. Doenças físicas, pressão mental e emocional, problemas de relacionamento, e certamente a perda da alegria, tudo isso pode ser resultado de uma vida desequilibrada.

Qualquer coisa boa pode se tornar má se permitirmos que ela fique desequilibrada. Por exemplo, uma amiga ouviu falar que a vitamina E é boa para o corpo humano, então ela começou a tomar enormes quantidades dessa vitamina. Ela não usou de moderação e ficou dente porque seu sangue ficou excessivamente ralo. Outra amiga descobriu que gostava muito de barras de proteína, e comeu tantas que ficou alérgica a elas. Nossa carne gira em torno dos extremos, e se não a controlarmos, ela nos trará problemas. Não podemos permitir que a carne tenha ou faça tudo que deseja.

Quando encontro um restaurante de que gosto, que tem um prato no cardápio que realmente aprecio, minha tentação natural é ir àquele restaurante e comer aquele prato até me cansar dele e nunca mais querer comer ali novamente. Mas se eu me disciplinar e variar um pouco, e comer aquele prato específico ocasionalmente, em vez de por vários dias seguidos, posso apreciar aquele restaurante indefinidamente.

A mesmice nos leva à velhice. Quando fazemos as mesmas coisas com muita frequência, paramos de desfrutar as atividades que antes apreciávamos totalmente. Mas a variedade garante a nossa capacidade contínua e de longo prazo de desfrutar as coisas que nos dão prazer porque ela as mantém novas. Mesmo quando preferimos uma coisa mais que várias outras, somos sábios se adotarmos todas elas, apenas em nome da variedade e dos benefícios que isso traz à nossa vida.

Isso acontece em muitas áreas da vida. Descobri que se passo muito tempo com pessoas de quem realmente gosto e com as quais tenho prazer, e não passo tempo suficiente com outras pessoas, nosso relacionamento acaba se tornando um pouco desgastado. Depois que passamos muito tempo juntos, chegamos a um ponto em que não apreciamos tanto a companhia uns dos outros quanto costumávamos apreciar. Viajamos com uma equipe específica quando fazemos conferências e cruzadas nos países do terceiro mundo. Essas viagens são longas, e a equipe pode ficar reunida por até três semanas. Viajamos juntos de avião; fazemos as nossas refeições juntos, e viajamos juntos de carro no trajeto para nossos compromissos. Realmente gostamos uns dos outros, mas por volta do final da viagem, nenhum de nós quer se reunir por algum tempo!

Dave e eu realmente nos amamos, e isso é bom, porque passamos muito tempo juntos. Não apenas moramos juntos, como também trabalhamos juntos, de modo que passamos muito mais tempo juntos do que os outros casais. Por mais que nos amemos, também precisamos passar um tempo separados — tempo para nós mesmos e tempo com outras pessoas. Ele precisa sair e jogar golfe com os amigos, e eu preciso ter comunhão e almoçar com algumas de minhas amigas. Esse tipo de variedade é bom para ambos como indivíduos e é bom para o nosso casamento.

> Precisamos ter diversidade na vida. Ela mantém renovado aquilo que é comum!

Precisamos ter diversidade na vida. Ela mantém renovado aquilo que é comum!

DÊ ALGUMAS OPÇÕES A SI MESMO

Anos atrás, uma das primeiras maneiras que Deus usou para começar a me ensinar sobre o tédio e a mesmice foi com relação à cor de minhas meias-calças. Isso pode fazer você rir, mas veja, eu usei meias-calças da cor "bronze" durante anos. Nunca usava nenhum outro tipo — sempre a mesma marca e sempre a mesma cor.

Quando observava que outras mulheres usavam meias-calças ou meias de nylon pretas, azul marinho, marfim ou mesmo cor de rosa, eu gostava, mas continuava comprando meias da cor bronze. Deus usou esse exemplo comum e simples para me mostrar que eu estava apegada ao que achava que era seguro, embora na verdade quisesse me aventurar e usar algo diferente de vez em quando.

É verdade que a cor "bronze" provavelmente caía melhor do que qualquer outra cor com a maioria das minhas roupas, mas um pouco de variedade ocasionalmente teria colocado um pouco de tempero em minha vida e teria me impedido de ficar entediada com minhas roupas.

Deus utiliza muitas das coisas simples com as quais lidamos na vida diária para nos ensinar lições vitais sobre nós mesmos, se tão somente dermos ouvidos a Ele. Comecei a perceber, por meio desse pequeno incidente, o quanto eu estava presa à mesmice. Em meu coração, eu queria me aventurar, mas a segurança da mesmice estava me prendendo ao tédio. O caso da meia-calça fez com que eu começasse a olhar para outras áreas e me ajudou a dar vazão a novas expressões de criatividade e liberdade de muitas maneiras.

Até a ciência reconhece os benefícios da variedade. A medicina provou que muitas pessoas são alérgicas aos alimentos que comem com mais frequência. Parte da cura delas está em variar suas escolhas alimentares e introduzirem novos alimentos em suas dietas.

> Até a ciência reconhece os benefícios da variedade. A medicina provou que muitas pessoas são alérgicas aos alimentos que comem com mais frequência.

Uma amiga certa vez teve de lidar com essa situação. Para livrar seu corpo dos alergênicos, os médicos a orientaram a eliminar de sua dieta por vinte e um dias os alimentos aos quais ela era alérgica. Depois de três semanas, ela poderia tentar voltar a incluí-los em sua dieta, mas apenas ocasionalmente, em alguns casos, apenas uma vez a cada quatro dias, dependendo da gravidade de sua alergia a cada alimento.

Deus criou até mesmo o nosso corpo de modo a exigir variedade. Se não dermos a ele a variedade que ele necessita e pela qual anseia, ele se rebelará. Na essência, ele está dizendo: "Não suporto isto. Você está me dando muito disto, por isso, vou ficar doente ou vou ter algum tipo de reação negativa todas as vezes que você me alimentar com isto". Doenças, dores ou outras reações físicas adversas são uma maneira de o corpo dizer: "Alguma coisa não está bem". Muitas vezes, tudo que está errado é que estamos desequilibrados — comendo muito de certo alimento e não o suficiente de outros.

Talvez você não esteja descansando o suficiente ou rindo o suficiente. Talvez você esteja trabalhando demais. Estresse demais, aborrecimentos emocionais frequentes, e falta de variedade podem afetar a sua saúde negativamente.

No que se refere à criatividade e à variedade, Deus usou algumas coisas muito simples como meias-calças e hábitos alimentares para chamar minha atenção, mas o princípio do equilíbrio, da moderação, da criatividade, da variedade e da diversidade pode ser aplicado em muitos aspectos da vida. Quando você entende quão importantes são essas coisas, você pode aplicá-las aos relacionamentos, aos gastos, à alimentação, aos hábitos de trabalho, aos padrões no vestir, à diversão e a qualquer outra parte de sua vida na qual você possa estar começando a sentir uma necessidade de mudança.

FACILITE A VARIEDADE

Acrescentar variedade e criatividade à sua vida não tem de ser algo dispendioso ou complicado. Se você quiser fazer alguma coisa diferente à noite, leve sua família para um passeio. Se você tem filhos pequenos, eles podem gostar de sair de carro e ver a vista pela janela. Apenas trinta minutos pode ser tudo que vocês precisam. Ou saia para tomar uma xícara de café. Sim, é verdade, você poderia fazer café em casa, mas talvez não se divirta tanto e não possa apreciar a atmosfera de uma cafeteria. Vá dar uma volta. Ande de bicicleta ou veja as crianças brincarem em um parque. Nos feriados, dê uma volta pela vizinhança e veja as luzes de Natal coloridas nas diversas casas.

> Se você tem diante de você um imenso projeto que vai lhe tomar o dia inteiro, planeje fazer alguns intervalos curtos enquanto trabalha para finalizá-lo.

Se você tem diante de você um imenso projeto que vai lhe tomar o dia inteiro, planeje fazer alguns intervalos curtos enquanto trabalha para finalizá-lo. Dê um passeio ao ar livre por alguns minutos se o tempo estiver bom, depois tome um copo de limonada ou de chá gelado. Se encontrar seus vizinhos, inicie uma conversa com eles, ou pelo menos diga um "alô" amigável. Faça um intervalo mental se afastando do projeto que precisa realizar por um curto período. Nunca perca o seu objetivo de vista, mas pequenos intervalos, que chamo de "miniférias", podem fazer toda a diferença na sua produtividade e na maneira como você se sente com relação ao projeto.

VÁ EM FRENTE E TENTE

Ao ler este capítulo, talvez você tenha se sentido inspirado a fazer algumas mudanças em sua vida. Talvez até tenha um grande desejo de fazer isso, mas está hesitante por causa do medo. Deixe-me encorajá-lo a não ter medo de agir de acordo com os desejos que foram colocados por Deus no seu coração. Vá em frente, experimente. Se você cometer um erro, não será o fim do mundo. Se falhar, não há problema; pelo menos você tentou.

Quero encorajá-lo a não envelhecer desejando ter tomado decisões diferentes, ter aproveitado oportunidades de mudança, ou ter se permitido viver novas experiências. Não quero que você olhe para trás e fique triste, imaginando o que poderia ter sido. Não prometo que você irá gostar de tudo que experimentar, mas pelo menos terá a experiência pessoal de saber. Você não terá de viver toda a sua vida ouvindo o que todo mundo está fazendo e imaginando como deve ser.

Durante anos, um de meus lugares favoritos para comer foi um restaurante oriental que uma amiga e eu descobrimos um dia. Ouvimos falar que ele era muito bom, mas não conseguimos obter nenhuma informação específica sobre sua localização. Chegamos a falar em tentar localizá-lo diversas vezes anteriormente, mas todas as vezes decidíamos não fazê-lo.

> Nas questões grandes e pequenas, seja criativo, aventureiro, permaneça renovado e vibrante, e acrescente um pouco de variedade — o tempero da vida — a cada dia.

Até que um dia, estávamos com um espírito aventureiro, então anotamos a informação que tínhamos em um papel e decidimos nos arriscar a nos perdermos para encontrar o local. Tentamos — e o encontramos! O resultado da nossa disposição de fazer aquele esforço foi que pudemos apreciar comer ali por anos.

Capítulo 17

Não estou defendendo nenhum tipo de insensatez, mas realmente encorajo você a encontrar o equilíbrio entre viver com medo e viver com sabedoria. Não teria sido nada sábia se eu me aventurasse a sair sozinha depois de escurecer, procurando aquele restaurante sem um telefone no carro. Mas era dia claro, eu tinha uma amiga comigo, e tínhamos um telefone celular. Basicamente, o único perigo que enfrentamos foi a possibilidade de nos perdermos e termos de perguntar a alguém como fazer para chegar em casa.

Quero encorajá-lo a ter uma vida criativa e cheia de aventura. Não fique preso a rotinas nem se permita ficar "mofado". Nas questões grandes e pequenas, seja criativo, aventureiro, permaneça renovado e vibrante, e acrescente um pouco de variedade — o tempero da vida — a cada dia.

Capítulo 18

Sente-se

"A paciência não é passiva; ao contrário, ela é ativa.
Paciência é força concentrada".
— EDWARD G. BULWER-LYTTON

Um dos segredos para aproveitar o hoje e abraçar o amanhã é aprender a esperar. Não quero dizer passar tempo ou desperdiçar tempo; quero dizer aprender a esperar bem. Haverá momentos em sua vida em que você sentirá que está na "sala de espera". Você sabe que tem um compromisso marcado com o destino, mas parece que a espera é muito longa. Você espera e espera, mas ninguém chama o seu nome; você não avança para o próximo passo nem faz progresso algum em direção ao seu sonho. Você simplesmente espera.

A maneira como você lida com esse tempo de espera, embora possa ser difícil, é crucial para a sua vida hoje, e também para o seu futuro. Na verdade, você provavelmente passará mais tempo esperando o cumprimento dos sonhos que Deus lhe deu do que os vendo se cumprirem, portanto, é muito importante desenvolver a capacidade de esperar pacientemente e com expectativa. A realização dos seus sonhos e dos seus objetivos pode ocorrer em um instante, mas geralmente esperamos por eles durante anos. E a atitude com a qual esperamos determina o nosso grau de contentamento.

Tiago 5:7,8 nos dá instruções valiosas sobre esperar bem: "Portanto, irmãos, sejam pacientes até a vinda do Senhor. Vejam como o agricultor aguarda que a terra produza a preciosa colheita e como espera com paciência até virem as chuvas do outono e da primavera. Sejam também pacientes e fortaleçam o coração, pois a vinda do Senhor está próxima".

Assim como um fazendeiro precisa esperar pela colheita depois de plantar a semente, você também terá tempos de espera depois que Deus plantar sementes de sonhos ou desejos em seu coração.

Quando estamos esperando pelo cumprimento de uma promessa, há uma obra purificadora que precisa ser feita em nossa vida para nos equipar para o que Deus colocou em nosso coração. Precisamos estar preparados, e a preparação é um processo que requer tempo. Não pode acontecer de nenhuma outra forma, portanto, precisamos aprender a esperar bem. Aprender a esperar bem significa simplesmente aprender a esperar com uma boa atitude, uma atitude de confiança em Deus. A verdadeira paciência não é meramente a capacidade de esperar; é a maneira como pensamos e agimos enquanto estamos esperando.

Muitas vezes, os motivos porque precisamos esperar estão ligados à nossa atitude. Se temos a tendência de ficar com ciúmes de outros que já têm aquilo que estamos esperando; se temos crises de autocomiseração e colocamos o foco excessivamente em nós mesmos e na nossa vida; se nos permitirmos viver em altos e baixos emocionais extremos, ou se reclamamos pelo tempo que temos de esperar — então não estamos demonstrando atitudes de acordo com a vontade de Deus. Essas atitudes e outras semelhantes são as coisas que devem ser tratadas e trabalhadas em nós antes que possamos receber as promessas de Deus e Suas bênçãos com maturidade. Percebi que, para Deus, minha atitude é mais importante do que receber aquilo que quero. Ele sabe que se eu tiver uma boa atitude, poderei ser feliz independentemente das circunstâncias. Esse tipo de estabilidade é a vontade de Deus para cada um de nós.

> Quando estamos esperando pelo cumprimento de uma promessa, há uma obra purificadora que precisa ser feita em nossa vida para nos equipar para o que Deus colocou em nosso coração.

Se entendermos que esperar é uma disciplina importante e aprendermos a esperar com uma atitude positiva, poderemos realmente apreciar os períodos de espera e aprender as lições que precisamos aprender durante esse tempo. Uma boa atitude pode até encurtar o nosso período de espera. Quanto mais cedo aprendermos as lições valiosas que Deus quer nos ensinar, mais cedo poderemos nos formar e começar a desfrutar aquilo que temos esperado.

A incapacidade de esperar bem é um dos principais motivos pelos quais as pessoas não desfrutam sua vida diária. Elas estão tão focadas no futuro que não apreciam a jornada que as leva até ele. Elas se permitem ficar tão consumidas pelo amanhã que deixam de viver completamente o hoje. Muitas dessas pessoas nunca entram na plenitude do que Deus tem para elas. Nunca veem o cumprimento de seus sonhos e suas visões, simplesmente porque não entendem a importância de esperar bem e de desfrutar a jornada.

Não quero que você seja uma dessas pessoas. Quero que você tire o máximo proveito do hoje, enquanto avança em direção a um amanhã maravilhoso. Uma das melhores maneiras de fazer isso é aprender a esperar bem.

FOI PRECISO ESPERAR

Quando Deus nos chamou para iniciarmos um ministério televisivo em 1993, aceitamos o chamado e a responsabilidade que vinha junto com ele. Sabíamos que deveríamos ir para a televisão, mas não tínhamos a menor ideia de como fazer isso, por isso, antes que pudéssemos dar um passo mínimo, foi preciso esperar em Deus para termos uma direção mais específica.

À medida que começamos a pesquisar como funcionava o processo de colocar nosso ministério na televisão, descobrimos que precisávamos de um produtor — e tivemos de esperar que Deus trouxesse a pessoa certa até nós. Ele nos lembrou de uma ficha que havíamos recebido alguns meses antes, de um homem que havia se candidatado a um emprego em nosso ministério. Ele estava produzindo um programa

> Não quero que você seja uma dessas pessoas. Quero que você tire o máximo proveito do hoje, enquanto avança em direção a um amanhã maravilhoso. Uma das melhores maneiras de fazer isso é aprender a esperar bem.

de televisão para outro ministério, e candidatou-se a trabalhar conosco. Na época, dissemos: "Arquive isto. Não estamos na televisão. Por que precisaríamos de um produtor de televisão?". Mas Deus sabia por que, e Ele estava providenciando um produtor para nós antes mesmo que soubéssemos que precisávamos de um. Contratamos o produtor, e ele começou a pesquisar o equipamento que precisaríamos para transmitir o programa. Então tivemos de esperar que todas aquelas informações fossem coletadas para podermos tomar decisões sábias quanto à aquisição daquilo que necessitávamos.

Nesse meio-tempo, dividimos com nossos parceiros e amigos o que Deus estava nos direcionando a fazer. Pedimos a eles que contribuíssem financeiramente com o nosso ministério na televisão, e então esperamos que o dinheiro entrasse. Finalmente adquirimos o nosso equipamento, e depois entendemos que precisávamos de pessoas que soubessem usar as câmeras para viajar conosco e filmar nossas conferências, então esperamos que Deus os enviasse.

Finalmente, chegou o momento de procurarmos as estações de televisão com a ideia de colocar nossos programas no ar. Os administradores das estações nos disseram que precisávamos de um programa piloto antes que eles pudessem firmar qualquer compromisso conosco, de modo que esperamos que ele estivesse concluído e depois esperamos para ver se eles haviam gostado!

Finalmente, depois de esperar *muito*, fomos para a televisão. Nos primeiros dias, somente algumas estações transmitiram nosso programa — e tivemos de esperar para ver a reação do público antes de sabermos se continuaríamos com o ministério na televisão ou não.

Desde então, Deus expandiu o nosso ministério na televisão a ponto de transmitirmos para todo o mundo. Começou quando Deus falou ao nosso coração sobre o Seu plano e o Seu desejo para nós — e depois foi preciso muita diligência e uma enorme quantidade de paciência. Mas vimos a fidelidade de Deus em todo o processo; vimos o valor dos períodos de espera que passamos; e passamos a entender que sem a espera, não estaríamos preparados para lidar com tudo que acompanha um ministério televisivo.

Espero que você possa entender por meio dessa experiência que cada fase da vida e do cumprimento dos sonhos exige uma espera. Lembre,

Tiago 5:7 nos exorta: "Portanto, irmãos, sejam pacientes [enquanto esperam]" (AMP). Esse versículo não diz "sejam pacientes se tiverem de esperar", mas "sejam pacientes [enquanto esperam]". Esperar é um fato da vida — e é um ingrediente necessário para o sucesso.

DÊ TEMPO AO TEMPO

Deus raramente coloca sonhos no nosso coração um dia e os cumpre no dia seguinte. Ele começa nos dando um desejo, mas raramente nos dá o tempo exato de quando esse desejo se cumprirá. Há sempre um período de preparação, e ele difere de pessoa para pessoa. Devemos confiar no tempo de Deus e desfrutar a jornada.

Gênesis 15:1-5 conta a história de Abrão (que mais tarde veio a se chamar Abraão) e de uma promessa que ele recebeu de Deus. Abrão recebeu uma palavra muito clara e definitiva de Deus sobre seu futuro. Falando sobre ter um filho para um Abrão muito velho e sua mulher bastante idosa, Deus disse: "Um filho gerado por você mesmo será o seu herdeiro" (v. 4). Abrão sabia o que Deus havia prometido, e ele sabia que o seu tempo era curto considerando sua idade e o fato de que sua mulher havia passado do tempo de gerar filhos, além de ter sido estéril por toda a vida. Ele tinha uma promessa de Deus, mas nenhuma palavra de Deus com relação a quando isso aconteceria. Ele não tinha escolha senão sentar-se na sala de espera de Deus.

O mesmo costuma acontecer conosco. Quando Deus fala ou nos mostra alguma coisa, podemos nos deixar consumir. Se não tomarmos cuidado, podemos focar nisso a ponto de não desempenharmos bem as nossas outras responsabilidades ou ficarmos preocupados e distraídos com os nossos sonhos. Em vez de ficar obcecado com o futuro e perder as bênçãos de cada dia entre a promessa e o cumprimento dela, simplesmente relaxe e dê tempo para que ela aconteça.

NUVENS DE CONFIRMAÇÃO

Você já ficou frustrado por achar que esperou tanto e com tanta paciência por alguma coisa que parece que nunca irá acontecer? Racionalmente, você sabe que não esperou para sempre, mas sente como se isso tivesse acontecido. Você fica cansado, e acha que simplesmente não consegue mais esperar.

Isso acontece a todos nós. Geralmente faz parte do processo pelo qual passamos enquanto caminhamos com Deus por períodos de espera e enquanto nos agarramos às promessas que acreditamos que Ele quer cumprir em nossa vida. Desde os tempos bíblicos, o povo de Deus precisou aprender a esperar, e ao longo dos séculos, Deus enviou mensagens de encorajamento exatamente no momento certo.

A passagem de 1 Reis 18 conta a história de um homem que teve de esperar e permanecer fiel quando parecia que nada estava acontecendo. No versículo 1, Deus disse a Elias: "Vá apresentar-se a Acabe, pois enviarei chuva sobre a terra". Isso aconteceu durante um tempo de fome extrema, um tempo em que as colheitas e os animais precisavam desesperadamente de água, mas não havia chuva.

> Desde os tempos bíblicos, o povo de Deus precisou aprender a esperar, e ao longo dos séculos, Deus enviou mensagens de encorajamento exatamente no momento certo.

Pouco depois de receber a promessa de Deus de que iria chover, Elias encontrou os profetas de Baal, e seguiu-se um confronto entre esses falsos profetas e Elias, profeta do Deus de Israel. Depois que Deus se revelou como o único Deus verdadeiro e Elias deu fim aos profetas de Baal, ele disse ao rei Acabe: "Vá comer e beber, pois já ouço o barulho de chuva pesada" (v. 41).

Elias deve ter parecido tolo ao declarar que iria chover, porque o céu estava completamente limpo. Ele enviou seu servo para procurar nuvens de chuva por *seis vezes*, e cada vez o céu permanecia azul e ensolarado — nem uma nuvem de chuva à vista. Elias deve ter sido tentado a duvidar da promessa de Deus de que iria chover. Certamente ele ficou desanimado por ter de esperar tanto! Mas quando enviou seu servo para olhar o céu pela sétima vez, o servo voltou com boas notícias: "Uma nuvem tão pequena quanto a mão de um homem está se levantando do mar" (v. 44). Se você pensar no tamanho da mão de um homem contra a enormidade do céu, ela é pequena. Mas esse sinal minúsculo deu a Elias o encorajamento de que ele precisava.

Observei Deus enviar "nuvens" para minha vida por anos enquanto eu me preparava para o ministério. Eu tinha uma visão muito grande, e estava "grávida" de um sonho. Quanto mais esperava pelas oportunidades, mais eu era tentada a imaginar se havia realmente ouvido Deus ou apenas inventado tudo aquilo. Quando estava quase a ponto de deixar de acreditar na promessa de Deus, Ele fazia alguma coisa para manter a minha esperança viva. Podia ser algo pequeno como a nuvem de Elias, do tamanho da mão de um homem, mas era o suficiente para me ajudar a não desistir. Eu encorajo você a começar a procurar nuvens de confirmação.

Aqueles anos de espera foram muito difíceis, mas muito necessários. Eu estava crescendo, adquirindo sabedoria e experiência, aprendendo a me submeter à autoridade, aprendendo a Palavra que eu havia sido chamada para pregar. Estava sendo preparada para a minha promessa, e Deus sabia que o tempo de preparação não poderia ser abreviado.

Ter uma promessa de Deus ou um sonho que Ele colocou em nosso coração é como estar "grávido" do que Deus falou. Ele plantou uma semente em nós, e precisamos entrar em um tempo de preparação. Esse tempo nos prepara para lidarmos com aquilo que Deus prometeu nos dar ou fazer por nós. É muito semelhante ao nascimento de um filho. Primeiro, a semente é plantada no útero; depois vêm os nove meses de espera e finalmente o bebê nasce. Durante esses nove meses, muita coisa acontece. A semente está crescendo e amadurecendo; o corpo da mãe passa por muitas mudanças, preparando-se para dar à luz; os pais acumulam o equipamento necessário para cuidar de um filho adequadamente e para preparar a casa para a chegada do bebê.

Grande parte da atividade que se passa dentro de uma mãe que espera um filho não é visível aos olhos naturais. Naturalmente, a barriga que cresce é evidente a todos, mas muitas outras transformações importantes estão acontecendo dentro dela, mudanças que ninguém pode ver. Uma dinâmica semelhante ocorre conosco espiritualmente com relação às promessas de Deus para nós. O fato de não podermos ver nem sentir nada que está acontecendo não significa que Ele não está ocupado nos preparando para receber o que deseja nos dar. Deus faz algumas das Suas melhores obras em segredo, e Ele tem prazer em surpreender os Seus filhos.

Quero encorajá-lo hoje a estar atento, à procura das "nuvens de confirmação" em sua vida. Seja o que for que você esteja esperando, não desista. Seja paciente! Permaneça fiel, e quando você sentir que simplesmente não consegue mais esperar, procure uma nuvem. Ela pode ser muito pequena, mas Deus quer ajudá-lo enquanto você espera pelo cumprimento das Suas promessas, que virão no tempo perfeito Dele.

O TEMPO DE DEUS, A PERSPECTIVA DE DEUS

Um dos maiores erros que cometemos como crentes é deixar de se lembrar que o tempo de Deus raramente corresponde ao nosso tempo. Pensamos e planejamos em termos temporais, e Deus pensa e planeja em termos eternos. O que isso significa é que estamos muito interessados no aqui e agora, enquanto Deus está muito mais interessado no longo prazo. Queremos o que nos faz sentir bem agora, o que gera resultados imediatos, mas Deus está disposto a ser paciente e premeditado enquanto investe em nós por determinado período de tempo, a fim de gerar resultados muito melhores e mais duradouros do que podemos imaginar.

Assim como nossos filhos tentam nos convencer a lhes dar o que eles querem na hora, geralmente tentamos convencer Deus a nos dar imediatamente o que queremos. Ele nos ama ainda mais do que nós amamos nossos filhos, e nos ama demais para ceder às nossas súplicas. Ele sabe que algo que nasce prematuramente pode ter dificuldades para sobreviver, por isso espera até saber que tudo está preparado adequadamente para a chegada do nosso sonho.

Deus vê e entende aquilo que não vemos nem entendemos. Ele nos pede para colocarmos de lado as nossas tendências naturais de querermos entender o que vai acontecer em nossa vida e quando vai acontecer. Ele quer que resistamos ao impulso de "ajudá-lo" a realizar os Seus propósitos divinos com o nosso raciocínio humano e com nossos esforços carnais. Ele também deseja que paremos de ficar frustrados porque as coisas não estão acontecendo de acordo com o nosso plano, e em vez disso, que relaxemos, desfrutemos o percurso, e confiemos que Ele está preparando tudo de acordo com o Seu tempo e com a sabedoria do Seu plano.

Sem a verdadeira confiança em Deus, jamais experimentaremos a satisfação e o contentamento na vida; estaremos sempre nos esforçando para "fazer as coisas acontecerem" quando achamos que elas devem acontecer. Precisamos lembrar que Deus não apenas tem planos para nossa vida, mas também sabe o tempo perfeito para cada aspecto desses planos. Muitas vezes falhamos em perceber que estar fora do tempo de Deus é a mesma coisa que estar fora da Sua vontade. Lutar e resistir ao tempo de Deus equivale a lutar e resistir à Sua vontade para nossa vida.

O Salmo 31:15 nos garante que o nosso tempo está nas mãos do Senhor. Ele está trabalhando, geralmente de forma que não podemos ver, para realizar os Seus planos em nossa vida da melhor forma possível, a fim de nos levar à maior alegria possível. Ele vê o quadro maior de nossa vida, do começo ao fim. Deus sabe o que precisa acontecer e quando. Precisamos simplesmente confiar Nele e lembrar que a Sua perspectiva é muito superior à nossa e que o Seu tempo é perfeito.

> Precisamos lembrar que Deus não apenas tem planos para nossa vida, mas também sabe o tempo perfeito para cada aspecto desses planos.

Se você está esperando pelo cumprimento de um sonho ou plano que Deus colocou em seu coração, anime-se. Deus está trabalhando em seu sonho. Ele está preparando-o para você e preparando você para ele. Sente-se (entre no descanso de Deus), e quando o tempo determinado chegar, Ele chamará o seu nome.

Capítulo 19

Siga as Instruções

"A tua palavra é lâmpada que ilumina os meus passos e luz que clareia o meu caminho".
— SALMO 119:105

Uma maneira eficaz de acrescentar leveza à vida é ficar perto de crianças. Elas são despreocupadas, alegres e geralmente muito divertidas. Certa vez, li uma lista de comentários de crianças sobre a Bíblia. Quero compartilhar alguns deles, e espero que eles acrescentem um pouco de humor ao seu dia. (Os erros de ortografia originais foram mantidos para manter o humor).

- Josué liderou os hebreus na batalha de Jeritol.
- A mulher de Ló era uma coluna de sal de dia, e uma bola de fogo de noite.
- Os egípcios todos se afogaram no deserto. Depois, Moisés subiu o Monte Sutião para pegar os Dez Amendoamentos.
- O quinto mandamento é forrar pai e mãe.
- A mulher de Noé se chamava Joana d'Arca.
- Moisés morreu antes de chegar à terra de Canadá.
- Salomão, um dos filhos de Davi, teve trezentas esposas e setecentas jacobinas.
- O maior milagre da Bíblia foi quando Josué disse a seu filho para ficar quieto e ele lhe obedeceu.[1]

Obviamente, essas crianças sabiam alguma coisa sobre as histórias da Bíblia. Elas não acertaram todas as palavras exatamente, mas eu aplaudo o esforço delas porque conhecer a Bíblia é de importância vital. Precisamos conhecer a Palavra de Deus, honrá-la e obedecer a ela se quisermos desfrutar nossa vida hoje e abraçar o nosso futuro amanhã. Cada assunto que podemos imaginar é abordado na Bíblia, e ela contém todas as instruções de que precisamos para prosseguir vivendo nossa vida com paz, alegria, poder e um sentimento de realização.

Quero que você entenda algo sobre a Palavra de Deus: as palavras da Bíblia não são palavras comuns. São palavras inspiradas pelo próprio Deus através do Seu Espírito, e elas estão cheias de um poder transformador. Elas são o registro escrito dos pensamentos de Deus (ver João 5:38); elas nos ensinam a viver, como pensar, em quê acreditar e como nos relacionar com Deus e com as outras pessoas.

Não podemos verdadeiramente conhecer a Deus sem conhecer a Sua Palavra. Para conhecer a Deus e desfrutar um relacionamento íntimo e pessoal com Ele, precisamos ter um relacionamento profundo e íntimo com a Sua Palavra. Ela revela Seus pensamentos, Suas atitudes, Seu comportamento, Seu caráter, Sua sabedoria e Seu coração para você e para mim. Ela é a verdade absoluta e torna a verdade conhecida a nós.

A Palavra de Deus não apenas nos ensina a verdade, ela também tem o poder de nos ajudar, encorajar e fortalecer para fazermos o que ela diz — se fizermos dela uma prioridade em nossa vida. Ela é um livro de sabedoria, que nos ensina não apenas o que fazer, mas também *como* fazer. O poder da verdade de Deus, revelada através da Sua Palavra, transformou completamente minha vida e continua a me transformar dia após dia — e pode fazer o mesmo por você.

MEDITE, OBSERVE E OBEDEÇA

Quando comecei a amar a Palavra de Deus e a viver segundo os seus princípios, um dos primeiros versículos que aprendi e que realmente passei a estudar, prestar atenção e meditar foi Josué 1:8: "Não deixe de falar as palavras deste Livro da Lei e de meditar nelas de dia e de noite, para que você cumpra fielmente tudo o que nele está escrito. Só então os seus caminhos prosperarão e você será bem-sucedido".

Capítulo 19

Precisamos entender o significado desta frase: "Não deixe de falar as palavras deste Livro da Lei e de meditar nelas de dia e de noite". Essas palavras nos ensinam a importância de meditarmos na Palavra de Deus. Meditar é repetir, sussurrar e encher a nossa mente com as verdades que lemos na Bíblia. Devemos colocar o nosso foco na Palavra de Deus, pensar nela, e a declararmos silenciosamente para nós mesmos. Quando precisarmos tomar decisões, devemos tomá-las de acordo com a Palavra de Deus. Desse modo, a Palavra não se afasta dos nossos lábios; ela permanece conosco todos os dias.

Quando mantivermos a Palavra em nossos lábios e meditarmos nela, Josué diz que "observaremos e faremos" (ver e obedecer) o que está escrito na Palavra. Então, esse versículo promete que faremos o nosso caminho prosperar, usaremos de sabedoria, e teremos êxito. Podemos orar para que Deus nos prospere, mas o versículo diz que faremos o nosso caminho prosperar fazendo o que devemos fazer, o que só acontece quando vivemos de acordo com a Palavra. Além do mais, a Palavra nos ensina a "procedermos sabiamente", e não teremos êxito até que aprendamos a nos conduzir com sabedoria. Se quisermos prosperar, ser sábios e ter sucesso, precisamos conhecer a Palavra de Deus, meditar nela e lhe obedecer. Quer nos deitemos repetindo versículos bíblicos, quer os aprendamos cantando canções baseadas nas Escrituras, quer ouçamos CDs ou vídeos de pregações, precisamos fazer o que for preciso para que a Palavra esteja firmada em nosso coração e em nossa mente se quisermos desfrutar nossa vida e termos êxito.

> Se quisermos prosperar, ser sábios e ter sucesso, precisamos conhecer a Palavra de Deus, meditar nela e lhe obedecer.

INVISTA

Se você já tentou usar um aparelho eletrônico ou uma ferramenta sem ler as instruções, pode ter ficado frustrado e confuso, a não ser que tenha um talento natural ou experiência nessas coisas. Deixar de ler as instruções geralmente faz com que montemos as coisas na ordem errada

Siga as Instruções

ou tentemos forçar peças para encaixá-las em lugares aos quais elas não pertencem. Por outro lado, uma leitura atenta das instruções geralmente capacita a pessoa a construir ou instalar coisas com menos frustração e de forma a garantir que elas funcionem adequadamente. Então, por que as pessoas não leem as instruções? Geralmente, elas acham que sabem o que estão fazendo e simplesmente não querem perder tempo olhando diagramas e lendo instruções.

Nos primeiros anos do meu relacionamento com Deus, eu não dedicava tempo para ler com atenção as instruções Dele para a minha vida dadas na Sua Palavra. Tentava viver minha vida como cristã sem realmente ser uma estudiosa da Palavra de Deus. Eu era fiel na frequência à igreja, ouvia quando nosso pastor pregava os sermões nos domingos pela manhã, e lia um capítulo da Bíblia todas as noites antes de ir dormir, o mais rápido possível. Na maior parte do tempo, eu não entendia o que havia lido e raramente prestava muita atenção às palavras que estavam nas páginas da minha Bíblia porque estava simplesmente lendo para cumprir uma obrigação. Eu achava que *devia* ler a Bíblia, então a lia. Mas não posso dizer que isso fazia muita diferença em minha vida, porque eu só o fazia por uma questão de obrigação.

Muitas pessoas vão à igreja e se chamam cristãs sem ser estudiosas da Palavra, e experimentam pouca transformação em sua vida porque não obedecem às verdades e aos princípios de Deus. Creio que podemos nos apaixonar pela Palavra de Deus, que podemos ter fome dela, adquirir entendimento sobre ela, encontrar vida nela, e viver nela. Quando utilizo a expressão "viver na Palavra", quero dizer estudá-la e depois fazer o que ela diz em cada situação que enfrentamos. Mais uma vez, a Palavra é cheia de sabedoria e direção para cada circunstância. Ela nos ensina sobre atitudes, desejos, emoções, pensamentos, finanças, relacionamentos, motivos e propósitos para os quais Deus nos criou. Para desfrutar nossa vida hoje e abraçar o nosso futuro amanhã, precisamos investir tempo na Palavra. Precisamos separar tempo em nossa agenda diária para ler, estudar, meditar e orar sobre as coisas que lemos na Bíblia. Depois, precisamos aplicar as lições e os princípios de maneira prática. Essa é a única maneira pela qual a Palavra pode transformar nossa vida.

Capítulo 19

Você e eu investimos nosso tempo nas coisas que valorizamos, e se valorizamos a Palavra de Deus, ficaremos felizes em separar tempo para lê-la, porque veremos a utilização do nosso tempo como um investimento, e não como um dever religioso. Ler e estudar a Bíblia são coisas que fazemos para nós mesmos, e não para Deus. Certamente Deus se agrada quando passamos tempo meditando na Sua Palavra, mas às vezes encaramos o fato de ler a Palavra como alguma coisa que estamos fazendo *para Ele*. Na verdade, o nosso investimento na Palavra é algo que fazemos *para nós mesmos*. A melhor maneira de usar o nosso tempo é investi-lo na Palavra de Deus.

Eu o desafio a dedicar determinada quantidade de tempo todos os dias para ler e estudar a Palavra de Deus. Marque um encontro com Deus e não quebre o seu compromisso. Você começará a fazer escolhas melhores, e isso significa que colherá resultados do investimento de tempo que fez. Sempre agradeço a Deus pelo que sei. Estudei a Sua Palavra por mais de trinta anos e posso dizer sinceramente e sem hesitação que sou uma pessoa transformada. É claro que ainda estou crescendo e mudando, e não cheguei à perfeição, mas definitivamente fiz um enorme progresso.

O PODER PARA TRANSFORMAR SUA VIDA

A Palavra de Deus é poderosa, mais poderosa do que qualquer outro livro ou documento na terra, e ela tem algo a dizer sobre cada área da nossa vida (algumas das áreas específicas das quais a Palavra trata estão relacionadas para você no capítulo 2, "Comece com Deus"). Até aqui você já leu diversas vezes que acredito que a Palavra de Deus pode transformar sua vida. Mas como? Como as palavras das Escrituras trabalham em nossa vida em um nível prático e pessoal?

Ao longo da Bíblia, podemos ler como as suas verdades trabalham em nós. Jeremias 23:29 diz que ela é como um martelo que pode quebrar até as rochas mais duras fazendo-as em pedaços. Efésios 5:26 nos diz que ela é como a água que lava a sujeira do mundo que está em nós. O Salmo 119:105 nos ensina que a Palavra nos mostra que caminho devemos seguir porque ela é "lâmpada para os meus pés e luz para o meu caminho".

Hebreus 4:12 nos diz que a Palavra de Deus é afiada e poderosa e rápida como uma espada de dois gumes, dividindo questões, expondo motivos e propósitos, e revelando o nosso coração. À medida que vemos a verdade expressa na Palavra de Deus, reconhecemos que muitos dos nossos caminhos estão errados e vemos por que não estamos tendo êxito na vida. João 8:31,32 nos ensina que à medida que continuamos na Palavra de Deus, conheceremos a verdade e a verdade nos libertará.

A Palavra expõe os verdadeiros motivos e assim nos mostra a realidade sobre nós mesmos. À medida que a verdade revela o nosso coração, somos capazes de entender que fazemos certas coisas porque somos orgulhosos, ciumentos, irritáveis, ou porque estamos procurando nos vingar de alguém. Podemos descobrir que estamos fazendo coisas para impressionar os outros ou por causa do temor do homem. Quando entendemos os nossos motivos, podemos nos arrepender, ser purificados e experimentar a alegria do perdão e a liberdade.

> À medida que vemos a verdade expressa na Palavra de Deus, reconhecemos que muitos dos nossos caminhos estão errados e vemos por que não estamos tendo êxito na vida.

De acordo com 2 Timóteo, à medida que lemos a Palavra e a aplicamos à nossa vida, seremos convencidos, repreendidos, corrigidos, advertidos, estimulados e encorajados a fazer a coisa certa; seremos ensinados, teremos convicção de pecados, seremos disciplinados e treinados na justiça.

O Salmo 107:20 é um versículo que tenho amado por muitos anos. Ele diz: "Ele envia a Sua Palavra e os cura e os resgata da cova e da destruição" (AMP). Creio que isso acontece quando lemos a Palavra e permitimos que ela trabalhe no nosso coração e na nossa vida. Deus envia a Sua Palavra e podemos ser curados — espiritual, física, mental, emocional e financeiramente e em nossos relacionamentos. Quando a Palavra de Deus cria raízes em nosso coração, nossa mente é renovada; somos curados de muitas maneiras; e somos libertos de diversas "covas" ou dificuldades que encontramos na vida.

A Palavra de Deus também expõe as mentiras porque ela nos ensina a verdade e renova nossa mente (ver Romanos 12:2). O inimigo mente

Capítulo 19

para nós, e quando acreditamos em mentiras, elas se tornam verdade para nós, e isso é um engano. Muitas pessoas estão presas na armadilha do engano, mas quanto mais estudamos a Palavra e vivemos nela, mais essas mentiras serão expostas, e mais conheceremos a verdade.

Estudar a Palavra de Deus realmente nos ensina a maneira adequada de pensar. Se não conhecemos a verdade, o diabo pode encher nossa mente com todo tipo de pensamentos errados que produzem resultados terríveis. Nossos pensamentos podem nos deprimir ou desanimar. Eles podem fazer com que desconfiemos das pessoas ou sintamos ressentimento contra elas. Eles podem evocar o medo e impedir que desfrutemos uma vida criativa e apaixonada. Mas o ensinamento da Palavra de Deus nos mostrará a maneira adequada de pensar, que abre a porta para a vontade perfeita de Deus em nossa vida. A Bíblia diz em Provérbios 23:7 que assim como o homem pensa em seu coração, assim ele se torna.

A Bíblia também nos fortalece quando enfrentamos dificuldades. Quando temos problemas, ou quando estamos com medo ou desanimados, tudo que precisamos fazer é ler o Salmo 23: "O Senhor é o meu pastor; de nada terei falta... Mesmo quando eu andar por um vale de trevas e morte, não temerei perigo algum, pois tu estás comigo... Preparas um banquete para mim à vista dos meus inimigos. Tu me honras... fazendo transbordar o meu cálice". Essas não são palavras que o inimigo quer ouvir quando está tentando fazer com que sintamos medo ou fiquemos deprimidos! A Palavra fortalecerá o nosso coração quando enfrentarmos provações ou adversidades.

> Precisamos lembrar que a Palavra de Deus tem o poder para transformar nossa vida, e ela sempre realiza os seus propósitos.

Outra maneira como a Palavra trabalha em nossa vida é nos ajudando a tomar boas decisões. O Salmo 119:11 também diz: "Guardei no coração a Tua Palavra para não pecar contra Ti". A versão Almeida Atualizada desse versículo diz: "Escondi a tua palavra no meu coração...". Se escondermos a Palavra de Deus em nosso coração, quando estivermos prestes a tomar uma decisão errada, a verdade da Palavra se levantará dentro de nós e nos impedirá de pecar se obedecermos a ela.

182

Precisamos lembrar que a Palavra de Deus tem o poder para transformar nossa vida, e ela sempre realiza os seus propósitos. Em Isaías 55:11, Deus diz: "Assim também ocorre com a palavra que sai da minha boca: Ela não voltará para mim vazia, mas fará o que desejo e atingirá o propósito para o qual a enviei". Nossa vida não mudará de forma significativa ou por longo tempo se não amarmos a Palavra. Deixe-me encorajá-lo a dar à Palavra de Deus um lugar de prioridade em sua vida diária e a ser diligente em aprender e aplicar suas verdades a todas as situações, porque isso lhe dará poder para aproveitar o hoje e abraçar o amanhã.

Capítulo 20

Dê um Tempo a Eles!

"Seja gentil, porque todos que você encontra estão combatendo uma batalha difícil".
— PLATÃO

Você já ouviu isto antes: Ninguém é perfeito. Todos nós cometemos erros; todos nós temos traços de personalidade e precisamos de ajuda em certas áreas. Nenhum de nós "chegou lá". Todos nós somos obras em andamento. Gosto de dizer: "Estou bem e estou caminhando", e isso é verdade para todos. Se estamos buscando a vontade de Deus com sinceridade, então estamos melhorando todos os dias; estamos continuando a nos desenvolver como indivíduos, tornando-nos mais sábios, e adquirindo maturidade. Mas ainda temos deficiências e falhas. Nunca chegaremos a um ponto em nossa vida em que não precisaremos mais da misericórdia de Deus. Sabemos que temos falhas, mas não devemos nos concentrar excessivamente nas nossas fraquezas, nem nos sentir culpados por elas, ou permitir que elas atrofiem o nosso crescimento pessoal. Para desfrutar a nossa vida diária, precisamos encarar a nós mesmos e aos outros com graça e misericórdia. Precisamos receber a misericórdia de Deus e depois deixar que ela flua através de nós para os outros. Precisamos dar um tempo a nós mesmos — e às pessoas que nos cercam.

Você já percebeu a maneira terrível como algumas pessoas tratam as outras atualmente? Às vezes, quando estou em uma mercearia, em uma cafeteria ou em um restaurante, fico chocada com a maneira como as pessoas tratam umas às outras. Seus comentários e suas interações geralmente são cheios de julgamento, crítica e opiniões muito fortes. Raramente observo ou ouço as pessoas encorajando, perdoando ou elogiando umas às outras. Muitas são as pessoas que têm pavio curto, mas a longanimidade (paciência), que é um fruto do Espírito Santo (ver Gálatas 5:22) parece estar em baixa na nossa sociedade.

Creio que grande parte dessa crítica e ausência de graça e misericórdia vem do fato de desejarmos ser perfeitos e querermos que os outros sejam perfeitos, e de querermos que os nossos relacionamentos sejam perfeitos. Costumamos ter expectativas irreais que nos levam à decepção. No que se refere às interações pessoais, a mensagem predominante em nossos dias parece ser mais ou menos esta: "Se você me satisfizer perfeitamente; se você nunca cometer erros; se você sempre me tratar corretamente; se você fizer tudo exatamente como eu quero,

> Precisamos receber a misericórdia de Deus e depois deixar que ela flua através de nós para os outros. Precisamos dar um tempo a nós mesmos — e às pessoas que nos cercam.

então eu o aplaudirei e o aceitarei em minha vida. Vou gostar de você, amá-lo e aceitá-lo. Mas se cometer erros, ainda que eu permita que você continue na minha vida, o mínimo que posso fazer é deixar claro que você cometeu um erro, porque eu certamente não iria querer que você pensasse que poderia se safar. Não posso deixar nada passar sem lhe dar uma advertência ou, no mínimo, uma pequena dose de rejeição, porque, se eu deixar passar alguma coisa, você poderia pensar que pode fazer isso quantas vezes quiser".

O problema com a atitude que acabo de descrever é que ela é completamente antibíblica. Se quisermos desfrutar a vida e os relacionamentos, precisamos viver de acordo com as verdades e os princípios da Palavra de Deus. A Sua Palavra não nos ensina a sermos duros e exigentes para com os outros, mas a sermos bondosos, compassivos, pacientes e cheios de graça. Deus é extremamente misericordioso conosco. Na verdade, Ele renova as Suas misericórdias para conosco todas as manhãs (ver Lamentações 3:23); e deseja que sejamos misericordiosos com os outros.

Todos nós precisamos de misericórdia todos os dias — provavelmente mais do que percebemos. Imagino quantas vezes Deus demonstra misericórdia para conosco sem que sequer saibamos disso, ou quantas vezes Ele ignora nossos erros e nossas falhas — e sequer chama a nossa atenção por causa disso. Mais do que podemos perceber, Ele nos abençoa quando não merecemos ser abençoados e nos livra de problemas ou salva a nossa vida. Estou certa de que Ele costuma pensar sempre: *Entendo porque você fez isto. Entendo de onde você veio e o que você passou. Vou usar de misericórdia para com você. Vou lhe dar um pouco de espaço. Vou lhe dar um tempo. Vou lhe dar mais uma chance.*

Deus é misericordioso. A misericórdia faz parte da Sua natureza. Ele a oferece continuamente a nós, e precisamos estendê-la continuamente aos outros.

DÊ PARA RECEBER

Jesus disse em Mateus 7:1: "Não julguem, critiquem e condenem os outros, para que vocês também não sejam julgados, criticados e condenados". Esse é um exemplo claro do princípio bíblico da semeadura e da colheita, ou de experimentarmos na nossa vida aquilo que plantamos na vida dos outros.

Realmente colheremos segundo as sementes que semeamos (ver Gálatas 6:7). Se mostrarmos misericórdia, colheremos misericórdia. Todos nós precisamos de misericórdia, e a maneira de consegui-la é dando misericórdia. Se quisermos que as pessoas nos deem um tempo — concedendo-nos graça e misericórdia — precisamos conceder graça e misericórdia a elas.

> A maneira como Deus nos trata mostra como Ele quer que tratemos os outros.

Deus não nos pede para darmos o que não temos. No entanto, uma vez que recebemos Dele um presente, Ele espera que compartilhemos esse presente liberalmente. Sabemos, com base na Palavra de Deus, que Ele nos perdoou; Ele espera que agora perdoemos outros. Ele também nos concedeu misericórdia; agora Ele nos pede para sermos misericordiosos com outros. Deus nos ama incondicionalmente; Ele agora quer que amemos os outros incondicionalmente, sem julgá-los ou tentar fazer com que eles sejam dignos de tudo que damos a eles. A maneira como Deus nos trata mostra como Ele quer que tratemos os outros.

A MISERICÓRDIA É SUPERIOR AO JUÍZO

Abraham Lincoln disse certa vez: "Sempre achei que a misericórdia dá melhores frutos que a inflexível justiça". A observação dele baseia-se na Bíblia. Tiago 2:13 diz: "Porque será exercido juízo sem misericórdia sobre quem não foi misericordioso. A misericórdia triunfa sobre o juízo!".

Quando as pessoas ao nosso redor estiverem tendo dificuldades ou cometendo erros, precisamos ajudá-las, e não julgá-las ou criticá-las. Não é essa a maneira como queremos ser tratados quando não fazemos tudo certo?

Aos olhos de Deus, a misericórdia é muito maior que o julgamento, e devemos sempre escolher ser misericordiosos em vez de julgadores ou críticos. Isso não significa que nunca devemos corrigir ou confrontar as pessoas, ou que devemos permitir que as pessoas pisem em nós, ou abusem de nós ou nos maltratem. Significa simplesmente que nos privamos de apontar e criticar cada coisa errada que uma pessoa fizer. A verdadeira misericórdia não se encolhe de medo diante da injustiça ou do pecado deliberado ou descarado; ela confronta em amor, com o objetivo de ajudar as pessoas a viverem nas bênçãos da obediência à Palavra de Deus. Mas quando as pessoas estão fazendo o melhor que podem com motivações puras, a misericórdia não chama a atenção para erros e imperfeições.

Creio que muitos relacionamentos têm problemas sérios atualmente porque as pessoas simplesmente não demonstram graça e misericórdia umas para com as outras. As pessoas estão cansadas de ver as outras procurando defeito nelas e criticando-as por erros e imperfeições — e isso colocou inúmeros relacionamentos em risco. Se você está nessa situação — você sabe que está sendo duro demais com alguém — deixeme incentivá-lo a desenvolver uma atitude de misericórdia para com as falhas e os erros das pessoas. Essa simples mudança de atitude poderia salvar um relacionamento importante e transformar uma situação infeliz em um relacionamento que você realmente aprecia.

PAVIO LONGO

Filipenses 4:5 nos encoraja: "Seja a vossa moderação conhecida de todos os homens. Perto está o Senhor" (ARA). O que é ter moderação? Uma pessoa que tem moderação é alguém que consegue suportar muita coisa das pessoas sem julgá-las ou perder a calma. Ser moderado, popularmente falando, é ter "pavio longo", ser paciente com os outros e usar de graça com eles quando cometem erros ou fazem coisas chatas. Podemos optar por deixar as coisas passarem ou apontar o dedo e falar a respeito. Passei muitos anos sem desfrutar minha vida, porque eu não estava disposta a praticar esse princípio. Eu levava cada errinho que as pessoas cometiam a "ferro e fogo". À medida que fui caminhando com Deus, comecei a perceber que Ele não estava satisfeito com o meu comportamento nessa área e pedi a Ele para me transformar e me ajudar a ser tão misericordiosa quanto a sabedoria permitisse. Como já mencionei, há momentos em que não confrontar uma questão não é sábio, mas a verdade é que, na maioria das vezes, as coisas que nos irritam são bastante insignificantes.

Devemos ser o tipo de pessoa que precisa ser muito pressionada, tremendamente pressionada, imensamente pressionada antes de ficar irritada. Não queremos ser pessoas esquentadas, que se frustram facilmente e ficam irritadas com falhas inocentes e insignificantes contra as normas e os regulamentos que impomos aos outros.

Quer percebamos ou não, todos nós temos regras ou códigos de comportamento nos nossos relacionamentos com os outros, e as outras pessoas têm normas que querem aplicar a nós. Cada pessoa que nos cerca tem um conjunto de expectativas a nosso respeito, assim como nós temos com relação a elas. É por isso que os relacionamentos tornam-se complicados. Uma pessoa espera um comportamento específico de nós, enquanto outra pessoa espera a reação oposta. Uma pessoa quer que falemos; outra quer que fiquemos em silêncio. Uma pessoa quer saber o que pensamos; outra fica zangada se damos a nossa opinião.

Com o tempo, todos nós começamos a achar que precisamos nos tornar "o gênio dos relacionamentos" para manter todo mundo feliz. Tentar lidar com pessoas diferentes e com diferentes tipos de personalidade pode ser desafiador, por isso devemos desenvolver uma atitude de paciência e tolerância para com todos. Assim, podemos começar a construir relacionamentos sinceros, saudáveis e duradouros que enriquecerão nossa vida e a vida daqueles com quem interagimos. Eu o encorajo a orar sobre essa área, porque apenas tentar não funciona. Precisamos da ajuda divina regularmente se quisermos atravessar a vida em paz com as pessoas.

CUBRA OS ERROS

Às vezes a melhor maneira de lidar com uma ofensa ou com alguma coisa que nos irrita é simplesmente ignorar. Se insistirmos em chamar a atenção das pessoas a cada pequeno erro (isso se chama "procurar defeitos"), não estaremos sendo cheios de graça e misericórdia. Você provavelmente ouviu o ditado, "O amor é cego", que significa que costumamos fazer "vista grossa" para os erros das pessoas quando as amamos. Outra maneira de dizer isso é, "O amor cobre multidão de pecados" (1 Pedro 4:8, ARA).

> Tentar lidar com pessoas diferentes e com diferentes tipos de personalidade pode ser desafiador, por isso devemos desenvolver uma atitude de paciência e tolerância para com todos.

Deixe-me repetir: ninguém é perfeito. Cada membro de cada família na terra tem maus hábitos. Em nossa casa, tenho hábitos que Dave gostaria que eu não tivesse, e ele tem hábitos que eu gostaria que ele não tivesse. Por exemplo, Dave nem sempre fecha a porta do armário. Nos nossos armários, as luzes ficam acesas se as portas estiverem abertas. Durante anos, eu me chateava por ter de fechar a porta do armário para ele; eu sempre queria me certificar de que Dave *soubesse* que ele havia deixado a porta aberta e que eu tive de fechá-la de novo!

Nossa natureza carnal realmente gosta de dizer às pessoas o que elas fizeram de errado e como nós consertamos isso. A melhor maneira de lidar com a porta aberta do armário de Dave é fechá-la e prosseguir com as minhas tarefas do dia, e não dizer: "Você deixou a luz acesa de novo" toda vez que ele faz isso. Há coisas semelhantes que Dave precisa fazer por mim. Muitas vezes, eu não sou perfeita e quero que ele cubra os meus erros.

Nos relacionamentos adultos, tanto no casamento quanto nos outros relacionamentos, precisamos cobrir os erros uns dos outros. Embora haja momentos em que as situações precisam ser confrontadas e resolvidas, há outras vezes em que as pessoas estão ocupadas ou com pressa e precisam simplesmente que façamos o que elas — sem querer — deixaram por fazer. Precisamos fazer essas coisas sem achar que precisamos mencionar o fato de que resolvemos as coisas para elas!

As pessoas não querem ouvir falar sobre cada erro que cometem. Lembre-se do que a Bíblia diz: "O amor cobre todas as transgressões" (Provérbios 10:12, ARA). Quando falamos em sermos misericordiosos e cheios de graça para com os outros, estamos falando de demonstrar amor — e o amor *cobre* essas pequenas coisas irritantes que as pessoas fazem.

Eu o encorajo a aplicar esse versículo à sua vida diária. Antes de apontar o dedo para o que alguém fez de errado, lembre que o amor cobre as transgressões. Quando você tiver vontade de dizer: "Você deixou as meias no chão de novo!", ou "Tive de esvaziar a banheira para você de novo!", lembre: *o amor cobre*.

Realmente sou grata pelas vezes em que as pessoas cobrem os meus erros; acho que você também é. Semeie um pouco de misericórdia na vida da alguém hoje, e quando essa pessoa fizer alguma coisa que normalmente o deixaria frustrado, simplesmente cubra-a.

NÃO SEJA RANZINZA

Independentemente do que as pessoas façam, do quanto elas possam deixá-lo frustrado, ou de quão desesperadamente você gostaria que elas mudassem, você é totalmente impotente para transformá-las. Você pode cobri-las em oração, mas não pode transformá-las. Somente Deus pode trabalhar dentro do coração humano e transformar a natureza de uma pessoa.

Filipenses 4:6 diz: "Não andem ansiosos por coisa alguma, mas em tudo, pela oração e súplicas, e com ação de graças, apresentem seus pedidos a Deus". Precisamos pedir a Deus que transforme as pessoas, e precisamos fazer isso com um coração grato, e não murmurando, resmungando ou reclamando.

Podemos tentar prescrever normas e regulamentos para que as pessoas vivam de acordo com elas, mas se o *coração* delas não for transformado, elas quebrarão as nossas regras e ficarão ressentidas conosco porque as criamos.

Nos relacionamentos, devemos comunicar claramente nossas necessidades, nossos desejos e nossas preferências. Podemos dizer às pessoas as coisas de que não gostamos e aquilo que nos deixa infelizes, mas não precisamos continuar dizendo a elas essas coisas sucessivamente, sem parar. Quando agimos assim, estamos sendo ranzinzas; e ninguém gosta de uma pessoa ranzinza!

Como exemplo disso, posso citar a atração que Dave sempre teve por carros turbinados. Ele fica realmente fascinado ao pisar no acelerador e ouvir o *vbrooooom* do motor. Às vezes, quando estou no carro com ele, ele pisa no acelerador com força quando eu menos espero. Não gosto disso, e já disse a ele muitas vezes: "Prefiro não acabar com dor no pescoço só por andar de carro com você".

Então eu digo: "Você não precisa dirigir assim".

Dave costuma responder: "Eu preciso sim, querida! Você percebe que aquele outro carro teria nos atingido se eu não tivesse saído da frente dele?". Ou ele pode dizer: "Eu tive de fazer isso para sair do trânsito".

"Isso não é verdade", respondo. "Você só quer dirigir rápido. Você dirige assim porque quer, e não porque precisa!".

Dave faz isso desde que o conheci. Não gosto disso; nunca gostei; mas aceitei o fato de que ser ranzinza com ele não vai mudar as coisas.

O ponto que quero enfatizar é que precisamos parar de ser ranzinzas com as pessoas e começar a orar para que elas mudem. Não podemos tentar manipulá-las com oração; devemos orar com amor genuíno por elas e depois precisamos agradecer a Deus por trabalhar na situação e no coração da pessoa. Não podemos orar algumas vezes e outras vezes sermos ranzinzas, porque o fato de sermos ranzinzas pode neutralizar nossa oração.

Sei que manter a boca fechada é difícil. Mas precisamos aprender a fazer isso. Na maior parte do tempo, as coisas que as pessoas fazem que nos deixam com vontade de gritar são muito insignificantes se comparadas com o "todo". Elas simplesmente nos dão nos nervos. É nesse momento que precisamos entender e admitir que estamos sendo egoístas. O que elas estão fazendo *nos* deixa desconfortáveis ou é inconveniente para *nós*.

A RAIZ DA INFELICIDADE

A essência do evangelho — e do amor — é morrer para si mesmo. Se realmente quisermos amar os outros, devemos resistir ao egocentrismo de todas as maneiras. Egocentrismo significa estarmos completamente focados em nós mesmos, em nossos desejos, nossas necessidades, nossos interesses e nossas prioridades. Quando somos egocêntricos, esperamos que as pessoas que nos cercam existam para nosso benefício. Achamos que elas deveriam trabalhar para nos fazer felizes, fazer o que queremos, e nos colocar em primeiro lugar. E, sem dúvida, elas nunca devem fazer nada que nos irrite, nos frustre ou seja inconveniente para nós.

William Gladstone, um homem que serviu quatro vezes como primeiro-ministro da Grã-Bretanha, disse: "O egoísmo é a maior maldição da raça humana". Concordo com ele. Também acredito que o egoísmo é a raiz de grande parte da infelicidade e da incapacidade de desfrutar a vida. A maioria avassaladora de infelicidade, angústia e frustração que sentimos vem de

> A essência do evangelho — e do amor — é morrer para si mesmo.

não termos as coisas que queremos ou de termos de lidar com situações que não queremos. Quando nossos desejos não são atendidos, ficamos descontentes — e isso é egoísmo.

Ouvi muitas mulheres solteiras dizerem: "Quero me casar. Se simplesmente conseguir me casar, serei feliz". Deixe-me dizer algo: "Não, você não vai ser feliz. Embora o casamento seja maravilhoso, simplesmente ser casada não a fará feliz. Ser casada significa que outra pessoa está presente na sua vida o tempo todo — uma pessoa com os próprios desejos, necessidades, interesses e problemas. Significa ter de consultar outra pessoa sobre questões que você poderia responder por si só quando é solteira". Também ouvi mulheres casadas dizerem: "Ah, se eu simplesmente tivesse um pouco de liberdade, seria feliz!". Ouvi outras mulheres comentarem: "Se eu simplesmente pudesse ter um bebê, seria muito feliz", enquanto outras dizem: "Eu ficarei tão feliz quando estas crianças crescerem!". Também ouço inúmeras pessoas dizerem que serão felizes quando ganharem mais dinheiro, quando comprarem um barco, quando morarem em uma casa maior, ou quando se aposentarem.

Todos esses desejos que nunca terminam nos mantêm focados em nós mesmos; eles levam ao egoísmo, que nos impede de sermos gratos pelo que realmente temos e de realmente amarmos as pessoas. Precisamos aprender a estar contentes. Precisamos estar satisfeitos com o que temos e com o que não temos. Afinal, a felicidade não tem nada a ver com as posses; ela tem a ver com o estado do nosso coração. Um coração egoísta nunca está feliz; ele está constantemente exigindo coisas. Peça a Deus o que você deseja ou necessita, e depois siga em frente desfrutando a vida que você tem neste instante. Aprenda a desfrutar o lugar onde você está, enquanto está a caminho do lugar para onde está indo!

> Aprender a amar sem egoísmo o capacitará a desfrutar a vida e a apreciar as pessoas que o cercam.

Aprender a amar sem egoísmo o capacitará a desfrutar a vida e a apreciar as pessoas que o cercam. A Bíblia diz: "De fato, a piedade com contentamento é grande fonte de lucro" (1 Timóteo 6:6). Quero encorajá-lo a colocar de lado qualquer pensamento e comportamento egoísta que você possa ter, e a procurar estar contente consigo mesmo, com as suas posses, e com as pessoas com quem você se relaciona. Esteja satisfeito e contente com quem elas são sem exigir que elas mudem para fazê-lo feliz. Seja cheio de graça, seja misericordioso e dê um tempo às pessoas — e você descobrirá que está desfrutando a vida e as pessoas mais do que nunca.

Capítulo 21

Continue Sendo Positivo

"O pessimista vê uma dificuldade em qualquer oportunidade;
o otimista vê uma oportunidade em qualquer dificuldade".
— WINSTON CHURCHILL

Viktor Frankl, sobrevivente do holocausto e escritor famoso, escreveu:

> Nós que vivemos em campos de concentração podemos nos lembrar de homens que andavam pelas cabanas consolando os outros, dando o seu último pedaço de pão. Eles podiam ser poucos em número, mas dão prova suficiente de que se pode tirar tudo de um homem, menos uma coisa: a última das liberdades humanas — a de escolher a sua atitude em qualquer circunstância.[1]

Creio que um dos maiores privilégios da vida é podermos escolher as nossas atitudes. Se optarmos por ser positivos, a vida irá bem para nós; e se optarmos por ser negativos, isso não acontecerá. Uma atitude positiva é absolutamente necessária se quisermos desfrutar nossa vida hoje e aguardar ansiosamente o amanhã.

PARA A SUA SAÚDE

Creio que a atitude mental mais importante que uma pessoa pode ter é uma abordagem positiva da vida. Uma atitude positiva nos ajuda a lidar com o estresse, torna-nos companhias divertidas para os outros e pode nos manter saudáveis. Em um artigo na revista *Newsweek*, o Dr. Howard LeWine, da Universidade de Harvard, escreveu sobre os benefícios de uma atitude positiva para a saúde:

> O que significa ter uma "atitude positiva"? Pode vir à sua mente a imagem de uma pessoa saltitante e divertida. Mas uma pessoa extrovertida e socializável assim pode estar inclinada a se envolver em comportamentos mais arriscados que podem provocar lesões e danos à saúde.
>
> Por outro lado, existem diversas características de uma atitude positiva que as pesquisas descobriram que estão associadas ao envelhecimento saudável. Se você tem uma atitude positiva, você encara relativamente poucos desafios da vida como algo avassalador. Você sente que está no controle na maior parte do tempo. Você acredita que pode influenciar fortemente a sua saúde, ou até determinar completamente o estado dela. Por exemplo, você acredita que as escolhas do seu estilo de vida — alimentação saudável, exercícios regulares, e a exclusão de hábitos perigosos — podem realmente afetar a saúde. Na verdade, você tem prazer em controlar a sua vida por meio das suas escolhas, embora entenda que não há garantias.
>
> Finalmente, você é flexível. Sabe que a vida às vezes dificultará que você siga a sua agenda para a saúde, mas que caso aconteçam coisas que não permitam que você siga estritamente o seu programa, você seguirá o fluxo natural das coisas. Haverá um tempo, mais tarde naquele dia ou no dia seguinte, para voltar aos eixos.[2]

O Dr. LeWine prossegue classificando uma atitude positiva como sendo o principal fator que contribui para um envelhecimento saudável, até mesmo mais que o exercício e uma dieta saudável, e cita um aluno da Universidade de Yale que estipulou que pessoas otimistas vivem em média 7,5 anos a mais do que as que têm uma visão negativa da vida.[3]

Embora algumas pessoas sejam naturalmente mais otimistas que outras, qualquer pessoa pode desenvolver uma atitude positiva simplesmente optando por fazer isso. O resultado é que a vida não apenas será mais saudável, como também mais agradável.

Capítulo 21

ATITUDE POSITIVA, VIDA POSITIVA

Uma atitude verdadeiramente positiva não é estática e alegre em um dia, e depois insegura no outro; depois desanimada, e depois esperançosa de novo. Uma atitude realmente positiva é questão de escolha. Precisamos escolher encarar a vida de forma otimista todos os dias, colocando nossa mente — e mantendo-a — em uma direção positiva.

Muitas vezes cito o versículo: "Este é o dia que o Senhor fez; regozijemo-nos e alegremo-nos nele" (Salmo 118:24, ARA). Citar essas palavras do fundo do meu coração e torná-las pessoais é a minha maneira de desenvolver uma mentalidade positiva todos os dias. Eu *escolho* me alegrar, desfrutar a vida e estar contente. Minha opinião é que não importa o quanto as pessoas possam ser negativas, elas podem mudar se realmente quiserem. Na verdade, meu pai me ensinou a ser negativa. Lembro-me de ouvi-lo fazer comentários do tipo: "Não se pode confiar em ninguém. Todo mundo apenas nos usa para conseguir o que quer". O mais interessante é que ele via as pessoas assim porque ele era assim. Meu pai usava as pessoas para conseguir o que queria e não se importava nem um pouco com elas, então presumia que o mundo inteiro era assim também. Ele me ensinou a ser desconfiada, por isso não foi fácil para mim aprender a confiar. Mas com a ajuda de Deus, fui transformada de uma pessoa extremamente negativa em quase tudo, em uma pessoa muito positiva. Como vivi das duas maneiras, estou qualificada para lhe dizer que encarar a vida de maneira positiva é melhor.

> Precisamos escolher encarar a vida de forma otimista todos os dias, colocando nossa mente — e mantendo-a — em uma direção positiva.

Provérbios 23:7 diz: "Porque, como imagina em sua alma, assim ele é" (ARA). Isso significa que nós nos tornamos aquilo em que pensamos. O que se passa na nossa mente afeta diretamente o que acontece na nossa vida. Quer seja tomar um sundae, concluir um grande projeto, ou ter um relacionamento mais íntimo com Deus, se focarmos o nosso pensamento em alguma coisa, direcionaremos os nossos atos para aquilo. O mesmo acontece com a nossa vida em geral. Se tivermos pensamentos positivos com relação à vida, buscaremos e finalmente desfrutaremos vidas felizes, confiantes e realizadas.

NÃO DEPENDA DAS CIRCUNSTÂNCIAS

Martha Washington, esposa do primeiro presidente dos Estados Unidos, fez uma observação com a qual concordo de todo o coração: "Grande parte da nossa felicidade depende da nossa disposição e não das nossas circunstâncias". Muitas pessoas permitem que as circunstâncias determinem suas atitudes. Se as circunstâncias são favoráveis, elas olham a vida através de uma lente positiva. Se as circunstâncias forem negativas, elas encaram cada situação de um ponto de vista negativo. Precisamos ser mais maduros do que isso; precisamos desenvolver uma percepção positiva da vida, independentemente do que aconteça. Precisamos ser tão positivos quando o carro quebra ou quando precisamos fazer um tratamento de canal; precisamos ser tão positivos quanto somos quando recebemos um aumento de salário ou uma promoção. Não podemos esperar até que as circunstâncias mudem para decidirmos ajustar a nossa atitude. Precisamos ser estáveis e coerentes na nossa abordagem otimista para cada situação.

> Quer seja tomar um sundae, concluir um grande projeto, ou ter um relacionamento mais íntimo com Deus, se focarmos o nosso pensamento em alguma coisa, direcionaremos os nossos atos para aquilo.

Para desenvolver a estabilidade de que precisamos, temos de eliminar a mentalidade que diz: "Vou desfrutar a vida *quando* não tiver mais este problema". "Vou me divertir *quando* esta situação estiver resolvida". "Vou desfrutar minha família *quando* meus filhos de comportarem melhor". "Ficarei satisfeito *quando* finalmente pagar todas as minhas dívidas". "Vou relaxar *quando* terminar esta tarefa estressante no trabalho".

O fato é que o "quando" raramente chega. Quando o problema que você vê como um impedimento para o seu contentamento na vida finalmente desaparecer, outra coisa surgirá. Se você é como a maioria das pessoas, terá uma pequena trégua, e depois outra coisa aparecerá. Não estou sendo negativa; apenas estou lhe dizendo como a vida é. Ela não é perfeita. Sempre haverá *alguma coisa* que vai precisar ser tratada, consertada, resolvida ou confrontada.

Nunca sabemos o que vamos enfrentar ou quando situações inesperadas exigirão a nossa atenção. A vida é cheia de surpresas; às vezes elas são maravilhosas e às vezes são desagradáveis ou até mesmo dolorosas. Sejam quais forem os acontecimentos inesperados e as surpresas que aconteçam conosco, precisamos encará-los com uma mentalidade predeterminada e positiva. Ter uma mentalidade positiva não significa que as nossas decepções não doem. Podemos nos sentir magoados e ainda assim decidir não permitir que os nossos sentimentos nos governem. Ser capaz de decidir como iremos nos comportar, independentemente de como nos sentimos, é um dos maiores privilégios que temos como seres humanos. A capacidade de escolher é um dom de Deus e devemos usá-la em nosso benefício. No fim das contas, a vida é relativamente curta e não devemos desperdiçar nem um dia sendo negativos e ficando abatidos.

ALEGRE-SE HOJE

À medida que deixamos de dizer: "Ficarei contente quando...", precisamos começar a dizer: "Estou contente agora. Vou ser feliz e positivo hoje. Minha vida pode não ser exatamente o que quero que ela seja, mas escolho estar contente hoje". Ainda estou trabalhando com o Espírito Santo para quebrar o hábito de dizer: "Ficarei contente quando...". Já progredi bastante, mas ainda me vejo fazendo esse comentário, mesmo em pequenas coisas. Outro dia, me ouvi dizendo: "Ficarei contente quando o tempo começar a esquentar". Então, acrescentei depressa: "Mas também estou contente agora!". Estou combatendo o bom combate da fé nessa área e confiando em Deus para fazer com que eu me ouça todas as vezes que digo: "Ficarei contente quando...". Estou decidida a estar contente *agora!*

Por que é importante ser positivo hoje? Porque uma atitude positiva nos dá a força não apenas para suportar as situações que enfrentamos, mas também para superá-las. Qualquer pessoa pode passar por momentos difíceis com uma atitude negativa; é preciso ser uma pessoa positiva para passar por eles vitoriosamente.

Para nos encorajar, a Bíblia está cheia de versículos como estes:

- "Mas, em todas estas coisas somos mais que vencedores, por meio daquele que nos amou" (Romanos 8:37).
- "Porque aquele que está em vocês é maior do que aquele que está no mundo" (1 João 4:4).
- "Tudo posso naquele que me fortalece" (Filipenses 4:13).

Esses versículos e outros lembram que devemos encarar todas as situações com força e com a alegria que acompanha a vitória certa. Deus está do nosso lado — e este é todo o motivo de que precisamos para ter uma atitude positiva diante dos desafios e das dificuldades.

Ter uma atitude positiva não significa negar a dor, a dificuldade, o sofrimento ou a tristeza. Não é algo que nos protege, impedindo que sejamos feridos, que choremos; que evita que passemos por situações difíceis ou impede que os "dias maus" aconteçam de vez em quando. Significa simplesmente que confiamos em Deus, que mantemos as nossas emoções sob controle e que nos recusamos a permitir que os nossos sentimentos determinem as nossas atitudes e as nossas ações.

O apóstolo Paulo, que passou por muitos sofrimentos durante seu ministério, escreveu:

> "Não estou dizendo isso porque esteja necessitado, pois aprendi a adaptar-me a toda e qualquer circunstância. Sei o que é passar necessidade e sei o que é ter fartura. Aprendi o segredo de viver contente em toda e qualquer situação, seja bem alimentado, seja com fome, tendo muito, ou passando necessidade" (Filipenses 4:11,12).

Acho tremenda a atitude de Paulo refletida nessas palavras. Ela me dá uma grande esperança, pois nos mostra que ele aprendeu o segredo do contentamento. Se Paulo aprendeu esse segredo, você e eu também podemos aprender. Talvez não tenhamos sido aperfeiçoados nessa área, mas podemos continuar tentando ser positivos e ficar satisfeitos, independente de quais sejam as circunstâncias.

Capítulo 21

TODAS AS COISAS COOPERAM PARA O BEM

Meu marido é um homem muito feliz. Ele está sempre alegre e em paz. Ao longo dos anos em que estamos casados, ele desfrutou muito mais a vida do que eu, e ele não gastou (desperdiçou) nem de longe o tempo que eu desperdicei ficando aborrecida, irritada e frustrada. Na maior parte do tempo, era eu quem ficava furiosa com as situações e permitia que as coisas me incomodassem, enquanto Dave seguia em frente com o seu jeito feliz e desfrutava cada dia.

Quando certos problemas surgem, Dave diz: "Se você puder fazer alguma coisa a respeito, faça. Se não puder, siga em frente com o que precisa fazer, confie em Deus, e deixe que Ele cuide disto". Isso sempre me pareceu bom, mas eu costumava levar mais tempo para deixar as coisas para lá e deixar Deus agir do que ele, mas agora estou conseguindo acompanhá-lo.

Recentemente, estávamos juntos no carro e Dave recebeu um telefonema sobre uma mudança no horário em um de nossos programas de televisão. Acontece que isso ocorreu em uma de nossas melhores estações, e ele não gostou da mudança. Ele começou a ficar irritado e eu me ouvi dizendo: "Não deixe que isto o incomode. Se orarmos, Deus fará com que isto coopere para o bem". Eu nem tive de tentar ser positiva; aquela foi a minha primeira reação. Estou cada dia mais impressionada com a maneira como Deus pode nos transformar se continuarmos orando e deixando que Ele trabalhe em nossa vida. Ali estava eu encorajando o "Sr. Positivo", quando durante a maior parte do tempo da minha vida havia sido o contrário. Aquilo me fez sentir bem!

> Uma maneira de permanecer em paz, contente e sereno é saber como "lançar os seus cuidados sobre o Senhor" (ver 1 Pedro 5:7).

Uma maneira de permanecer em paz, contente e sereno é saber como "lançar os seus cuidados sobre o Senhor" (ver 1 Pedro 5:7) e responder a cada situação desafiadora com um versículo como Romanos 8:28: "Sabemos que todas as coisas cooperam para o bem daqueles que amam a

Deus, daqueles que são chamados segundo o seu propósito". Esse versículo nos ensina como devemos encarar tudo que enfrentamos na vida. Significa que, se realmente amamos a Deus e queremos fazer a Sua vontade, então devemos acreditar — independentemente do que aconteça em nossa vida — que Deus está no controle e que Ele cuidará de tudo que acontece e fará com que tudo coopere para o nosso bem. Certas circunstâncias nem sempre são agradáveis ou parecem ser boas, mas Deus fará com que elas cooperem com outras coisas em sua vida para trazer o bem. Deus é um Deus bom, e Ele pode pegar até as piores situações e gerar algo de positivo por meio delas.

Acredito que Romanos 8:28 é a chave para desfrutarmos a vida hoje e enfrentarmos o amanhã com confiança. Não posso lhe prometer que as circunstâncias serão sempre agradáveis ou confortáveis. O desafio faz parte da vida. Mas creio, porém, que independentemente das circunstâncias que enfrentar, se você disser de coração: "Creio que isto cooperará para o meu bem. Não gosto do que sinto neste momento, Deus, mas sei que Te amo; sei que quero a Tua vontade; e, portanto, creio que isto vai cooperar para o meu bem", então é exatamente isso que vai acontecer.

> Se permitirmos que as situações nos esgotem sem sermos restaurados, o inimigo poderá nos derrotar. Mas se resistirmos com o fruto do espírito da alegria em nós, seremos fortalecidos para suportar as dificuldades e nos levantarmos em vitória.

Deus quer que permaneçamos positivos e alegres, independentemente do que encontrarmos, porque a alegria do Senhor é a nossa força (ver Neemias 8:10). O motivo pelo qual é tão importante ser alegre nas provações é porque as provações e as dificuldades esgotam a nossa força, mas a alegria a restaura. Uma boa risada sincera faz qualquer pessoa se sentir melhor. Se permitirmos que as situações nos esgotem sem sermos restaurados, o inimigo poderá nos derrotar. Mas se resistirmos com o fruto do espírito da alegria em nós, seremos fortalecidos para suportar as dificuldades e nos levantarmos em vitória.

Se encararmos a vida de forma sincera e realista, precisamos aceitar que todos nós teremos problemas às vezes. Em João 16:33, Jesus diz:

Capítulo 21

"Neste mundo vocês terão aflições; contudo, tenham ânimo! Eu venci o mundo".

Em outras palavras, podemos ter a certeza de que teremos dificuldades em nossa vida, mas também podemos ter bom ânimo, que é outra forma de dizer "permanecer positivos", porque Jesus tirou das dificuldades o poder de nos causarem dano. Não creio que esse versículo signifique que jamais vamos sofrer ou nos magoar, mas sim que as situações dolorosas não podem nos causar nenhum mal permanente. Lembre, todas as coisas cooperam para o nosso bem. Precisamos crer nisso, e basear as nossas atitudes positivas relacionadas à vida nessa verdade.

NOSSAS PALAVRAS AFETAM A NOSSA ALEGRIA

Assim como uma atitude mental positiva nos ajuda a desfrutar a vida, as palavras que dizemos também afetam o nível de alegria que experimentamos. Mateus 12:34 explica por que isso é verdade: "Pois a boca fala do que está cheio o coração". Quando estamos cheios de alegria, paz e otimismo, falamos palavras que refletem essas atitudes. Se ouvirmos o que dizemos, poderemos ficar em contato com o que se passa no nosso coração.

Nossas palavras têm poder. Elas não apenas revelam o estado do nosso coração, como também influenciam a nossa capacidade de desfrutar a vida. Provérbios 18:20,21 deixa esse ponto bem claro: "Do fruto da boca o coração se farta, do que produzem os lábios se satisfaz. A morte e a vida estão no poder da língua; o que bem a utiliza come do seu fruto" (ARA).

Se falarmos palavras negativas, teremos experiências negativas. Por outro lado, se falarmos palavras positivas, veremos coisas boas e positivas acontecerem em nossa vida. Se falarmos sobre os nossos problemas, os nossos problemas parecerão crescer e se tornar mais difíceis de tratar — e ficaremos deprimidos e desanimados. Mas se falarmos sobre a nossa capacidade de suportar e superar nossos problemas, iremos perceber que estamos descobrindo soluções, sentindo-nos fortes e confiantes, e que somos capazes de resolver esses problemas para atingir resultados positivos. Por que esses princípios são verdadeiros? Porque comemos o fruto das nossas palavras, segundo Provérbios 18:21. Podemos envenenar a nossa alegria com os pensamentos que temos e pelas palavras que dizemos.

Se quisermos desfrutar nossa vida, teremos de vigiar o que dizemos e escolher com cuidado nossas palavras. 1 Pedro 3:10 diz: "Pois, quem quiser amar a vida e ver dias felizes, guarde a sua língua do mal e os seus lábios da falsidade". A relação entre desfrutar a nossa vida diária e as palavras que dizemos não poderia estar mais clara. Precisamos falar positivamente, dizer coisas que nos deixam felizes, usar nossas palavras para encorajar pessoas, e nos recusarmos a falar mal das pessoas ou a falar negativamente sobre as situações.

> Nossas palavras têm poder. Elas não apenas revelam o estado do nosso coração, como também influenciam a nossa capacidade de desfrutar a vida.

Veja também Provérbios 15:23: "Dar resposta apropriada é motivo de alegria; e como é bom um conselho na hora certa!". Não apenas podemos nos alegrar com as palavras que dizemos, como também podemos usar nossas palavras com propósitos positivos na vida das outras pessoas. Se alguma vez alguém lhe disse as palavras certas exatamente no momento certo, você sabe que isso pode mudar a sua perspectiva, encorajá-lo a seguir em frente, ou até afetar o rumo da sua vida. Pelo fato de colhermos o que semeamos, quanto mais alegria dermos aos outros através das palavras que falamos, mais alegria teremos em nossa vida pessoal.

ESTEJA DETERMINADO A DESFRUTAR A VIDA

Quero encorajá-lo a estar determinado a desfrutar cada dia de sua vida mantendo uma atitude positiva. Use a sua mente para ter pensamentos positivos e a sua boca para falar palavras positivas.

Você terá de ser diligente para permanecer sendo positivo, mas isso é possível. No instante em que você sentir que está se tornando negativo, pare e faça um ajuste na sua atitude. A melhor maneira de fazer isso é passar tempo com Deus.

Mesmo que você precise se trancar no banheiro para ter um instante de paz e silêncio na sua casa atarefada ou se sentar no carro durante a hora do almoço no trabalho, tire um tempo para estar a sós com Deus e dizer: "Tudo bem, Deus, estou começando a ter pensamentos negativos. Estou começando a ficar desanimado. Estou sendo tentado a desistir. Mostra-me qual é o problema. Fortalece-me agora, Senhor. Se existe alguma coisa que eu precise ver, deixa-me vê-la. Se houver alguma mudança que eu precise fazer, ajuda-me a fazê-la. Se não, dá-me a Tua força e a Tua graça para ter uma atitude positiva e para fazer o que for preciso, e para fazê-lo com alegria. Espero em Ti, Deus, porque sei que Tu és a fonte de todo dom perfeito e creio que Tu estás fazendo com que todas as coisas cooperem para o bem na minha vida". Não "tente" apenas ter uma atitude melhor, mas ore por isso!

> Use a sua mente para ter pensamentos positivos e a sua boca para falar palavras positivas.

À medida que passar tempo com Deus, Ele poderá revelar porque você parou de desfrutar a vida naquele momento ou porque se tornou uma pessoa negativa. Por exemplo, Ele poderia lhe mostrar que o motivo pelo qual você perdeu a sua atitude positiva foi o fato de um colega de trabalho ter recebido uma promoção que você queria. Talvez você tenha ficado com inveja ou amargura porque queria um cargo melhor, mas agora precisará continuar na sua antiga função, e isso desenvolveu em você uma atitude negativa.

Quando Deus lhe mostra algo assim, você pode dizer: "Senhor, Tu tens razão. Sinto muito. Não vou sentir inveja. Abençoa essa pessoa, Senhor. Dá-lhe a sabedoria e a graça para exercer bem a sua nova função. Sei que Tu tens um plano para a minha vida, e sei que nada pode me impedir de receber as coisas boas que Tu preparaste para mim. Escolho acreditar que isto cooperará para o meu bem. Já que não consegui a promoção que eu queria, Tu deves ter algo melhor reservado para mim. Vou esperar por isso com uma atitude positiva".

Deus também pode lhe revelar algo que o está incomodando no seu subconsciente. Deus certa vez me revelou que eu estava zangada com

Continue Sendo Positivo

meu filho porque ele não era tão espiritual quanto eu queria que ele fosse. Eu sabia que tínhamos uma dificuldade de nos relacionarmos, mas sinceramente não tinha consciência de que estava zangada com ele e certamente não estava ciente do fato de que eu estava zangada porque ele não estava tratando a sua vida espiritual como eu achava que ele deveria. Tornei-me negativa com relação a meu filho e nem sabia exatamente a razão. Eu chegava a me sentir irritada quando estava no mesmo recinto que ele, mas para que pudesse entender o motivo disso, Deus teve de me revelar qual era exatamente o problema. Quando vi a verdade, pude me arrepender diante de Deus e também do meu filho, e a minha alegria aumentou. As coisas ocultas nas trevas têm poder sobre nós, portanto, não tenha medo de pedir a Deus para lhe mostrar o que há de errado e de andar na luz daquilo que Ele lhe revelar.

> As coisas ocultas nas trevas têm poder sobre nós, portanto, não tenha medo de pedir a Deus para lhe mostrar o que há de errado e de andar na luz daquilo que Ele lhe revelar.

Um amigo me disse que toda vez que ele está de mau humor, ele sabe que existe uma razão para isso, e imediatamente começa a perguntar a Deus o que é. Às vezes é falta de perdão, outras vezes é outro pecado que ele não reconheceu e do qual precisa se arrepender; pode ser preocupação ou até medo, mas sempre é alguma coisa. Ele aprendeu a não ficar passivo com relação ao mau humor, mas a descobrir com determinação como abriu a porta para esse sentimento e a transformar o que for necessário para voltar a andar nos trilhos com Deus. Uma pessoa que tem uma atitude positiva não pode ser derrotada. Ela desfrutará a vida, aconteça o que acontecer. Eu o encorajo a decidir eliminar os pensamentos negativos e as palavras negativas da sua vida neste instante. Assim que fizer isso, você descobrirá que está desfrutando o hoje e aguardando com expectativa o amanhã de uma maneira totalmente nova.

Capítulo 22

Não Se Deixe Controlar

"Aquele a quem amo, desejo que seja livre
— até mesmo de mim".
— ANNE MORROW LINDBERGH

Ouvi uma história sobre uma jovem que recebeu a salvação em um culto de igreja. Depois do momento de conversão no altar, ela voltou ao seu lugar, onde seu noivo estava esperando por ela. Ela estava muito entusiasmada, e começou a encorajá-lo: "Oh, sinto algo tão maravilhoso! Acabo de entregar minha vida ao Senhor, e Ele perdoou os meus pecados, e sinto tanta paz e alegria! É maravilhoso! Venha entregar sua vida a Jesus! Vamos lá! Vá até o altar e ore!".

Cético, o homem respondeu: "Não vou me deixar levar por toda essa manipulação emocional".

Depois de tentar por algum tempo convencer seu noivo a se tornar um cristão, e como ele continuasse a resistir e a debochar dela, ela finalmente olhou para ele e disse: "Tudo bem, você pode optar por não ir para o céu comigo, mas não me peça para ir para o inferno com você!".

Embora a jovem amasse aquele homem o bastante para casar-se com ele, ela não iria permitir que a decisão dele determinasse o seu destino. Ela era uma pessoa individual, e fez a própria escolha; e ela se recusava a permitir que os pensamentos e as ações dele a controlassem.

VOCÊ DECIDE

Jamais desfrutaremos a nossa vida diária se permitirmos que as outras pessoas nos controlem. Na verdade, ficaremos infelizes, confusos e cansados se tentarmos agradar as pessoas que procuram nos influenciar de uma maneira que vá contra o nosso coração. Para desfrutar a vida e realmente abraçar a liberdade que Jesus morreu para nos dar, precisamos exercitar o direito que nos foi dado por Deus de tomar as próprias decisões.

Permitir que as outras pessoas tomem as decisões por você não apenas é tolice, como também o deixará infeliz. Você foi criado para usar o livre arbítrio que Deus lhe deu. Você foi criado para buscar a direção Dele e para saber no seu coração o que deve fazer em cada situação. Só você é responsável diante de Deus pelas suas escolhas, de modo que você precisa ser a pessoa que faz essas escolhas.

Frequentemente, vamos de uma pessoa à outra perguntando: "O que você acha disto? O que devo fazer?". Muitas vezes, o motivo pelo qual fazemos isso é porque queremos a aprovação ou a aceitação dessas pessoas, ou queremos que elas não fiquem zangadas conosco. Pensamos que, se fizermos o que elas dizem, elas ficarão satisfeitas conosco. Essa necessidade de aceitação e de aprovação geralmente nos leva a pedir conselhos de pessoas que não estão qualificadas para nos dar conselhos ou que podem até mesmo nos dar sugestões que as beneficiarão em vez de nos beneficiarem. Maus conselhos, quando são seguidos, levam a decisões erradas, e decisões erradas levam a uma vida infeliz.

Quero apresentar uma abordagem equilibrada sobre esse assunto e deixar claro que há momentos em que precisamos de conselhos sábios. Buscar o conselho sábio de

> Maus conselhos, quando são seguidos, levam a decisões erradas, e decisões erradas levam a uma vida infeliz.

uma pessoa madura e confiável que tem no seu coração o interesse pelo nosso bem é diferente de pedir a opinião de pessoas que mal conhecemos, pessoas que não demonstram sabedoria, ou pessoas que simplesmente gostam de nos dizer o que fazer.

Algumas pessoas conseguem analisar conselhos e sugestões e não permitem que eles os influenciem de forma indevida. Outras querem seguir qualquer conselho imediata e inteiramente assim que o ouvem. Dependendo do tipo de pessoa que você é e da maneira como você reage às opiniões de outras pessoas sobre a sua vida, eu diria isto: Se você consegue ouvir a opinião de outra pessoa e depois deixá-la de lado para tomar as próprias decisões, tudo bem. Mas se ouvir a opinião de alguém faz com que você ache que precisa agir de acordo com ela, então não peça muitos conselhos. Faça o que você precisa fazer para estar na posição de ouvir a voz de Deus por si mesmo, e permita que Ele o direcione, em vez de permitir que a opinião e os conselhos das outras pessoas o guiem.

Anos atrás, minha filha Sandy permitia que a opinião das pessoas a afetasse enormemente. Ela era muito influenciada pelo que as pessoas à sua volta pensavam. Quando precisava tomar uma decisão, Sandy perguntava a tantas pessoas a opinião delas que ficava confusa a tal ponto que não sabia o que fazer.

Com o passar do tempo, observei Sandy lutar contra sua necessidade de receber tantas opiniões para cada decisão que precisava tomar, e a vi aprender a tomar a sua posição. Como parte do processo de aprendizado, ela quase se tornou firme demais em dizer que faria somente o que queria fazer, mas é comum as pessoas irem para o extremo oposto quando estão tentando quebrar o poder do controle em sua vida e estabelecer novos padrões de pensamento e de comportamento. Eu sabia que Sandy terminaria por conseguir atingir um equilíbrio saudável — e ela conseguiu.

Agora, Sandy pode perguntar a alguém: "O que você acha desta roupa?" ou "O que você acha do meu novo corte de cabelo?", e pode receber uma resposta sincera sem ficar insegura. Se uma pessoa não responder positivamente, ela pode dizer: "Bem, agradeço pela sua opinião, mas gosto do meu corte de cabelo, e vou ficar com ele". Ela pode aceitar a opinião de outras pessoas, sem ceder a ela, e é livre o bastante para seguir em frente e fazer o que realmente quer fazer. Para mim, isso é equilíbrio.

Ela costuma me perguntar o que acho sobre certas coisas, mas nem sempre segue o meu conselho, e isso não me ofende. Quero que ela siga o próprio coração, e não o meu. Ela considera o que digo quando toma sua decisão, mas não deixa que a minha opinião a controle.

Creio que é tolice uma pessoa nunca pedir conselhos nem estar disposta a ouvir outras opiniões, mas também é tolice ser alguém que procura agradar a todos e se esforçar tanto para tentar manter as pessoas felizes a ponto de nunca estar feliz consigo mesmo. Todos nós precisamos ser equilibrados no que se refere às opiniões que permitimos que as pessoas deem sobre a nossa vida. Precisamos entender que temos o direito de fazer as próprias escolhas. Se formos sábios, pediremos a Deus para nos ajudar e para nos direcionar nas nossas decisões, e não seremos guiados pela opinião das outras pessoas. Precisamos ser inteligentes o bastante para buscar conselhos realmente sábios em tempos estratégicos, e depois levarmos o conselho que recebemos ao Senhor e pedir a Ele que nos dê paz com relação às decisões que Ele quer que tomemos.

> Precisamos ser inteligentes o bastante para buscar conselhos realmente sábios em tempos estratégicos, e depois levarmos o conselho que recebemos ao Senhor e pedir a Ele que nos dê paz com relação às decisões que Ele quer que tomemos.

SEJA FIEL A SI MESMO

Para realmente desfrutar a vida e tomar boas decisões, uma pessoa precisa ser fiel ao próprio coração. As pessoas compreendem isso há séculos. Na verdade, o dramaturgo William Shakespeare, que escreveu durante fins de 1500 e início de 1600, escreveu estas famosas palavras em sua peça *Hamlet*: "Ao vosso próprio eu sejais fiéis". Você é a pessoa que terá de viver com as consequências de suas decisões, e a melhor maneira de ficar feliz com elas é seguir o que está em seu coração, e não o que está no coração de outra pessoa.

Você será infeliz e não se sentirá realizado se fizer constantemente o que os outros querem que você faça, principalmente se não deseja fazer isso. Não significa que você nunca deve fazer o que outra pessoa deseja que você faça, porque há momentos em que precisamos fazer sacrifícios porque amamos as pessoas. Significa apenas que você não precisa transformar em um hábito o fato de os outros o controlarem e guiarem o curso da sua vida.

Como líder do Ministério Joyce Meyer, sou responsável pelas conferências que realizamos. Para ser fiel ao chamado que Deus colocou

Capítulo 22

sobre minha vida e à posição de liderança que Ele me deu, decido o que acontece em nossas conferências à medida que sou guiada pelo Espírito Santo. Nunca subo em uma plataforma e pergunto à plateia o que eles querem ouvir naquele dia, mas subo com uma mensagem preparada — uma mensagem que acredito que Deus me conduziu a compartilhar com aquele grupo específico. Faço o que Deus me guia a fazer, e não o que as pessoas acham que devo fazer. Talvez, a mensagem que Deus dá nem sempre seja uma mensagem confortável. Com frequência, minhas mensagens desafiam as pessoas a subirem mais alto no seu padrão de comportamento. Às vezes, as pessoas chegam a me pedir para ensinar sobre um tema específico que lhes interessa. Respondo sempre que terei em mente os pedidos delas, mas preciso ser guiada pelo Espírito Santo. Creio que muitos ministros têm problemas porque pregam o que acham que as pessoas querem ouvir, em vez de pregarem o que Deus lhes está dizendo para pregar. Algumas mensagens não são fáceis de ouvir. Jesus costumava ofender as pessoas com a Sua pregação e o Seu ensinamento, e Ele fazia isso porque estava decidido a dizer a elas o que realmente as ajudaria, e não apenas o que seria fácil para elas.

> Terei de comparecer diante de Deus e prestar contas pela minha vida e pelo dom que Deus colocou em mim, e você também.

Terei de comparecer diante de Deus e prestar contas pela minha vida e pelo dom que Deus colocou em mim, e você também. Deus não vai querer ouvir que desobedecemos a Ele porque não queríamos deixar ninguém aborrecido. Se você deseja receber mais ensinamentos sobre esse assunto, o meu livro *O Vício de Agradar a Todos* seria um recurso excelente para você.

TRACE ALGUNS LIMITES

Tenho uma personalidade forte, e Dave é mais tranquilo. Ele não tem problemas em deixar que eu faça o que desejo na maior parte do tempo. Por exemplo, quando saímos para comer, ele geralmente me deixa escolher o restaurante aonde iremos porque isso realmente não importa muito para ele. Ele também está de acordo com a maioria dos projetos sociais que faço; ele não reclama nem resiste às coisas que quero fazer. Mas por mais agradável e relaxado que Dave seja, ele também tem limites, e se recusa a permitir que eu (ou qualquer outra pessoa) o controle. Em muitas situações, ele só me deixa ir até certo ponto. E sabe de uma coisa? Eu o respeito por isso.

Em muitos relacionamentos, uma das duas pessoas — sejam eles amigos, colegas de trabalho ou membros de um casamento — têm uma personalidade mais forte que a outra. Algumas pessoas naturalmente ficam com o "papel principal" e as outras realmente se esforçam em segui-las. Sou uma líder, e aonde quer que eu vá e faça o que fizer, vou sempre liderar. Não domino as situações de propósito; ser líder simplesmente é o meu feitio. Ser um líder forte faz parte da minha personalidade. Mas lembre: uma coisa é ser um líder; ser um controlador ou manipulador é outra coisa completamente diferente. A maioria de nós que tem uma personalidade forte de liderança precisa descobrir isso de uma forma ou outra. Passei anos tentando controlar a tudo e a todos e finalmente entendi que havia uma grande diferença entre o controle e a verdadeira liderança que procede de Deus.

> Você é responsável por tomar uma posição em favor de si mesmo. Ninguém mais estabelecerá os limites que você precisa. Se você está cansado de se sentir controlado, comece a definir alguns limites.

Se você tem um líder ou uma pessoa que tem personalidade ou vontade forte em sua vida, quero que saiba de algo que irá surpreendê-lo: *A maioria das pessoas fortes não respeita aqueles que permitem que elas os controlem.* Essas pessoas realmente respeitariam você por estabelecer alguns limites e não permitir que elas os ultrapassem, assim como eu respeito Dave por não permitir que a minha personalidade forte o controle.

Embora talvez você tenha uma personalidade mais suave, amorosa e mais tranquila, você precisa estabelecer alguns limites em sua vida. Se não o fizer, um dia irá olhar para trás e sentir que as pessoas usaram você, abusaram de você, passaram por cima de você, e de um modo geral o trataram com desrespeito. Você poderá terminar amargurado e ressentido, e a culpa não será de ninguém a não ser sua. Você é responsável por tomar uma posição em favor de si mesmo. Ninguém mais estabelecerá os limites que você precisa. Se você está cansado de se sentir controlado, comece a definir alguns limites. Se você permitiu que as pessoas fizessem as coisas do jeito delas o tempo todo, elas podem achar difícil quando você começar a estabelecer limites, mas você precisa perseverar e fazer isso para o bem delas, assim como para o seu próprio bem.

CONFRONTE O CONTROLE

Eu costumava ser extremamente controladora e manipuladora. Lembro-me especificamente de vários amigos cujas personalidades não eram tão fortes quanto a minha, e que eram pessoas tranquilas e adaptáveis. Eu era muito forte nas minhas interações com essas pessoas; mandava nelas e as controlava com a minha raiva. Elas sabiam que sofreriam rejeição da minha parte e que ouviriam palavras ásperas se me deixassem contrariada.

Hoje, quando olho para trás e penso nesses relacionamentos, fico pensando por que nenhuma dessas pessoas nunca me disse, "Cale a boca, Joyce! Cuide da sua vida; e pare de me dizer o que fazer com a minha!"? Realmente acredito que esse tipo de atitude teria me transformado muito mais cedo, se alguém simplesmente tivesse me confrontado. Se alguém estiver controlando você, não fique simplesmente zangado com essa pessoa, mas assuma a responsabilidade e a confronte. Certamente as pessoas não devem ser controladoras, mas você é tão culpado quanto elas por se permitir ser controlado. Embora elas possam ficar zangadas com você por confrontá-las, elas o respeitarão no fim.

O controle e a manipulação drenam nossa energia, nossa alegria, nossa vitalidade e sufocam nossa mente, nossa vontade, nossas emoções, nossa capacidade de relacionamento e outros aspectos da nossa vida. Se quisermos optar por desfrutar a vida, então devemos também optar por confrontar as pessoas que tentam nos controlar.

Como mencionei anteriormente, quando permitirmos que as pessoas nos controlem por certo tempo, confrontá-las pode ser muito difícil.

Pode ser difícil tanto para a pessoa que está confrontando quanto para aquela que está sendo confrontada. A pessoa que está confrontando não está acostumada a tomar uma posição de força perante o controlador, e o controlador pode não gostar disso! Mas o objetivo do confronto é expor a verdade do controle no relacionamento e depois quebrar hábitos e padrões de relacionamento estabelecidos. É necessário que se desenvolvam novos padrões de relacionamento entre essas pessoas com base no respeito mútuo; e isso requer tempo e esforço. A natureza carnal do controlador pode ter alguns ataques de raiva até que ele decida finalmente entender e aceitar que o relacionamento precisa mudar.

Quer você esteja sendo controlado por uma criança que grita na mercearia quando você não compra um doce para ela, ou por um pai idoso que tenta fazer com que você se sinta culpado por não fazer mais por ele, ou por um patrão que exige que você priorize o seu trabalho em detrimento da sua família, você precisa ser a pessoa que vai determinar o fim desse controle. O controlador não fará isso. Mas com a ajuda de Deus, você pode fazê-lo — e quando do o fizer, descobrirá que tem mais paz, mais alegria e mais força interior do que jamais imaginou.

> O objetivo do confronto é expor a verdade do controle no relacionamento e depois quebrar hábitos e padrões de relacionamento estabelecidos.

Não permita que o medo de perder um relacionamento faça com que você se submeta e se deixe ser controlado e manipulado. Qualquer relacionamento que valha a pena precisa ser um relacionamento de amor e respeito. Se alguém deve estar no controle, esse alguém é Deus, mas até mesmo Ele respeita o nosso direito de livre escolha. Deus guia, direciona e sugere, mas nunca força, controla ou manipula.

VIVA PARA AGRADAR A DEUS

O ganhador do prêmio Pulitzer, o jornalista Herbert B. Swope, disse: "Não posso lhe dar a fórmula para o sucesso, mas posso lhe dar a fórmula para o fracasso: tentar agradar a todos". Na verdade, tentar agradar às pessoas leva não apenas ao fracasso, mas a uma grande frustração. Colossenses 3:22 nos encoraja a procurarmos servir e agradar a Deus em tudo o que fizermos, e a não sermos pessoas que "agradam aos homens". Não podemos viver para agradar a Deus se procurarmos agradar às pessoas permitindo que elas nos controlem. Precisamos escolher servir a Deus ou a outro ser humano. Não podemos agradar a Deus e ao homem; não podemos servir a dois senhores. No entanto, muitas pessoas estão tentando servir a Deus enquanto também mantêm as pessoas que as cercam felizes. Isso não vai dar certo!

> Não podemos agradar a Deus e ao homem; não podemos servir a dois senhores.

A Bíblia trata desse assunto em diversas passagens. Jesus diz em João 12:42,43:

> "Ainda assim, muitos líderes dos judeus creram nele. Mas, por causa dos fariseus, não confessavam a sua fé, com medo de serem expulsos da sinagoga; *pois preferiam a aprovação dos homens do que a aprovação de Deus*" (ênfase da autora).

O apóstolo Paulo entendia que não podemos agradar a Deus e aos homens. Ele escreveu: "Acaso busco eu agora a aprovação dos homens ou a de Deus? (...) Se eu ainda estivesse procurando agradar a homens, não seria servo de Cristo" (Gálatas 1:10). Nesse versículo, Paulo está dizendo basicamente: "Se eu fosse alguém que agradasse aos homens, se estivesse tentando deixar todos os que me cercam felizes, não seria um apóstolo do Senhor Jesus Cristo. Deus não estaria me usando como está me usando. Eu não teria o discernimento espiritual e a compreensão que tenho nem seria capaz de ajudar as pessoas como faço". Em outras palavras, grande parte do destino de Paulo lhe teria sido roubado se ele tentasse agradar às pessoas em vez de agradar a Deus. Creio que o mesmo acontece com você. Deus tem um grande plano e um grande propósito para a sua vida, mas você terá de procurar agradar a Ele em vez de ficar servindo às pessoas se quiser realizar e desfrutar tudo que Ele tem para você. A Bíblia diz que devemos viver para agradar às pessoas, e até tentar nos adaptar a elas e às suas opiniões, mas isso não significa de modo algum que devemos desobedecer a Deus para obedecer ao homem.

Quero encorajá-lo hoje a se libertar da opinião, do julgamento, da crítica, das expectativas e dos pensamentos das pessoas a seu respeito. Não permita que os outros influenciem a sua vida de forma inadequada. Busque a Deus, siga a Ele, e seja fiel ao seu coração. Preocupe-se mais com o que Deus pensa do que com o que as pessoas pensam, e deseje a vontade Dele mais do que deseja ser popular. Faça as próprias escolhas e viva a própria vida, debaixo da direção do Espírito Santo.

Capítulo 23

Cultive Bons Hábitos

"Somos aquilo que fazemos repetidamente.
A excelência, portanto, não é um ato, mas um hábito".
— ARISTÓTELES

Um hábito, segundo o dicionário, é um "padrão adquirido de comportamento que se tornou quase involuntário em resultado da repetição frequente." Em outras palavras, hábitos são coisas que fizemos tantas vezes que podemos fazê-las sem pensar nelas. Podemos ter bons hábitos — como ter uma alimentação saudável, fazer exercícios regularmente, pagar nossas contas em dia, manter a casa limpa, ou passar tempo com a Palavra de Deus. Também podemos ter maus hábitos — como comer muita besteira, roer as unhas, não cuidar bem dos nossos pertences, ou assistir a programas de televisão que promovam valores e princípios que não procedem de Deus.

Lembre que os hábitos são formados por meio da repetição. O velho ditado é verdadeiro: "A prática leva à perfeição". Quando você tenta romper um mau hábito e desenvolver um bom, terá de se comprometer em repetir os seus novos pensamentos ou comportamentos regularmente. A princípio, não será fácil porque você não está acostumado com ele. Esse novo hábito terá de ser programado para ser incluído nas suas atitudes e nos seus atos para ser repetido por diversas vezes. Isso requer disciplina, é claro, mas posso lhe garantir que os benefícios de se quebrar maus hábitos e se cultivar bons hábitos valem o esforço.

NOVE HÁBITOS DE CRISTÃOS ALTAMENTE EFICIENTES

Uma das nossas responsabilidades como cristãos é viver de uma maneira que faça com que as outras pessoas tenham fome por um relacionamento com Jesus Cristo. Quando fazemos isso, estamos sendo eficazes como crentes, estamos dando frutos para o Reino de Deus, e estamos desfrutando nossa vida. Para termos êxito como cristãos, precisamos quebrar os nossos maus hábitos e desenvolver e manter bons hábitos, de modo que até o fim deste capítulo, vou enfocar nove hábitos de cristãos altamente eficientes.

1. Crie o Hábito de Passar Tempo com Deus. Creio que um dos melhores hábitos que uma pessoa pode ter é passar tempo com Deus regularmente. Esses momentos com Ele podem incluir oração, leitura e estudo da Bíblia; cantar ou ouvir louvores, ouvir em silêncio a Sua voz, ou outras maneiras de experimentar a Sua presença.

Davi, a quem a Bíblia chama de "um homem segundo o coração de Deus" (ver 1 Samuel 13:14), orava e tinha comunhão com Deus todas as manhãs. Ele escreveu: "De manhã ouves, Senhor, o meu clamor; de manhã te apresento a minha oração e aguardo com esperança" (Salmo 5:3). Ao lermos o livro de Salmos, em grande parte escrito por Davi, vemos que ele também orava ao meio-dia e à noite. Ele tinha um estilo e vida de oração contínua e de comunhão com Deus.

Quando pensamos em oração e em passar tempo com Deus, precisamos nos lembrar de que isso é um privilégio. Não é um fardo ou uma obrigação, mas uma grande honra, porque é o que conecta simples corações humanos com o tremendo poder de Deus. O resultado das nossas orações, de acordo com Tiago 5:16, é que um "tremendo poder" é colocado à nossa disposição.

O inimigo sabe a dimensão do poder que é liberado do céu para a terra quando os crentes oram, de modo que ele faz todo o possível para nos impedir de passarmos tempo com Deus. Ele sabe que nos tornamos altamente eficazes como cristãos quando oramos, por isso tenta nos distrair, nos manter ocupados demais para orarmos, ou nos convencer de que Deus não está ouvindo nossas orações. Tudo isso é mentira. Não acredite nisso, mas faça do seu tempo com Deus em oração cheia de fé uma prioridade.

Além de orar, também precisamos separar tempo para ler e estudar a Bíblia. Já enfatizei a importância da Palavra de Deus neste livro, portanto, encorajo você a reler os capítulos "Comece Cada Dia com Deus" e "Siga as Instruções" para ter um maior discernimento sobre a verdade e o poder transformador da Palavra.

Quero chamar a sua atenção para dois versículos específicos que nos ensinam como a Palavra trabalha em nossa vida. 2 Coríntios 3:18 diz: "E todos nós, que com a face descoberta contemplamos a glória do Senhor, segundo *a sua* imagem estamos sendo transformados com glória cada vez maior, a qual vem do Senhor, que é o Espírito". Em outras palavras, por continuarmos a estudar a Palavra de Deus, estamos sendo constantemente transformados, e transformados para melhor.

> Passar tempo com Deus fará com que você olhe com esperança e expectativa para o seu futuro.

Também quero lembrá-lo sobre o que Jesus disse em João 8:31,32: "Se vocês permanecerem firmes na minha palavra, verdadeiramente serão meus discípulos. E conhecerão a verdade, e a verdade os libertará". Criar o hábito de viver segundo a Palavra de Deus o capacitará a conhecer a verdade, que o libertará de todo tipo de cativeiro que afete sua vida.

Repito: um dos melhores hábitos que você pode desenvolver é passar tempo com Deus. Ore, leia a Sua Palavra, estude-a, e ouça a Sua voz. Proteja o seu relacionamento com Ele com cuidado e certifique-se de que ele se torne um hábito forte em sua vida. Passar tempo com Deus aumentará a sua alegria e fará com que você olhe com esperança e expectativa para o seu futuro. Na Sua Presença há plenitude de alegria (ver Salmo 16:11).

2. Crie o Hábito de Manter Sua Consciência Limpa. Nada pode nos impedir de desfrutar a vida tanto quanto o fato de nos sentirmos culpados o tempo todo. Na verdade, Jesus morreu para perdoar os nossos pecados e para nos purificar de toda culpa e condenação. Toda vez que fazemos algo errado e nos arrependemos sinceramente, Ele nos perdoa completamente e esquece o nosso pecado. Portanto, não temos motivos para viver nos sentindo culpados.

Uma das melhores maneiras de evitar uma consciência culpada é fazer o melhor possível para fazer o que é certo. Em Atos 24:16, Paulo disse: "Por isso procuro sempre me exercitar e me disciplinar [mortificando o meu corpo, fazendo morrer as minhas inclinações carnais, os meus apetites carnais, e os meus desejos mundanos, esforçando-me em todos os aspectos] para conservar minha consciência limpa [inculpável, inabalável] diante de Deus e dos homens" (AMP). Ele fazia tudo que podia para fazer as escolhas certas, a fim de não ter de ficar com a consciência culpada; ele se disciplinava para não se sentir culpado mais tarde.

Ninguém é perfeito; independentemente do quanto tentemos ser inocentes, certamente iremos pecar. Quando isso acontecer, precisamos lembrar que o perdão está sempre disponível através de Jesus Cristo. Se a nossa consciência estiver culpada por sabermos que não tratamos uma pessoa corretamente, devemos admiti-lo sem tentar nos justificar, pedir desculpas, e pedir a Deus e à pessoa que ofendemos que nos perdoe.

> Uma das melhores maneiras de evitar uma consciência culpada é fazer o melhor possível para fazer o que é certo.

Se você quiser ter uma maneira infalível de impedir que você se sinta culpado, se você não puder fazer o que está para fazer por fé (com confiança), não o faça (veja Romanos 14:23)! Quando você está cheio de culpa e condenação, você não pode ser eficaz para Deus, nem pode desfrutar sua vida; mas quando você está andando na confiança do perdão e com a consciência limpa, você se sente livre e feliz, e Ele o usará de uma maneira impressionante.

3. Crie o Hábito de Viver por Fé, Um Dia de Cada Vez. Algumas pessoas questionariam se a fé pode ou não ser um hábito. Essas são as pessoas que encaram a fé como uma dinâmica espiritual e etérea, reservada para os monges e místicos. Creio que a fé pode definitivamente ser um hábito porque, longe de ser algo místico, a fé é extremamente prática e é um hábito inestimável a ser cultivado na nossa vida diária.

Resumindo, fé é confiança e certeza; ela é uma atitude positiva (que certamente pode se tornar um hábito) e uma confiança básica, fundamental em Deus com relação a cada aspecto da vida. A fé nos reveste de poder para sermos otimistas e esperançosos com relação ao que não podemos ver (ver Hebreus 11:1), e ela cria o hábito de sabermos que o que podemos ver neste mundo e nas circunstâncias dele não são nem de longe tão poderosos quanto Deus, a quem não vemos.

> A fé é uma visão positiva de Deus e da Sua capacidade e disposição de nos ajudar; e a fé sempre espera que algo de bom aconteça.

A fé é uma visão positiva de Deus e da Sua capacidade e disposição de nos ajudar; e a fé sempre espera que algo de bom aconteça (ver Salmo 27:13,14). A fé acredita que a Palavra de Deus é superior aos pensamentos, raciocínios ou sentimentos humanos, e se apega à verdade da Sua Palavra, aconteça o que acontecer. Crer em Deus libera alegria e paz em nossa vida (ver Romanos 15:13).

Quando vivemos por fé, encaramos a vida um dia de cada vez, confiando em Deus em tudo que acontece. Gosto de dizer: "A fé confia em Deus no hoje e no amanhã". A fé acredita que amanhã haverá graça para o amanhã.

4. Crie o Hábito de Fazer o Seu Melhor. Andrew Carnegie, que fez fortuna na indústria do aço, observou: "As pessoas que são incapazes de motivar a si mesmas devem se contentar com a mediocridade, sejam quais forem os seus talentos". Creio que a mediocridade é inaceitável para um cristão. Precisamos ser motivados à excelência e ao nosso melhor em tudo que fizermos. Deus é um Deus excelente; tudo que Ele faz é de primeira classe, e Ele nunca dá menos que o Seu melhor. Como Seus representantes, devemos ser excelentes também. Paulo nos estimula a "aprender a discernir o que é vital, e aprovar e valorizar o que é excelente e de real valor" (Filipenses 1:10, AMP). À medida que vencermos a mediocridade e fizermos da excelência um hábito em nossa vida, sentiremos a alegria de Deus e seremos bons exemplos para o mundo.

Uma maneira de garantir que façamos o nosso melhor e que nos empenhemos na busca da excelência nas situações da vida diária é seguir Mateus 7:12, que costuma ser chamado de "A Regra de Ouro": "Assim, em tudo, façam aos outros o que vocês querem que eles lhes façam". Em outras palavras, trate os outros como você gostaria de ser tratado. Eis algumas formas práticas de fazer isso na vida diária:

- Não deixe coisas desarrumadas ou sujas para os outros limparem.
- Não utilize o último gole de café da garrafa térmica, o último papel da copiadora, ou o último pedaço de papel higiênico do rolo sem substituí-lo.
- Não estacione em vagas para deficientes se você não é um deles.
- Não bata no carro de alguém em um estacionamento sem deixar os seus dados para contato.
- Diga "por favor" e "obrigado".
- Sorria.
- Não interrompa as pessoas quando elas estiverem falando, a não ser que seja uma emergência.
- Não tire as migalhas da mesa e jogue-as no chão.
- Não minta em hipótese alguma.
- Não seja desonesto em hipótese alguma.
- Não leve material de escritório do seu trabalho para casa (caneta, papel, clips de papel, elástico etc.).
- Não faça cópias de materiais para o seu estudo bíblico ou escola dominical na copiadora do seu trabalho sem permissão.
- Se você vai limpar alguma coisa, faça isso com perfeição.
- Faça com que as pessoas se sintam valorizadas.

Essa lista poderia continuar sem parar. Estou certa de que você sabe como gosta de ser tratado, portanto, apenas lembre-se disso quando interagir com outras pessoas. Tudo que fazemos é uma semente que plantamos. Precisamos ser determinados a sermos excelentes se quisermos ter uma colheita excelente, o que significa que teremos de resistir à tentação de vivermos uma vida medíocre. Se formos excelentes em todos os aspectos, seremos cristãos altamente eficazes.

5. Crie o Hábito de Lidar com a Crítica da Maneira de Deus. Elbert Hubbard, um escritor norte-americano, disse: "A prova final da grandeza está em ser capaz de suportar a crítica sem ressentimento", e acredito que é verdade. Toda pessoa que realmente tem êxito na vida precisa lidar com a crítica. Às vezes a crítica vem de pessoas que não entendem o que estamos fazendo, que não podem ver a visão que estamos vendo, ou que sentem inveja do nosso sucesso. Seja qual for sua origem, a crítica pode ser dolorosa, mas aprender a lidar com ela da maneira de Deus é sempre um grande testemunho para as pessoas que nos cercam.

Em Mateus 10:10-14, Jesus diz aos Seus discípulos como lidar com a crítica ou com as pessoas que não queriam receber a mensagem que eles transmitiam. O conselho de Jesus é: "Sacudam a poeira". Ele diz: "Se alguém não os receber nem ouvir suas palavras, sacudam a poeira dos pés, quando saírem daquela casa ou cidade" (v. 14).

O próprio Jesus era constantemente criticado, e Ele costumava ignorar isso (ver Mateus 27:11,12). Geralmente, a melhor maneira de reagir à crítica é não dizer nada. Quando você precisar responder, eis algumas sugestões para lidar com a crítica à maneira de Deus:

- Não fique na defensiva. Lembre-se: Deus é a sua defesa. Ele é o seu vingador.
- Não fique aborrecido ou irritado. Mantenha a sua paz, porque a paz nos dá poder.
- Não caia na armadilha do orgulho, dizendo: "Como essa pessoa ousa me criticar?".
- Não revide fazendo críticas aos seus críticos.
- Não presuma que aquele que o critica esteja errado sem estar disposto a examinar a si mesmo.
- Não presuma que aquele que o critica esteja certo nem comece a se sentir culpado sem consultar Deus.
- Perdoe totalmente. Crie o hábito de perdoar rapidamente, antes que os sentimentos negativos criem raízes no seu coração.
- Agradeça àqueles que o criticam, porque eles podem fazer mais por você do que aqueles que sempre concordam com você.

Crie o hábito de confiar em Deus para cuidar da sua reputação. Quando você for criticado, responda de uma maneira que honre a Deus. A Bíblia diz que somente um tolo odeia a correção, e embora eu acredite que isso é verdade, devo dizer que em minha vida só conheci uma pessoa que posso dizer que apreciava sinceramente a correção, e não sou eu, embora gostaria de poder dizer que sou. Provavelmente, como a maioria de vocês, estou em algum lugar entre aqueles que odeiam a correção e aqueles que a amam, mas estou me esforçando para ter uma atitude positiva para com a correção, assim como para com todas as outras situações da vida.

> Uma das qualidades que distinguem os crentes deste mundo é a capacidade de ter paz interior.

6. Crie o Hábito de Praticar a Paz. Tomás de Kempis, um sacerdote e escritor alemão que viveu por volta da virada do século V, escreveu: "Primeiramente, mantenha a paz consigo mesmo, então você poderá também levar a paz aos outros". As pessoas ao nosso redor estão angustiadas; elas precisam de paz. Não precisamos ir mais longe do que a Internet, o noticiário diário, ou a sala de descanso em nosso trabalho para ouvir sobre pessoas que estão aborrecidas ou ofendidas. Uma das qualidades que distinguem os crentes deste mundo é a capacidade de ter paz interior. Mesmo quando as circunstâncias são difíceis ou assustadoras, ou quando as pessoas se sentem justificadas por estarem furiosas, podemos ter paz em nosso coração.

Em João 14:27, Jesus deixa claro que a paz está disponível a nós: "Deixo-lhes a paz; a minha paz lhes dou. Não a dou como o mundo a dá. Não se perturbe o seu coração, nem tenham medo". Vemos a partir deste versículo que a paz é uma escolha. Podemos nos permitir ficar "agitados e perturbados" ou não. Jesus diz que podemos nos permitir ficar temerosos e inquietos — ou podemos escolher ficar em paz.

Anos atrás, eu tinha o hábito de ficar angustiada com cada pequena coisa que não acontecesse do meu jeito. Realmente tinha ataques, fazendo com que todos ao meu redor ficassem infelizes, inclusive eu mesma. Agora, criei o hábito de permanecer calma e em paz. Jesus diz em Mateus 5:9: "Bem-aventurados os pacificadores, pois serão chamados filhos de Deus". Quando criamos e mantemos a paz ao nosso redor, e quando nos tornamos pessoas pacíficas habitualmente, as pessoas sabem que pertencemos a Deus e nos tornamos muito eficazes como crentes.

7. Crie o Hábito de Terminar o Que Começar. Todos nós precisamos de um sentimento de propósito e de realização na vida. Precisamos saber que estamos progredindo e realmente concluindo as atividades quando investimos nelas nosso tempo e nossa energia. Precisamos ser diligentes para terminar o que começamos porque isso nos torna pessoas confiáveis. Quando começamos alguma atividade ou algum projeto e depois os deixamos inacabados, terminamos com uma sensação de fracasso e fazemos com que as outras pessoas sintam que não podem contar conosco.

A Bíblia ensina sobre a diligência, a estabilidade e a determinação — coisas que têm a ver com terminar o que começamos. Jesus nos dá um conselho maravilhoso na forma de uma pergunta quando Ele diz: "Qual de vocês, se quiser construir uma torre, primeiro não se assenta e calcula o preço, para ver se tem dinheiro suficiente para completá-la?" (Lucas 14:28). Ele prossegue dizendo: "Pois, se lançar o alicerce e não for capaz de terminá-la, todos os que a virem rirão dele, dizendo: 'Este homem começou a construir e não foi capaz de terminar'" (vv. 29,30). Evidentemente, nossa capacidade de terminar o que começamos comunica muitas coisas às pessoas que nos cercam. Precisamos ser cuidadosos e ponderados antes de nos comprometermos com alguma coisa, garantindo que quando começarmos algo poderemos ir até o fim. Terminar o que começamos faz parte de sermos pessoas de excelência, integridade e eficácia.

> Precisamos ser cuidadosos e ponderados antes de nos comprometermos com alguma coisa, garantindo que quando começarmos algo poderemos ir até o fim.

8. Crie o Hábito de Viver de Acordo com o Seu Discernimento. A vida consiste em mais do que podemos ver — principalmente com nossos olhos naturais. As coisas nem sempre são o que parecem ser, portanto, precisamos aprender a ter discernimento. Definindo a palavra de forma simples, *discernimento* é entendimento espiritual, e desenvolvê-lo requer prática. À medida que crescemos no nosso entendimento da Palavra de Deus e em nosso relacionamento com Ele, também crescemos na nossa capacidade de discernir.

Para vivermos segundo o discernimento, precisamos prestar atenção ao nosso coração. Precisamos saber quando sentimos no nosso coração que alguma coisa não está certa. Por exemplo, digamos que um empresário esteja procurando certo tipo de oportunidade de negócio por algum tempo e finalmente se apresente uma boa condição. Enquanto ele analisa a documentação, a negociação parecer ser sólida. Mas quando começa a orar sobre entrar no negócio, ele sente que não deve fazê-lo. Embora tudo pareça estar em ordem, ele simplesmente não sente paz a respeito do acordo. Quanto mais ora, mais ele sente que não deve fechar o negócio com as pessoas envolvidas na negociação.

> À medida que crescemos no nosso entendimento da Palavra de Deus e em nosso relacionamento com Ele, também crescemos na nossa capacidade de discernir.

Esse homem está olhando além dos elementos naturais do negócio e está usando o seu discernimento.

A melhor maneira de ajudá-lo a aprender a viver de acordo com o seu discernimento é dando-lhe este simples conselho: se você não sente paz a respeito de alguma coisa no seu coração, não o faça. Você pode descobrir mais tarde por que não se sentia em paz, ou talvez nunca descubra o motivo. De uma forma ou outra, você pode ficar em paz sabendo que usou o seu discernimento em vez de tomar decisões com base na sua mente, nas suas emoções ou nas circunstâncias naturais. O discernimento é um dom precioso de Deus que nos ajudará a evitar muitos problemas na vida se dermos atenção a ele.

Capítulo 23

9. Crie o Hábito de Ser Generoso. O mundo está cheio de pessoas egoístas, mesquinhas e gananciosas. Mas Deus quer que sejamos generosos. Na verdade, 2 Coríntios 9:7 diz: "Cada um dê conforme determinou em seu coração, não com pesar ou por obrigação, pois Deus ama quem dá com alegria".

O magnata do petróleo John D. Rockefeller era um dos homens mais ricos de sua época, mas ele entendeu a importância da generosidade e procurava conscientizar as pessoas: "Pense em dar não como uma obrigação, mas como um privilégio". Concordo com essa afirmação de todo o coração, e sei que é um bom conselho. Descobri que poucas coisas na vida são mais recompensadoras do que ajudar pessoas. Deixe-me encorajá-lo a se tornar alguém que tem prazer em dar e a desenvolver o hábito de dar de todas as maneiras que você possa imaginar. Por exemplo:

- Dê ajuda
- Dê encorajamento
- Dê elogios
- Dê dinheiro
- Dê presentes
- Dê mais de si mesmo
- Dê tempo
- Dê seus talentos e suas capacidades
- Dê perdão

Dar deixa o diabo furioso. Ele quer que sejamos egoístas, egocêntricos, mesquinhos e gananciosos. As pessoas egocêntricas são as mais infelizes e improdutivas da terra, e os cristãos egoístas são inúteis e infrutíferos no Reino de Deus. Mas aqueles que dão com alegria e generosidade são felizes, realizados e altamente eficazes.

226

Capítulo 24

Deixe Deus Assumir a Direção

"Você não precisa ver toda a escada,
apenas suba o primeiro degrau".
— **MARTIN LUTHER KING, JR.**

Creio que um dos segredos para desfrutarmos nossa vida é deixar que Deus nos guie em vez de tentarmos seguir o próprio caminho na vida. Saber que estamos em parceria com Deus em tudo o que fazemos é extremamente recompensador. Somos limitados no nosso entendimento do que é melhor para nós, mas Deus sabe, e Ele nos guiará. Somos incapazes de ver o futuro, mesmo com relação à próxima semana ou ao próximo ano, mas Deus pode ver cada dia do resto de nossa vida. Não sabemos que experiências, oportunidades ou de que habilidades necessitaremos para cumprir o plano de Deus para nossa vida, mas Ele sabe e nos dá essas coisas. Não podemos perceber o que nos satisfará e o que nos fará realmente felizes, mas Deus sabe exatamente como nos abençoar e exatamente o que precisamos para vivermos uma vida ricamente recompensadora e para sermos plenamente satisfeitos.

Deixe-me perguntar: Você está seguindo a Deus ou está tentando fazer com que Ele siga você? Se insistirmos em tentar fazer as coisas do nosso jeito, e seguir o nosso raciocínio humano, Deus permitirá que façamos isso, mas podemos terminar infelizes. Se, em vez disso, decidirmos deixar que Deus nos conduza a cada dia e em cada situação — um passo de cada vez —, teremos uma vida frutífera, e teremos a graça, a paz e a alegria que só têm aqueles que O seguem.

Capítulo 24

OS SENTIMENTOS SÃO INSTÁVEIS

Muitas pessoas permitem que seus sentimentos as dirijam a cada dia. Elas tomam decisões sobre o que fazer, aonde ir, e com quem passar seu tempo com base nos seus sentimentos. Elas dizem coisas do tipo: "Bem, estou com vontade de ficar deitada no sofá o dia inteiro, então é isso que farei hoje", ou "Não estou com vontade de ir trabalhar hoje, então vou telefonar e dizer que estou doente", ou "Não estou com vontade de visitar minha avó no asilo hoje, por isso acho que irei na semana que vem se tiver vontade". Seguir nosso sentimento pode nos dar uma felicidade temporária, mas nunca nos dará uma alegria permanente.

O problema com os sentimentos é que eles são instáveis; eles simplesmente não são confiáveis. Os sentimentos baseiam-se nas emoções, e eles sobem e descem como uma montanha-russa. Na segunda-feira pela manhã, um homem pode sentir que vai amar uma mulher para sempre, mas na segunda-feira à noite ele sente que ela o está sufocando. Em uma semana, um casal pode sentir que está pronto para ter um filho, mas na semana seguinte eles podem sentir que não querem assumir a responsabilidade de serem pais. Uma mulher pode sentir que quer pintar os cabelos de vermelho quando entra em um salão de beleza, mas assim que entra outra cliente com os cabelos vermelhos, ela sente que quer ser loura.

> O problema com os sentimentos é que eles são instáveis; eles simplesmente não são confiáveis.

Para onde quer que olhemos, as pessoas estão levando a vida de acordo com os sentimentos! Ao nosso redor, ouvimos o coro constante: "Estou feliz! Estou triste! Estou deprimido! Sinto-me bem! Sinto-me mal!".

"Sinto isso, sinto aquilo". Essa não é a maneira de se levar uma vida de sucesso, uma vida agradável e produtiva. Os sentimentos e as emoções fazem parte da alma da pessoa, e não do seu espírito. A alma procura satisfazer a si mesma e aos seus desejos carnais, mas o espírito de uma pessoa anseia por agradar a Deus porque é Nele que o Espírito de Deus habita. Deus fala conosco e nos direciona através do nosso espírito, de modo que precisamos edificar a nossa força espiritual em vez de alimentarmos nossa alma permitindo que nossos sentimentos nos guiem.

Hebreus 4:12 diz: "Pois a palavra de Deus é viva e eficaz, e mais afiada que qualquer espada de dois gumes; ela penetra ao ponto de dividir alma e espírito, juntas e medulas, e julga os pensamentos e intenções do coração". Em outras palavras, a Palavra de Deus pode nos ajudar a distinguir entre o que é carnal ou da alma e o que é espiritual. Precisamos saber a diferença para que possamos seguir a Deus e não permitir que nossos sentimentos nos guiem.

De acordo com Gálatas 5:17, "Os desejos da carne são opostos ao Espírito (Santo), e os desejos do Espírito são opostos à carne (a natureza humana sem Deus); pois são antagônicos entre si (estão continuamente opostos e em conflito), para que você não seja livre, mas seja impedido de fazer o que deseja" (AMP, ênfase da autora). Seguir a carne pode ser tentador às vezes, mas no fim, impedirá que você faça o que realmente quer fazer. No entanto, à medida que seguir o Espírito de Deus, você será livre para experimentar e desfrutar as coisas que Ele sabe que você anseia no fundo do seu coração.

> A Palavra de Deus pode nos ajudar a distinguir entre o que é carnal ou da alma e o que é espiritual.

Certamente não estou encorajando-o a negar os seus sentimentos, porque isso não é saudável. Estou apenas estimulando você a não permitir que eles controlem sua vida ou ditem suas decisões. Em vez disso, reconheça os seus sentimentos, mas entenda que eles são apenas sentimentos. Em seguida, ore, busque a Deus, e permita que Ele seja o seu guia.

OUÇA A VOZ DE DEUS

Deus promete nos conduzir e nos guiar. Ele diz em Isaías 30:21: "Quer você se volte para a direita quer para a esquerda, uma voz atrás de você lhe dirá: 'Este é o caminho; siga-o'".

Precisamos escolher ouvir a Deus porque Ele falará conosco. Precisamos fazer silenciar todos os ruídos em nossa vida e estar sensíveis à Sua voz mansa e suave. Sempre teremos de combater as vozes que tentam competir com Deus para ter a nossa obediência. Nossos sentimentos e nossa mentalidade tentam nos influenciar; nossos amigos e nossa família podem querer nos dizer o que fazer; o inimigo sussurra em nossa mente; o passado nos lembra de não cometermos os mesmos erros que cometemos antes; e as normas e os regulamentos do mundo tentam nos convencer de que precisamos segui-los. Nenhuma dessas vozes ou influências nos conduzirão à verdade e à vida. Só podemos confiar em Deus para nos dizer: "Este é o caminho, siga-o". Precisamos sintonizar nossos ouvidos à Sua voz, permanecendo em íntima comunhão com Ele por meio da oração, do estudo da Bíblia e da adoração, para podermos reconhecer a Sua voz quando Ele falar.

Na maior parte do tempo, Deus não fala conosco em uma voz audível. Nós O ouvimos no nosso coração. Às vezes Ele fala nos lembrando de uma verdade ou de um princípio da Sua Palavra; às vezes Ele nos dá pensamentos ou ideias que não poderíamos ter por nós mesmos; outras vezes simplesmente temos a estranha sensação de sabermos o que fazer.

> **Deus não apenas fala nas questões urgentes ou importantes da vida. Ele também nos guia nas situações aparentemente insignificantes.**

Deus não apenas fala nas questões urgentes ou importantes da vida. Ele também nos guia nas situações aparentemente insignificantes. Ele faz isso porque nos ama e quer nos guiar em todos os aspectos.

Por exemplo, eu estava a caminho de casa certo dia e pretendia parar para comprar um copo de café, quando tive a forte impressão de que devia ligar para minha secretária e ver se ela queria um copo também. Quando telefonei, ela disse "Eu estava parada aqui pensando: *Eu adoraria tomar uma boa xícara de café neste instante*". Como você pode ver, Deus queria dar a ela o desejo do seu coração, e Ele queria agir através de mim. Não ouvi uma voz alta, nem vi um anjo, nem tive uma visão; apenas tive uma sensação interior de que deveria oferecer a ela uma xícara de café. O resultado foi que ambas sentimos uma grande alegria ao saber que Deus cuida dos mínimos detalhes da nossa vida.

Frequentemente ignoramos coisas pequenas como essa. Quanto mais fazemos isso, mais difícil se torna desenvolvermos a sensibilidade ao Espírito Santo. Se eu tivesse ignorado aquele impulso em meu coração, a pior coisa que poderia ter acontecido seria ela dizer que não queria tomar café. Nesse caso, ela seria abençoada ao saber que eu estava pensando nela. Se alguém está no seu coração, eu o encorajo a orar por essa pessoa ou telefonar para ela e dizer: "Eu estava pensando em você". Você nunca sabe como algo aparentemente pequeno como um telefonema pode alterar o dia de uma pessoa ou talvez até mudar a vida de alguém. Quero encorajá-lo hoje a manter o seu coração sensível à voz de Deus. Ele falará ao seu coração e o conduzirá pelo caminho que você deve seguir. Não deixe que a desobediência, as distrações ou o barulho e o ritmo atarefado do mundo façam com que você deixe de ouvir Sua voz quando Ele falar, mas permaneça calmo e em paz no seu interior para poder ouvi-lo quando Ele falar com você. Lembre-se: cada vez que desobedecemos a Deus, fica mais difícil ouvi-lo da próxima vez; mas toda vez que obedecemos, fica mais fácil ouvir e ser guiado pelo Seu Espírito.

PROCURE PELA GRAÇA

No Antigo Testamento, Josué tinha o trabalho de guiar o povo de Deus, os israelitas, até à Terra Prometida. Os sacerdotes daquele tempo carregavam a arca, que levava e representava a presença de Deus, no início da procissão, e todo o povo os seguia. Em Josué 3:2,3, lemos: "Três dias depois, os oficiais percorreram o acampamento, e deram esta ordem ao povo: 'Quando virem a arca da aliança do Senhor, o seu Deus, e os sacerdotes levitas carregando a arca, saiam das suas posições e sigam-na'".

A ordem dos oficiais para que o povo seguisse a arca é semelhante à minha mensagem para você neste capítulo. Assim como eles encorajaram o povo a seguir a presença de Deus, eu o encorajo a seguir a Deus.

Você pode ter o coração voltado para seguir a Deus, mas não tem certeza de como fazer isso. Uma maneira é ouvindo-O falar ao seu coração,

Capítulo 24

como já mencionei. Outra maneira é seguindo a paz. Somente Deus pode lhe dar paz em seu coração, portanto, verifique sempre o seu coração quando você estiver tentando tomar uma decisão. Não faça nada que o deixe inquieto ou inseguro. Espere até chegar a uma decisão que lhe traga paz, e então você poderá avançar com confiança.

Uma terceira maneira de seguir a Deus é buscar a Sua graça sobre uma situação, um empreendimento ou uma decisão. Quando a graça de Deus está sobre alguma coisa, ela chega até nós facilmente e podemos ter a confiança de que Ele está dando a Sua aprovação. A graça é a habilidade de Deus que vem a nós e nos capacita a fazer alguma coisa com relativa facilidade. O projeto que estamos tentando empreender pode exigir esforço da nossa parte, mas não é um esforço grande, e somos cheios da confiança de que ele pode ser feito. Se a graça de Deus não está presente, tudo é difícil e frustrante. É como tentar fazer funcionar uma máquina enferrujada que não foi lubrificada por anos. Lembro-me de todos os anos em que tentei mudar a mim mesma e quanto mais eu tentava, mais frustrada ficava. Fracassei por não orar e pedir a Deus para fazer isso por Sua graça. Ele promete nos dar cada vez mais graça para nos ajudar a vencer todas as nossas tendências malignas se pedirmos isso a Ele em vez de nos esforçarmos para fazer isso sozinhos (ver Tiago 4:6).

Ter graça não remove todos os obstáculos do nosso caminho nem faz com que todos os desafios desapareçam. Talvez ainda tenhamos de lutar algumas batalhas, mas fazemos isso com a sensação clara de que Deus está do nosso lado, vencendo a batalha por nós. Quando a graça de Deus está sobre alguma coisa e nós O estamos seguindo, o impossível se torna possível pelo poder do Espírito Santo.

> A graça é a habilidade de Deus que vem a nós e nos capacita a fazer alguma coisa com relativa facilidade.

Depois de muitos anos, aprendi quando a graça de Deus está presente e quando não está. Parei de tentar realizar qualquer coisa sem a graça de Deus. Não quero mais ter de lutar, e estou certa de que você também não.

Às vezes queremos que as outras pessoas façam coisas que Deus não lhes deu a graça para fazer. Só porque achamos que as pessoas devem fazer certas coisas, isso não significa que Deus quer que elas as façam. Quando tento obrigar Dave a fazer alguma coisa que ele não tem a graça de Deus para fazer, tudo que isso gera são conflitos entre nós. A coisa certa que tenho a fazer é orar: "Deus, se é isto que o Senhor quer, eu Te peço que convença Dave e lhe dê graça para isso".

Às vezes, tudo a respeito de uma situação parece certo, mas parece que não há graça — a capacidade sobrenatural — para realizá-la naquele momento. Parte da arte de seguir a Deus tem a ver com trabalhar com o tempo Dele e sentir não apenas a Sua graça para realizar alguma coisa, mas também a Sua graça quanto ao momento certo para fazê-lo. Nessas situações, oro: "Deus, creio que esta é a coisa certa a fazer, mas o momento parece que não é este. Mostra-me quando for o momento certo".

Eu costumava fazer tudo no meu tempo, sempre que achava que era a hora certa. Se sentisse vontade de fazer um comentário com alguém, eu o fazia. Se quisesse falar sobre algum assunto com Dave em dado momento, eu forçava a conversa naquele mesmo instante.

Mas agora aprendi a ser mais sensível à direção do Espírito Santo. Procuro pela Sua graça não apenas com relação às situações, mas também com relação ao momento certo. Às vezes posso sentir em meu coração que devo simplesmente esperar alguns instantes, talvez horas, dias ou semanas. Nem sempre entendo por que preciso esperar; simplesmente sei em meu coração que preciso fazer com que minhas palavras ou minhas ações aguardem até que eu me sinta livre para falar ou agir.

> Aprenda a seguir a direção de Deus procurando por Sua graça nas questões da sua vida diária. Observe para ver onde Ele está ajudando-o, falando com você, lutando por você, e facilitando as coisas para você.

Aprenda a seguir a direção de Deus procurando por Sua graça nas questões da sua vida diária. Observe para ver onde Ele está ajudando-o, falando com você, lutando por você, e facilitando as coisas para você. Sempre que Ele tornar possível o impossível, sempre que as Suas habilidades sobrenaturais estiverem evidentes nas circunstâncias naturais, a Sua graça está presente.

Capítulo 24

ESCOLHA SEGUIR A DEUS

O Salmo 32:8,9 emite um chamado claro para escolhermos seguir a Deus: "Eu o instruirei e o ensinarei no caminho que você deve seguir; eu o aconselharei e cuidarei de você. Não sejam como o cavalo ou o burro, que não têm entendimento, mas precisam ser controlados com freios e rédeas, caso contrário não obedecem". Nesses versículos, Deus deixa claro o Seu desejo de nos guiar e nos conduzir, mas também nos diz para não sermos obstinados. Precisamos segui-lo de boa vontade e com alegria.

Lemos uma mensagem semelhante em Isaías 30:15,16: "Diz o Soberano, o Senhor, o Santo de Israel: No arrependimento e no descanso está a salvação de vocês, na quietude e na confiança está o seu vigor, mas vocês não quiseram. Vocês disseram: 'Não, nós vamos fugir a cavalo'. E fugirão! Vocês disseram: 'Cavalgaremos cavalos velozes'. Velozes serão os seus perseguidores!". Aqui, Deus está dizendo basicamente: "Tentei conduzir vocês. Eu lhes disse o caminho a seguir. Eu lhes disse o que fazer — e vocês não quiseram fazê-lo. Vocês insistiram em fazer as coisas do seu jeito!". Como resultado, os inimigos do povo o perseguiram velozmente. Isso acontece quando escolhemos seguir o próprio caminho em vez de seguir a Deus.

Trabalhei em uma igreja em St. Louis durante cinco anos. Eu realmente gostava do meu emprego ali, mas chegou a hora em que Deus quis que eu seguisse em frente para algo novo. Ele me disse: *Agora quero que você pegue este ministério e vá para o norte, o sul, o leste e o oeste. Não preciso mais de você aqui, quero que você saia deste lugar.*

> Deus não vai nos forçar a segui-lo. Ele nos dá o dom da escolha, de modo que possamos decidir se vamos obedecer ou não à Sua direção.

Ora, aquele lugar foi onde o meu ministério começou. Eu tinha um emprego que me realizava, um pagamento regular, e meu nome na sala do escritório. Mas Deus disse: *A minha obra com você aqui terminou.*

Como é possível? Perguntei-me. *Afinal, sou um pilar desta igreja. Como este lugar pode funcionar sem mim?*

Continuei trabalhando na igreja por um ano inteiro depois que Deus me disse para sair, e aquele ano foi simplesmente péssimo. Eu não entendia por que estava tão infeliz, por que parecia que não havia nenhuma graça para fazer o que eu tinha imensa graça para fazer nos anos anteriores.

Finalmente, certa manhã, clamei a Deus: "Deus, o que está errado?".

Ele falou ao meu coração: *Joyce, eu lhe disse há um ano para sair e você ainda está aí.* Isso foi tudo que Ele disse.

Deus não vai nos forçar a segui-lo. Ele nos dá o dom da escolha, de modo que possamos decidir se vamos obedecer ou não à Sua direção. Ele falará; Ele direcionará; Ele conduzirá. Ele deixará bem claro os Seus planos e Seus desejos. Mas Ele não nos imporá a Sua vontade; precisamos escolher segui-lo consciente e voluntariamente.

Capítulo 25

Espere Receber Abundantemente

"Não é o que possuímos, mas o que desfrutamos,
que constitui a nossa abundância".
— JOHN PETIT-SENN

Deus é um Deus de abundância. Segundo Efésios 3:20, Ele é "Aquele que é capaz de fazer infinitamente mais do que tudo o que pedimos ou pensamos, de acordo com o seu poder que atua em nós". Lembre-se, um dos motivos pelos quais Jesus veio à terra foi para que nós "tivéssemos e desfrutássemos vida e *vida em abundância* (ao máximo, até transbordar)" (João 10:10, AMP, ênfase da autora). Recebemos as promessas de Deus ao crermos nelas, portanto, assegure-se de crer na abundância em sua vida.

Uma das chaves para desfrutarmos a vida é entender que Deus nos ama incondicionalmente e quer nos abençoar abundantemente. Jamais desfrutaremos nossa vida se tentarmos merecer o Seu afeto e o Seu favor. A bondade de Deus simplesmente não está à venda; ela só vem a nós como um dom — gratuito e imerecido. Não podemos conquistar o amor, a graça, o perdão, a provisão ou a bondade de Deus; esses dons só podem ser recebidos pela fé. Talvez você tenha ouvido o velho ditado: "A graça é a riqueza de Deus paga por Cristo". É verdade! Jesus, por meio da Sua morte na cruz, pagou cada dívida que pudéssemos ter. Não precisamos lutar, nos esforçar ou tentar merecer ou "comprar" nada de Deus. Os Seus dons são gratuitos. A salvação é gratuita. A graça é gratuita. O favor é gratuito. A misericórdia é gratuita. O perdão é gratuito. Simplesmente temos de aprender a receber o que já foi comprado para nós e que agora nos pertence.

CONSEGUIR OU RECEBER?

Geralmente perguntamos às pessoas se elas "conseguiram" alguma coisa, principalmente quando falamos de assuntos espirituais. Queremos saber: "Você conseguiu uma transformação em sua vida?" ou "Você conseguiu a sua bênção?". Não creio que a ideia de "conseguir" algo de Deus seja bíblica. Deixe-me explicar.

A Bíblia nos ensina que devemos *receber* e não *conseguir*. Você pergunta: "Qual é a diferença?". Bem, a diferença entre conseguir e receber é significativa. "Conseguir" significa "obter por meio de luta e esforço". Eu lhe garanto que se as coisas que você tem chegaram a você por meio de luta e de esforço, você não está desfrutando a vida.

> Quando tudo na vida requer esforço, a vida se torna frustrante e exaustiva — e não foi esse tipo de vida abundante que Jesus veio nos dar.

Quando tudo na vida requer esforço, a vida se torna frustrante e exaustiva — e não foi esse tipo de vida abundante que Jesus veio nos dar. Na verdade, Deus quer que vivamos com uma tranquilidade santa, uma graça que nos impede de nos esforçarmos e de lutarmos por toda e qualquer coisa na vida. Isso não significa que tudo será fácil, mas significa que até as coisas difíceis podem ser feitas com uma sensação da presença e da ajuda de Deus.

"Conseguir" coloca sobre nós o fardo de termos de calcular as coisas, de manipular as circunstâncias, e de tentar forçar as situações para que elas deem determinado resultado. Receber, por outro lado, significa que atuamos como receptáculos e simplesmente aceitamos o que nos está sendo oferecido gratuitamente. Não precisamos nos esforçar; simplesmente relaxamos e desfrutamos aquilo que vem até nós.

Costumo dedicar tempo em minhas conferências para ensinar as pessoas a "receberem" de Deus em vez de lutarem para "conseguir" que as suas necessidades sejam atendidas. Digo a elas para relaxarem e dedicarem tempo para receberem por fé o que pediram a Deus e depois acreditarem que já o possuem — e aquilo se manifestará na vida. Muitas

Capítulo 25

pessoas não sabem como receber de outras pessoas ou como receber de Deus. Certamente você conhece pessoas que têm dificuldades para receber. Elas recusam ajuda; elas não querem que ninguém faça nada de bom para elas e ficam constrangidas quando as pessoas tentam ajudá-las ou serem boas para com elas.

A incapacidade de receber geralmente tem suas raízes na insegurança e em uma autoimagem negativa. Outro dia, ofereci a um adolescente que estava me visitando com outra pessoa algo para comer, e convidei-o a se sentar e assistir a um programa de televisão comigo. Eu sabia que ele estava com fome e que gostaria de ter aquele tempo comigo, mas ele respondeu dizendo: "Não, estou bem". Tive de dizer a ele pelo menos três vezes que ele era bem-vindo para comer e se sentar comigo e que eu gostaria de ter a companhia dele. Finalmente, ele disse: "Bem, estou com um pouco de fome e provavelmente virei daqui a pouco para assistir à televisão".

Esse jovem em especial tem uma história de insegurança e por isso é incapaz de acreditar imediatamente que as pessoas possam querer fazer alguma coisa agradável para ele. Ele não quer parecer alguém necessitado e prefere agir como se não tivesse necessidade alguma e não precisasse da ajuda de ninguém.

> **Deus quer nos dar muito mais do que podemos imaginar.**

Deus quer nos dar muito mais do que podemos imaginar. Ele está esperando para derramar bênçãos em nossa vida, e precisamos saber como receber — tanto Dele quanto de outros. Às vezes Deus opera milagrosamente para atender às nossas necessidades, mas Ele frequentemente opera através de outras pessoas. Se oramos pedindo ajuda, precisamos deixar Deus escolher como e através de quem Ele a enviará. Não devemos ficar constrangidos por estarmos necessitados, porque todos nós somos necessitados de uma forma ou outra. Deus não planejou que fossemos tão independentes a ponto de nunca precisarmos de ajuda.

MENDIGOS OU CRENTES?

Uma maneira de receber é simplesmente acreditar que Deus quer nos abençoar abundantemente, não porque achamos que merecemos ser abençoados, mas porque Ele é um Deus bom, generoso e amoroso. Muitas vezes, nós nos relacionamos com Ele como mendigos e não como crentes. Em vez de acreditarmos que Ele é bom e quer nos abençoar, começamos a implorar que Ele nos dê algo ou que faça algo para nós. A Palavra de Deus diz que devemos nos chegar com ousadia diante do Seu trono de graça e receber a ajuda de que precisamos (ver Hebreus 4:16).

Muitas vezes, Deus quer nos dar exatamente o que estamos pedindo e muito mais, mas isso não acontece porque não sabemos como receber. Conheci muitas pessoas que pedem a Deus que as perdoe e, no entanto, nunca recebem o perdão que Ele oferece tão gratuitamente. Às vezes elas passam anos dizendo: "Ah, Deus, perdoa-me. Deus, perdoa-me. Deus, por favor, perdoa-me. Perdoa-me, Deus. Perdoa-me. Perdoa-me". A verdade é que elas foram perdoadas! O perdão pertence a todo crente. Jesus pagou pelo nosso perdão com a Sua vida. Não temos de implorar por ele; precisamos simplesmente confiar na obra da Cruz, crer que ela nos pertence, e começar a dizer do fundo do nosso coração: "Senhor, eu Te agradeço pelo Teu perdão. Eu recebo o Teu perdão como um presente".

> Muitas vezes, Deus quer nos dar exatamente o que estamos pedindo e muito mais, mas isso não acontece porque não sabemos como receber.

Aprender a receber de Deus foi uma das chaves que liberaram a alegria em minha vida. Jesus disse: "Peçam e receberão, para que a alegria de vocês seja completa" (ver João 16:24). Anos atrás, percebi que eu estava pedindo muitas coisas a Deus e que não estava recebendo porque havia desenvolvido a atitude temerosa de um mendigo em vez da atitude de um crente. O mundo nos ensina que "ninguém dá nada de graça". Fomos treinados para acreditar que precisamos conquistar, merecer ou pagar por tudo que queremos. Entendemos que somos pecadores que foram perdoados e restaurados à comunhão com Deus por meio da Sua

Capítulo 25

graça e misericórdia. Sabemos que não merecemos nada exceto punição, mas a nossa mente precisa ser renovada para acreditar que Deus é misericordioso e que a própria natureza da misericórdia é conceder bênçãos em lugar da punição merecida.

Achar que precisamos trabalhar para ter as bênçãos de Deus ou merecê-las é uma atitude extremamente religiosa. Na melhor das hipóteses, é uma ideia negativa. As pessoas legalistas e religiosas acham que precisamos conquistar tudo — assim como os fariseus pensavam nos dias de Jesus. Eles não queriam que ninguém tivesse nada que não merecesse. Quando Jesus curou um homem que havia nascido cego (ver João 9), eles ficaram furiosos porque não achavam que ele merecesse ser curado. Esse tipo de atitude não reflete o coração e a compaixão de Deus, ao contrário, é uma atitude religiosa e que ofende a Deus.

Há muitos anos, tive uma amiga que era minha vizinha, e que eu considerava que não era nem de longe tão espiritual quanto eu. Naqueles dias, eu achava que a verdadeira espiritualidade consistia em boas obras, regras e regulamentos, e em fazer tudo perfeitamente. Minha amiga não frequentava a igreja tanto quanto eu; ela não ofertava tanto quanto eu; ela não orava tanto quanto eu; ela não fazia nada que eu considerava "espiritual" com a mesma frequência ou tão bem quanto eu.

O problema era que eu estava fazendo todas as minhas atividades "espirituais" com a motivação errada. Eu fazia tudo aquilo para impressionar as pessoas, e não por pura obediência a Deus ou por amor a Ele. Não entendia que se a minha vizinha fizesse apenas uma pequena coisa motivada pelo amor puro do seu coração e pela obediência a Deus, aquele seu pequenino gesto significava mais para o Senhor do que as inúmeras coisas que eu fazia com motivos errados.

Naquela época, eu estava pedindo a Deus que me desse um casaco de pele, e estava crendo que Ele o faria. Eu orava e colocava toda a minha fé na esperança de receber aquele casaco de pele. Eu estava certa de que Deus me daria um — porque, afinal, eu era extremamente espiritual! Tenha em mente que a última coisa de que eu realmente precisava era um casaco de pele, mas naquela época eu costumava pedir coisas materiais a Deus porque não era madura o bastante para saber o que era realmente importante na vida.

Certo dia, minha campainha tocou e, ao atender, deparei-me com minha vizinha de pé, transbordando de entusiasmo, segurando uma enorme caixa nos braços. "Você não vai *acreditar* no que Deus *me* deu!", exclamou ela. Ela prosseguiu, explicando que uma amiga que tínhamos em comum havia lhe entregado aquela caixa dizendo: "Deus me disse para lhe dar isto".

Imaginei o que seria. Então ela abriu a caixa, e dentro dela estava *o meu casaco de pele!*

Lembro-me claramente de ter pensado: *Aquela mulher entregou a caixa na casa errada. Ela pretendia trazer esse casaco para mim!* Naturalmente, tentei dar uma resposta espiritual: "Bem, louvado seja Deus", eu disse, "Glória a Deus. Fico tão feliz por você!".

Em meu coração, porém, eu estava dizendo: *Deus, Tu tens de tirar esta mulher da minha casa — agora!* Eu estava fervendo por dentro, de raiva e inveja. Eu estava furiosa com Deus, dizendo em silêncio: *Como é possível que o Senhor tenha dado a ela aquele casaco de pele? Com a maneira como ela age, como é possível? Isto não é justo! Sou tão espiritual e ela não é. Isto não está certo! E eu?*

Eu realmente achava que merecia um casaco de pele e a minha vizinha, não. Eu não entendia o amor e a graça de Deus e não sabia que talvez Ele estivesse estimulando minha vizinha a ter um relacionamento mais profundo com Ele por meio da Sua bondade. Eu não entendia que Deus simplesmente queria que ela soubesse que Ele a amava. Para mim, tudo tinha a ver com merecer as bênçãos de Deus. Mas não é assim que funciona com o Deus que nos ama. Acredito firmemente que Deus deu aquele casaco a ela para me ensinar uma lição que eu precisava aprender a fim de poder avançar com o Seu plano para a minha vida. Eu precisava ter uma mudança de atitude muito mais do que precisava de um casaco de pele.

Quando tentamos "comprar" de Deus com as nossas boas obras o que Ele quer nos dar gratuitamente, Ele às vezes retém essas coisas até que

> Quando tentamos "comprar" de Deus com as nossas boas obras o que Ele quer nos dar gratuitamente, Ele às vezes retém essas coisas até que aprendamos a receber por fé.

Capítulo 25

aprendamos a receber por fé. Precisamos aprender a receber, e a receber *gratuitamente* de Deus, e saber que não precisamos sempre merecer tudo que Ele quer nos dar. A Bíblia nos diz que é a bondade de Deus que nos leva a ter um relacionamento com Ele (ver Romanos 2:4). Ele não precisa ter um motivo para nos abençoar. O Seu amor por nós é motivo suficiente.

COMO CRIANÇAS

Creio de todo o coração que Deus quer fazer muito mais por nós do que podemos sequer começar a imaginar. O motivo pelo qual nem sempre experimentamos tudo que Ele quer nos dar é porque realmente não sabemos receber Dele da maneira como Ele quer que recebamos. Jesus nos ensina o segredo de recebermos da maneira adequada em Lucas 18:17: "Digo-lhes a verdade: Quem não receber o Reino de Deus como uma criança, nunca entrará nele".

Esse versículo não diz "quem não *conseguir* o Reino de Deus". Quero enfatizar isso porque precisamos entender o quanto é importante a diferença entre conseguir e receber. Precisamos ter uma nova mentalidade com relação às bênçãos de Deus — uma mentalidade que possa relaxar e receber Dele como as criancinhas fazem, e não uma mentalidade que acha que precisamos nos esforçar para merecer a Sua bondade.

Se eu entrasse em uma aula da Escolinha Bíblica para crianças de minha igreja e começasse a entregar notas de um dólar para as crianças, dizendo: "Isto é para você, isto é para você, e isto é para você", como você acha que elas reagiriam? Fiz isso com crianças em minhas conferências antes e garanto que elas não têm nenhum problema em receber dinheiro! O rostinho delas se ilumina com um enorme sorriso; algumas até riem bem alto, mas todas continuam olhando para mim com expectativa para ver se eu vou dar a elas mais alguma coisa!

Nunca aconteceu de uma criança olhar para mim desconfiada e dizer: "Não, obrigado, Joyce, eu não mereço este dólar". Nenhuma daquelas crianças jamais disse: "Eu não fui bom esta semana. Não posso receber isto". Dar dinheiro às crianças gera alegria nelas. Por quê? Porque ofereço a elas algo que elas não se esforçaram para receber e que sabem que não merecem. Elas pegam as notas com alegria! Não tenho nenhum motivo para dar notas de um dólar às crianças, mas algo acontece quando faço isso: acabo tendo um relacionamento melhor com aquelas crianças.

A mesma dinâmica funciona no nosso relacionamento com Deus. Ele quer ser bom para nós. Mais que isso, Ele quer ter um bom relacionamento conosco. Ele não quer que tentemos ter um bom desempenho para conquistar as Suas bênçãos; Ele simplesmente quer o nosso amor. Deus faz as coisas para nós porque nos ama, e Ele quer que façamos o que fazemos para Ele pelo mesmo motivo. Nunca faça nada para Deus a não ser por puro amor e obediência à Sua Palavra. Não devemos amar a Deus ou mesmo obedecer a Ele a fim de conseguir que Ele faça as coisas para nós. Nós O amamos porque Ele nos amou primeiro, e porque a Sua bondade e a Sua misericórdia nos deixam maravilhados. É a bondade de Deus que leva os homens ao arrependimento (ver Romanos 2:4), e creio que é a Sua bondade que nos atrai a um relacionamento mais profundo e mais íntimo com Ele do que jamais poderíamos imaginar.

> Se quisermos experimentar a boa vida que está disponível para nós no Reino de Deus, precisamos ser tão inocentes e confiantes quanto uma criança.

Se quisermos experimentar a boa vida que está disponível para nós no Reino de Deus, precisamos ser tão inocentes e confiantes quanto uma criança. Precisamos "dar as boas-vindas e aceitar" a Sua bondade como criancinhas aceitam presentes, e não sentir que precisamos ser bons o bastante para sermos abençoados.

VOCÊ NÃO PRECISA FAZER TUDO CORRETAMENTE

Há muitos anos, Deus insistia em me direcionar a ler Mateus capítulo 12, e eu não conseguia entender a razão. Nesse capítulo, os discípulos de Jesus estavam caminhando por uma plantação e colhendo espigas e comendo-as, porque estavam com fome. Os fariseus ficaram furiosos, porque disseram que era ilegal comer dos campos no dia de sábado. Jesus respondeu lembrando a eles que Davi e seus homens comeram pão da casa de Deus quando estavam com fome e que os sacerdotes do templo transgrediram o Sábado e foram inocentes (ver vv. 3-5).

Quando li essas palavras, minha mente entrou em "curto". Como alguém podia fazer algo errado e ainda assim ser inocente? Eu simplesmente não conseguia entender. Mas Jesus prosseguiu, dizendo aos fariseus: "Se vocês soubessem o que significam estas palavras: 'Desejo misericórdia, não sacrifícios', não teriam condenado inocentes" (v. 7).

A melhor maneira de explicar esse princípio é compartilhando com você o exemplo que Deus me deu quando eu estava tentando compreendê-lo. Ele me lembrou de um tempo em que nosso filho mais novo, Danny, tinha cerca de dez anos de idade. Ele era um garoto maravilhoso, divertido e afetuoso, mas não era muito disciplinado nem interessado no trabalho. Danny só queria se divertir. Ele realmente desfrutava a vida, e aquilo me aborrecia porque eu era mais inclinada a trabalhar o tempo todo.

A fim de ajudar Danny a desenvolver a disciplina, Dave e eu fizemos uma lista de tarefas que esperávamos que ele fizesse e a pregamos na porta de seu quarto. Quando ele fazia suas tarefas, recebia um visto, e quando tinha vistos suficientes, recebia estrelas, e quando tinha uma boa quantidade de estrelas, ele podia receber um presente.

Durante aquele mesmo período da vida de Danny, ele costumava ser o alvo de um garoto da vizinhança que costumava implicar com ele. Aquele garoto mau costumava pegar a bola de Danny e jogá-la no esgoto, e o resultado era que Dave e eu ouvíamos Danny gritar: "Papai!".

Dave não tinha paciência com o garoto intimidador e com a maneira como ele implicava com Danny. Um dia, Danny chamou por ele e Dave saiu correndo pela porta e começou a correr atrás do garoto rua abaixo, gritando: "Deixe meu filho em paz!". Ele assustou aquele garoto a ponto de ele nunca mais implicar com Danny outra vez!

Quando Deus estava me ajudando a entender o que significa desejar misericórdia em vez de sacrifício, Ele trouxe essa cena à minha mente e falou ao meu coração: *Que tipo de pais você e Dave seriam se Dave dissesse: "Joyce, estou ouvindo nosso filho gritar pedindo socorro. Corra lá para baixo e veja a lista dele. Veja como ele tem feito as suas tarefas esta semana. Se ele tiver bastante vistos, irei ajudá-lo; se não, vou deixá-lo por sua própria conta"?*

O Senhor me mostrou que, naturalmente, Dave ajudaria Danny. Se ele descobrisse que Danny não havia feito suas tarefas, trataria disso com ele mais tarde, mas certamente não se recusaria a ajudá-lo quando ele estivesse com problemas. A mensagem que Deus estava tentando me transmitir era que quando eu cometia erros, Ele não queria que eu tentasse conquistar Sua misericórdia com boas obras ou com um comportamento "perfeito"; Ele queria me conceder a Sua misericórdia. Ele trataria comigo com relação às minhas fraquezas depois. Deus me ajudaria e me ensinaria, e eu cresceria, mas o fato de eu ter imperfeições não O impediria de me amar ou de me ajudar.

> Você não precisa esperar até que faça tudo certo para que Deus seja misericordioso com você ou o abençoe.

Como pode ver, você não precisa esperar até achar que é perfeito para que Deus o ajude. Não precisa esperar até que faça tudo certo para que Deus seja misericordioso com você ou o abençoe. Mesmo nos seus piores dias, você ainda pode orar e Deus o ajudará porque Ele é um Deus de misericórdia e graça. Ele quer lhe conceder favor, e favor significa que Ele fará coisas por você quando você não as merecer. Ele é um Pai bom, um Deus amoroso, misericordioso e cheio de graça que anseia ser bom para você se você tão somente O receber.

RECEBA E DESFRUTE

Realmente quero que você seja livre para receber e desfrutar a abundância que Deus tem para você. Jesus diz em João 16:24: "Até agora vocês não pediram nada em meu nome. Peçam e receberão, para que a alegria de vocês seja completa". Observe a progressão neste versículo: *pedir* — em nome de Jesus, com base nos méritos Dele, e não nas suas obras; *receber;* e *ter alegria*. É muito simples.

Eu o encorajo a começar a viver como "alguém que recebe", aproximando-se de Deus com fé na Sua bondade e no que Ele fez por você. Você pode começar orando assim: "Deus, eu Te peço que perdoes os meus pecados, e eu recebo esse perdão neste instante. Creio que Tu o destes a mim. Tu guardas a Tua palavra, e eu recebo esse perdão agora mesmo e me declaro livre". Ou: "Deus, preciso de misericórdia. Não mereço a Tua ajuda nesta situação, mas estou pedindo que sejas misericordioso para comigo e me abençoes mesmo assim. Deus, embora eu não mereça, estou pedindo que me abençoes e recebo a tua bênção neste instante. Recebo a Tua ajuda. Recebo as Tuas bênçãos. Recebo o Teu favor. Estou pedindo, Deus, abençoa-me porque Tu és bom, não porque eu sou bom — mas porque *Tu* és bom".

Quando você começar a se aproximar de Deus desse modo, ele fará com que você O louve como nunca. Não consigo nem contar quantas vezes ao dia digo: "Obrigada, Senhor, por toda a Tua bondade em minha vida". Quando aprendi a receber de Deus em vez de achar que tenho de merecer tudo o que tenho, minhas bênçãos aumentaram tremendamente. O aumento das bênçãos gerou o aumento no louvor. Vejo muitas coisas pelas quais posso ser grata e isso me ajudou a parar de reclamar tanto. Meu coração transborda com o pensamento: *Deus, Tu és tãããããããããããããããão bom!* Mas, para dizer isso, tive de experimentar a Sua bondade em minha vida, e para que isso acontecesse, tive de aprender a receber.

Você verá mudanças enormes ocorrerem em sua vida quando aprender a receber de Deus. Ele quer abençoá-lo mais do que você pode imaginar. Você pertence a Ele; tudo que Ele tem pertence a você em virtude do seu relacionamento pessoal com Ele por meio da fé no Seu Filho. Tudo que Ele tem é seu, e Jesus comprou o seu direito de desfrutar dessas coisas quando morreu na cruz e ressuscitou dos mortos. Ele pagou o preço que você devia como pecador e abriu o caminho para que você tivesse uma aproximação sem limites do trono da graça de Deus (ver Efésios 3:12).

> Você verá mudanças enormes ocorrerem em sua vida quando aprender a receber de Deus. Ele quer abençoá-lo mais do que você pode imaginar.

Meu objetivo neste livro é ajudá-lo a desfrutar a vida diária, e você realmente não pode desfrutar sua vida da maneira que Deus quer sem aprender a viver disposto a receber — não com a mentalidade de ter de conseguir as coisas. A não ser que você aprenda a receber Dele, perderá muitas coisas que Ele quer que você tenha e muitas coisas que Ele quer fazer por você simplesmente porque você tem uma mentalidade religiosa que faz com que você ache que precisa conquistar e merecer tudo. Esse tipo de pensamento está profundamente impregnado nas pessoas, de modo que você terá de renovar a sua mente na Palavra de Deus para desenvolver uma perspectiva divina e cheia de fé com relação à abundância que Deus quer lhe dar. De agora em diante, quando você pedir alguma coisa a Deus, eu o encorajo a acompanhar o seu pedido com a frase: "Eu recebo isso agora de Ti, Pai... Obrigado!".

Capítulo 26

Pratique a Disciplina

"A disciplina é a alma de um exército.
Ela faz de números pequenos algo formidável,
proporciona sucesso aos fracos e respeito a todos".

— GEORGE WASHINGTON

O simples pensamento de ser disciplinado faz algumas pessoas se encolherem, mas creio que a disciplina é um dos traços de caráter mais importantes que uma pessoa pode ter. A Bíblia afirma que o amor de Cristo nos constrange (ver 2 Coríntios 5:14). Em outras palavras, nós nos disciplinamos, não para conquistar as bênçãos de Deus, mas porque O amamos. Sem disciplina, perdemos muito do contentamento que a vida tem a oferecer, mas quando nos disciplinamos e vivemos uma vida disciplinada, temos o tempo, a energia e os recursos para desfrutar o hoje e abraçar o amanhã. Em geral, creio que as pessoas disciplinadas se sentem melhor consigo mesmas do que aquelas que são indisciplinadas.

Quando penso em pessoas indisciplinadas, penso naqueles que querem ter os benefícios sem fazer o esforço necessário. Em outras palavras, elas querem todos os benefícios que a vida tem a oferecer, mas não querem fazer o trabalho ou o esforço necessário para adquirir essas vantagens. Então, elas costumam ficar com inveja daqueles que desfrutam as bênçãos de Deus, sem perceber que foram eles que estavam dispostos a fazer o investimento e exercitar a disciplina necessária para alcançar esses benefícios.

Todo tipo de benção está disponível a você, e não quero que você perca uma só delas por falta de disciplina. Se você se considera uma pessoa disciplinada, este capítulo pode ajudá-lo a expandir os seus bons hábitos. Se você é uma pessoa que revira os olhos diante da simples ideia de ser disciplinada, eu desafio você a adotar uma nova atitude agora mesmo. Não veja a disciplina como algo difícil, mas encare-a como um meio para chegar à benção, à paz, à alegria e a um enorme contentamento

> Não veja a disciplina como uma inimiga, mas como uma boa amiga que o ajudará a ser o que Deus deseja que você seja.

na vida. Não veja a disciplina como uma inimiga, mas como uma boa amiga que o ajudará a ser o que Deus deseja que você seja e a fazer o que Ele deseja que você faça. Deus nos deu um espírito de equilíbrio (ver 2 Timóteo 1:7), mas precisamos optar por utilizá-lo ou não.

O QUE VOCÊ QUER DIZER COM "NÃO CONSIGO RESISTIR"?

Digamos que você goste muito de sorvete — a ponto de ter um fraco por essa delícia. Quando alguém fala em sorvete, você diz: "Ah, amo sorvete. Não consigo dizer não a uma boa colher de sorvete!".

Nesse caso, eu diria: "Sim, você consegue!".

E você diria: "Ah, não, não consigo. Gosto demais de sorvete".

Então eu iria provar que você realmente consegue recusar uma oportunidade de tomar sorvete.

Imagine-se na maior sorveteria do mundo. Eles têm todos os sabores conhecidos — e até sabores que você nunca imaginou que existissem. O balconista pergunta: "Qual é o sabor que você deseja? Escolha um e eu o prepararei para você".

Você faz o seu pedido, e logo o balconista lhe entrega o sorvete maior, mais cremoso e com a aparência mais deliciosa que você já viu.

Agora, eu lhe pergunto novamente: "Você consegue recusar esse sorvete? Você consegue se disciplinar e não tomá-lo?".

"Oh não!", você responde. "Isso seria uma tortura!".

Capítulo 26

Quando está prestes a tomar a primeira colherada de sorvete, você ouve um estalo. Então você sente um objeto frio de metal tocar sua cabeça. Com o canto do olho, você vê uma grande mão segurando uma arma. Uma voz profunda diz: "Se você tomar esse sorvete, irei matá-lo".

Agora, deixe-me perguntar de novo: "Você consegue recusar esse sorvete?". É claro que a minha história é fictícia e absurda, mas tenho certeza de que você conseguiu entender o meu ponto de vista. Você pode se disciplinar para dizer não se entender as consequências resultantes de não fazer isso.

As consequências de certas atitudes, ou o fracasso em tomar certas atitudes, levam à infelicidade e à morte, tanto nesta vida quando na vida que está por vir. Por exemplo, Romanos 6:23 afirma claramente que a consequência do pecado é a morte. Romanos 8:6 nos diz que permitir que a nossa mente seja indisciplinada também leva à morte: "A mentalidade da carne [que é a sensação e o raciocínio sem o Espírito Santo] é morte [morte que compreende todas as misérias resultantes do pecado tanto aqui quanto na eternidade]" (AMP).

Você acredita que existem certas tentações na vida às quais você não pode resistir? 1 Coríntios 10:13 diz que isso não é verdade: "Não sobreveio a vocês tentação que não fosse comum aos homens. E Deus é fiel; ele não permitirá que vocês sejam tentados além do que podem suportar. Mas, quando forem tentados, ele mesmo lhes providenciará um escape, para que o possam suportar".

Você tem a força para resistir e o poder para vencer qualquer tentação que cruzar o seu caminho. Você pode resistir a essas coisas e ter a disciplina necessária para suportá-las pacientemente.

CARACTERÍSTICAS DAQUELES QUE SÃO DISCIPLINADOS

Ao longo dos anos, observei que as pessoas disciplinadas que conheço têm algumas características em comum. Se fizer o esforço para adotar estas características positivas em sua vida, você se tornará uma pessoa mais disciplinada:

- Pessoas disciplinadas sempre caminham "a segunda milha" (ver Mateus 5:38-41).
- Pessoas disciplinadas não tomam atalhos; elas fazem mais do que o necessário para superar as dificuldades.
- Pessoas disciplinadas não esperam colher onde não semearam nem esperam que outros façam o trabalho por elas.
- Pessoas disciplinadas estão preparadas quando as portas da oportunidade se abrem.

> Você tem a força para resistir e o poder para vencer qualquer tentação que cruzar o seu caminho.

- Pessoas disciplinadas nunca tomam o caminho mais fácil ou o caminho da menor resistência. Elas permanecem no caminho estreito que conduz à vida e a todos os seus benefícios (ver Mateus 7:13,14). Embora o caminho estreito seja mais difícil, elas optam por seguir por ele.
- Pessoas disciplinadas são investidores e não jogadores. Jogar, segundo o dicionário, é "jogar o jogo da sorte; arriscar esperando ganhar uma vantagem que seria muito superior ao que foi colocado em jogo". Investir, ao contrário, é "comprometer-se para obter um lucro futuro; abrir mão de alguma coisa agora visando benefícios futuros".
- Pessoas disciplinadas sabem dizer não aos outros e a si mesmas. O teólogo judeu e filósofo Abraham J. Heschel disse: "O respeito próprio é fruto da disciplina; o sentimento de dignidade cresce com a capacidade de dizer não a si mesmo".

Como pessoas que querem desfrutar sua vida hoje e serem fortes e saudáveis no futuro, precisamos da disciplina em muitas áreas de nossa vida. Isso inclui: os nossos hábitos alimentares e práticas de exercício; a maneira como utilizamos o nosso tempo; nossos pensamentos, nossas palavras e nossas emoções; nossa capacidade de reagir à crítica de forma adequada e de tolerar o sofrimento.

Capítulo 26

A DISCIPLINA DÁ BONS FRUTOS

O apóstolo Paulo entendia claramente a importância da disciplina, e escreveu sobre isso em 1 Coríntios 9:24-27:

> "Vocês não sabem que dentre todos os que correm no estádio, apenas um ganha o prêmio? Corram de tal modo que alcancem o prêmio. Todos os que competem nos jogos se submetem a um treinamento rigoroso, para obter uma coroa que logo perece; mas nós o fazemos para ganhar uma coroa que dura para sempre. Sendo assim, não corro como quem corre sem alvo, e não luto como quem esmurra o ar. Mas esmurro o meu corpo e faço dele meu escravo, para que, depois de ter pregado aos outros, eu mesmo não venha a ser reprovado".

Nunca ouvi alguém dizer que a disciplina é fácil, mas a questão não é a facilidade, mas os resultados. Hebreus 12:11 diz: "Nenhuma disciplina parece ser motivo de alegria no momento, mas parece ser algo triste e doloroso. Mas depois gera um fruto pacífico de justiça para aqueles que foram treinados por ela [uma colheita de frutos que consistem em justiça — em conformidade com a vontade de Deus em propósito, pensamento e ação, resultando em uma vida reta e em uma posição reta diante de Deus]" (AMP).

Disciplina é algo que fazemos por nós mesmos; ela não gera alegria ou resultados imediatos, porém, mais tarde, produz bons frutos para aqueles que se submetem a ela. Como o escritor de Hebreus afirma, a disciplina nos treina. Ela é uma ferramenta para usarmos para o nosso bem, e não um feitor contra o qual devemos nos ressentir ou desprezar. Ela gera bons frutos e produz resultados saudáveis e positivos. Quando a disciplina é semeada como uma boa semente, gera uma colheita de coisas que nos realizam e satisfazem — coisas que nos fazem felizes e que liberam a paz e a alegria em nossa vida.

A DISCIPLINA É UM ATO DE AMOR

Quero que você entenda que a disciplina é uma maneira de demonstrar amor. É uma maneira pela qual Deus expressa o Seu amor por nós e uma maneira de transmitirmos amor aos nossos filhos. Disciplinando a nós mesmos, demonstramos amor a nós mesmos e provamos o nosso amor a Deus.

Em toda a Sua Palavra, Deus afirma categoricamente que Ele nos disciplina com uma razão: porque Ele nos ama. Hebreus 12:6-10 diz: "Pois o Senhor disciplina a quem ama (...) Suportem as dificuldades, recebendo-as como disciplina; Deus os trata como filhos (...) Deus nos disciplina para o nosso bem". Precisamos receber a disciplina de Deus como uma expressão do Seu amor, e de acordo com Apocalipse 3:19, devemos realmente recebê-la com entusiasmo: "Repreendo e disciplino aqueles que eu amo. Por isso, seja diligente e arrependa-se".

Assim como Deus nos disciplina porque somos Seus filhos, os pais naturais precisam disciplinar seus filhos. Hebreus 12:7,8 faz uma conexão clara entre disciplina e criação de filhos: "Suportem as dificuldades, recebendo-as como disciplina; Deus os trata como filhos. Pois, qual o filho que não é disciplinado por seu pai? Se vocês não são disciplinados, e a disciplina é para todos os filhos, então vocês não são filhos legítimos, mas sim ilegítimos". A maioria dos especialistas em criação de filhos diz que bem lá no fundo as crianças realmente querem e precisam ser disciplinadas, embora costumem resistir ao processo. Os pais que desejam criar seus filhos nos caminhos de Deus se esforçarão para discipliná-los, e seus esforços trarão resultados positivos no futuro. Pais indisciplinados criam filhos indisciplinados, mas pais disciplinados criam filhos disciplinados que darão bons frutos à medida que continuarem crescendo.

Assim como Deus revela o Seu amor por nós em parte por meio da Sua disciplina e os pais expressam amor disciplinando seus filhos, nossa disposição em nos disciplinar indica um amor e um respeito saudável por nós mesmos. Disciplinar a nós mesmos mostra que levamos a sério nossa intenção de sermos o melhor possível e de atingirmos o nosso potencial. Também prova que levamos a sério nossa intenção de desfrutarmos cada momento de nossa vida e de estarmos preparados para o futuro. A falta de disciplina, por

> Uma maneira de demonstrarmos o nosso amor a Deus é disciplinar a nós mesmos.

Capítulo 26

outro lado, revela que estamos satisfeitos com a mediocridade e dispostos a nos contentarmos com qualquer coisa que possamos ter sem esforço ou inconveniências.

Finalmente, quero afirmar que uma maneira de demonstrarmos o nosso amor a Deus é disciplinar a nós mesmos. Em João 21:15-17, Jesus perguntou a Pedro três vezes se ele realmente O amava. Pedro respondeu sim a todas as três vezes e finalmente disse: "Tu sabes que Te amo". Então Jesus disse: "Cuide das Minhas ovelhas". Em outras palavras, "Se tu Me amas, então ajude outras pessoas". É preciso disciplina para escolher viver de tal maneira que estejamos ajudando outras pessoas regularmente.

A DISCIPLINA GERA LIBERDADE

Certa vez li a seguinte definição de *disciplina*: "um estado de ordem mantido pelo treinamento e controle; um sistema de normas de conduta; treinamento sistemático, principalmente da mente ou do caráter; ordem, eficiência ou obediência".

Observe que a disciplina é um estado *mantido* pela diligência contínua. Um esforço único e isolado não é disciplina. Não podemos adquirir disciplina apenas por alguns dias ou semanas; precisamos mantê-la em longo prazo. O apóstolo Paulo entendia isso, e escreveu: "Permaneçam firmes e não se deixem submeter novamente a um jugo de escravidão" (Gálatas 5:1).

No Ministério Joyce Meyer, queremos ser excelentes de todas as maneiras, e estabelecemos padrões muito elevados para nossos funcionários. Às vezes, quando as pessoas começam a trabalhar conosco, acham que temos regras e regulamentos em excesso. Com o tempo, porém, muitos de nossos funcionários me procuram depois de trabalhar para nós por um ano ou mais, e dizem: "Obrigado por me transformar em uma pessoa excelente. Nunca imaginei como poderia ser maravilhoso saber que estou fazendo o melhor em tudo o que faço, em vez de simplesmente 'ir levando'".

As pessoas podem existir e ser indisciplinadas, mas nunca terão a boa vida que Jesus planejou para elas. Algumas pessoas sempre resistirão à disciplina porque ela impõe restrições e limitações, mas realmente ela leva a uma grande liberdade. Eu desafio você a descobrir por si mesmo! Escolha uma área de sua vida que precise de disciplina e comprometa-se a aplicá-la. Independentemente do quanto seja difícil a princípio, continue. Não é o que fazemos corretamente apenas uma vez que gera bons resultados em nossa vida, mas sim o que fazemos corretamente e de forma consistente. Lembre-se do conhecido ditado: "Sem dor, não há ganho!". Não tenha medo do desconforto da disciplina. Ninguém nunca morreu por causa de disciplina, mas por meio da disciplina multidões aprenderam a viver de verdade.

> Algumas pessoas sempre resistirão à disciplina porque ela impõe restrições e limitações, mas realmente ela leva a uma grande liberdade.

A DISCIPLINA É FONTE DE LUCRO

Embora a disciplina possa ser difícil, ela também rende lucros no fim. Por exemplo, sempre cuidei muito de minha pele. Nunca vou dormir com maquiagem. Sempre limpo meu rosto e uso diversas loções e produtos para a pele para mantê-la em bom estado. Fiz isso a vida inteira e as pessoas sempre me dizem que minha pele é maravilhosa para a minha idade. Gosto de ouvir os elogios, mas precisei estar disposta a me disciplinar.

Outro exemplo é a maneira como meu marido Dave se exercitou desde os dezesseis anos e desfrutou de boa saúde e energia abundante ao longo de sua vida. O corpo dele não é flácido como o de muitas pessoas da sua idade, porque ele pagou o preço da disciplina e agora está colhendo os lucros.

Nosso ministério não tem dívidas e nunca pagamos juros porque economizamos dinheiro e pagamos por tudo o que precisamos à vista. Isso frequentemente significa que precisamos nos disciplinar para esperar e comprar alguma coisa que gostaríamos de ter imediatamente. Não estou dizendo que é errado fazer um empréstimo, mas creio que qualquer pessoa irá concordar que é melhor não ter dívidas. Grande parte da carga

Capítulo 26

de dívidas da nossa sociedade hoje em dia poderia ser evitada se as pessoas simplesmente estivessem dispostas a se disciplinarem para esperar e economizar. A maioria de nós quer o quer quando quer, mas as pessoas disciplinadas dizem não a si mesmas.

Quando nos sacrificamos e economizamos dinheiro para alguma coisa que gostaríamos de ter, realmente ficamos satisfeito quando a conseguimos. Nós desfrutamos mais aquilo que conquistamos porque não há nenhuma dívida ligada à nossa aquisição.

Eu não me disciplinava com relação à administração do meu tempo, e mais de uma vez fiquei doente por causa do excesso de estresse e de pressão. Eu colocava a culpa em tudo que podia imaginar, mas finalmente tive de encarar a verdade de que precisava começar a dizer não a muitas coisas. Quando realmente mudei, foi preciso ter disciplina, porque o fato era que eu queria fazer tudo. Queria estar envolvida em tudo e queria saber tudo!

Assim como a disciplina gera lucro, a falta de disciplina gera custo. Realmente gosto de ter uma pele bonita, mas não gostei do custo de ficar cansada, estressada, ou com dor de cabeça, problemas de estômago e desequilíbrio hormonal. Creio que alguns de vocês que estão lendo este livro têm colhido alguns custos que também não agradam a vocês, mas a boa notícia é que você pode mudar essa circunstância mudando suas escolhas.

RESULTADOS DE UMA VIDA INDISCIPLINADA

A falta de disciplina nunca leva a nada de bom. Embora possa parecer divertido por algum tempo, ela finalmente leva à frustração e à autodepreciação. Quando somos disciplinados, ganhamos respeito próprio; e quando não somos, não nos sentimos bem com nós mesmos por muito tempo e terminamos tendo problemas.

- Se não cuidamos do nosso corpo, terminaremos doentes. A falta de disciplina prolongada e a falta de atenção com a nossa saúde pode até afetar o nosso estilo de vida e nos impedir de realizar atividades que apreciamos.

Pratique a Disciplina

- Se não nos disciplinarmos nas questões financeiras, terminaremos tendo problemas tão sérios que não poderemos escondê-los, e não seremos capazes de superá-los sem tomar medidas drásticas.
- O fracasso em nos disciplinar nos relacionamentos — a maneira como falamos, agimos e tratamos as pessoas — resultará na perda desses relacionamentos.
- Se não nos disciplinarmos no nosso trabalho — sendo pontuais, fazendo apenas os intervalos permitidos, respeitando as políticas da empresa e sendo produtivos — acabaremos perdendo nosso emprego.

E VOCÊ?

Quero encerrar este capítulo com algumas perguntas para você. Eu o encorajo a respondê-las sinceramente e usar as respostas para lhe mostrar onde você precisa ser mais disciplinado em sua vida. Lembre: deixe-se entusiasmar pela disciplina, porque quanto mais disciplinado você for, mais desfrutará a sua vida hoje e no futuro.

Sua Boca
Você fala demais ou de menos?
Você fala alto demais, suave demais, rápido demais, ou devagar demais?
Você usa um tom de voz áspero quando fala? As pessoas podem dizer pelo seu modo de falar quando você está frustrado ou irritado?
Você faz fofoca ou conta os segredos dos outros?
Você é crítico ou julgador no seu modo de falar?
Você é tão bom em ouvir as pessoas quanto em falar com elas?

Sua Mente
Você deixa seus pensamentos "correrem solto" ou anula todo pensamento que não seja compatível com o conhecimento de Deus?
Você dedica tempo para meditar na Palavra de Deus e nas coisas que Ele fez por você?
Você medita nos insultos e ofensas que recebe?

257

Você escolhe seus pensamentos cuidadosamente ou simplesmente pensa em qualquer coisa que lhe vem à mente?

Sua Saúde
Você come demais ou de menos?
Você come com muita frequência, ou com pouca frequência, e como resultado se sente mal?
Você come rápido demais, sem mastigar os alimentos, e assim perde o seu valor nutritivo?
Você tem uma alimentação saudável e uma dieta balanceada?
Você come açúcar demais ou outros tipos de besteira?
Você bebe bastante água?
Você é um "comedor emocional", alguém que come quando está deprimido, solitário ou magoado? Ou você só come quando está com fome?
Você se exercita o suficiente na sua vida diária?
Você descansa e relaxa o suficiente?

Suas Finanças
Você gasta mais do que ganha?
Você acumula dinheiro ou bens?
Você dá o dízimo?
Você dá ofertas e ajuda os pobres e necessitados?
Você mantém o controle do seu talão de cheques e sabe o estado das suas finanças o tempo todo?
Você planeja com antecedência para fazer gastos maiores?
Você economiza dinheiro?
Você tem dinheiro reservado para o caso de alguma emergência?
Você gasta dinheiro por motivos emocionais?
Você usa as compras como uma forma de entretenimento e termina gastando o dinheiro que não deveria gastar?

Seu Tempo e Suas Prioridades
Você se disciplina para dedicar a maior parte do seu tempo às suas principais prioridades?

Você ora, adora a Deus e passa tempo com Ele regularmente?

Você lê a Bíblia e outros livros que o ajudem a crescer no seu entendimento dos caminhos e dos propósitos de Deus?

Você passa tempo de qualidade com sua família e seus amigos?

Você dedica tempo demais a um relacionamento que precisa de alguns limites?

Se você acha que precisa mudar em alguma dessas áreas, é tão simples quanto tomar a decisão de fazê-lo. Sentir-se culpado não irá mudar nada; lamentar a falta de disciplina no passado não irá mudar nada; ressentir-se contra as pessoas que são disciplinadas não irá mudar nada, e ter pavor de disciplina não irá mudar nada. A única coisa que irá mudar alguma coisa é começar agora mesmo a se disciplinar de forma consistente. Que o seu novo lema seja: "Desculpas não, resultados sim!".

Capítulo 27

Tire as Mãos

"A preocupação não elimina as dores do amanhã;
ela elimina a força do hoje".
— CORRIE TEN BOOM

Todos nós conhecemos pessoas que se preocupam. Observei que aqueles que se preocupam tendem a aproveitar menos a vida do que qualquer outro grupo de pessoas que conheço. Nada rouba tanto a paz e a alegria das experiências agradáveis e dos dias maravilhosos quanto ter um mestre em preocupação por perto! Você conhece bem a cena: uma família se reúne para um piquenique no parque e eles estão rindo e se divertindo. Há muitas comidas gostosas; as crianças estão brincando alegremente; os adultos estão desfrutando a companhia uns dos outros.

> Quando somos tentados a nos preocupar, precisamos dizer para nós mesmos: "Tire as mãos desta situação! Deus está no controle, então se acalme e confie Nele".

Mas a avó — a matriarca da família — está sentada em uma mesa com um olhar preocupado no rosto, totalmente angustiada porque tem medo de que chova; ela tem medo que uma criança se machuque enquanto brinca; ou tem medo que bactérias contaminem a comida se eles não comerem logo. Ela não consegue aproveitar o piquenique porque tudo o que consegue pensar é no que pode dar errado.

As pessoas preocupadas são consumidas pelo medo, pela ansiedade e pelo tormento. Não conseguem relaxar e desfrutar o simples prazer de estarem vivas, e esse é um motivo pelo qual a Bíblia está cheia de escrituras que nos encorajam a não nos preocuparmos, mas a confiarmos em Deus. Quando somos tentados a nos preocupar, precisamos dizer para nós mesmos: "Tire as mãos desta situação! Deus está no controle, então se acalme e confie Nele".

Todos nós temos problemas. Todos nós podemos pensar em alguma coisa para nos preocuparmos se quisermos, mas isso só nos deixará infelizes. Precisamos lidar com as nossas preocupações do jeito de Deus, e com uma atitude positiva. Certa vez li uma história sobre um homem sábio que lidava com as preocupações e com os problemas de uma maneira muito criativa e eficaz. Chama-se "A Árvore dos Problemas", e gostaria de compartilhá-la com você:

> O carpinteiro que contratei para me ajudar a consertar uma velha casa de fazenda havia acabado o seu primeiro duro dia de trabalho. Um pneu furado fez com que ele perdesse uma hora de trabalho, sua serra elétrica pifou, e agora sua velha caminhonete se recusava a dar a partida. Enquanto eu o levava de carro para casa, ele estava sentado, mudo como uma pedra.
>
> Quando cheguei, ele me chamou para conhecer sua família. Quando andávamos em direção à porta da frente, ele parou por um breve momento diante de uma pequena árvore, tocando a ponta dos galhos com ambas as mãos. Quando abriu a porta, ele sofreu uma transformação impressionante. Seu rosto bronzeado se encheu de sorrisos e ele abraçou seus dois filhos pequenos e deu um beijo em sua mulher.
>
> Depois, ele me levou até o carro. Passamos pela árvore e minha curiosidade me venceu. Perguntei a ele sobre o que eu o havia visto fazer antes.
>
> "Ah, esta é a minha árvore dos problemas", respondeu ele. "Sei que não posso impedir que surjam problemas no trabalho, mas uma coisa é certa, minha casa, com minha mulher e meus filhos, não é lugar para problemas. Então eu os penduro na árvore toda noite quando volto para casa. Então, de manhã, eu os pego de volta".
>
> "O mais engraçado", ele sorriu, "é que quando volto pela manhã para pegá-los de volta, eles já não são tantos quanto me lembro de ter pendurado ali na noite anterior".[1]

Capítulo 27

SEM ANSIEDADE

O apóstolo Paulo conhecia bem as dificuldades e os problemas. Ele tinha muitos motivos para se preocupar consigo mesmo, com as igrejas que trabalhava tanto para estabelecer, e com as pessoas que amava. Em determinado momento de seu ministério, ele escreveu: "De todos os lados somos pressionados, mas não desanimados; ficamos perplexos, mas não desesperados; somos perseguidos, mas não abandonados; abatidos, mas não destruídos" (2 Coríntios 4:8,9). Ele também escreveu sobre ter fome, sede, ser jogado de um lado para o outro, estar sem casa, ser espancado, sofrer naufrágios e ser apedrejado (ver 1 Coríntios 4:11;2; Coríntios 11:25).

Qual era a atitude de Paulo com relação aos seus problemas? Nós a encontramos em Filipenses 4:6: "Não andem ansiosos por coisa alguma, mas em tudo, pela oração e súplicas, e com ação de graças, apresentem seus pedidos a Deus". Nessas palavras, a instrução básica de Paulo é: "Não se preocupem nem fiquem ansiosos, mas orem, sejam gratos, e digam a Deus o que vocês precisam".

A preocupação e a ansiedade não podem coexistir com a confiança em Deus. Temos de fazer uma coisa ou outra. Se nos preocuparmos, não confiamos Nele; e se confiarmos Nele, não nos preocupamos.

A preocupação e a ansiedade são métodos pelos quais tentamos compreender o que só Deus sabe. Ficamos preocupados e ansiosos quando desperdiçamos o hoje tentando ter as respostas de amanhã. Ficamos como os israelitas durante o tempo em que Deus os alimentava com o maná todos os dias (ver Êxodo 16:14-26). Ele lhes dava apenas o suficiente para cada dia. Se o povo tentasse recolher hoje o maná para amanhã, ele apodrecia e começava a cheirar mal. Eles tiveram de aprender a confiar em Deus para lhes dar a provisão quando necessitassem dela, e não antes.

> A preocupação e a ansiedade não podem coexistir com a confiança em Deus. Temos de fazer uma coisa ou outra.

Creio que algumas pessoas levam uma vida muito difícil porque não sabem como viver um dia de cada vez, acreditando que Deus está no controle. Em vez disso, tentam lidar com as preocupações do amanhã e terminam ficando ansiosas e irritadas. Esse não é o plano de Deus. Ele quer que nós nos recusemos a nos preocupar e que aprendamos a confiar Nele a cada dia. Confiar é não se preocupar, não conjecturar, nem ter medo. Confiança é descanso, paz, esperança e uma atitude positiva. A confiança diz: "Deus está no controle!".

Como Paulo escreveu, a melhor maneira de superar a preocupação e a ansiedade é orar. Quero lembrar a você: não devemos estar ansiosos por coisa alguma, mas devemos orar a respeito de tudo (ver Filipenses 4:6). A nossa primeira reação a qualquer problema, provação, desafio ou má notícia deve ser orar. A oração abre a porta para Deus trabalhar em nossa vida. Ele é soberano e pode fazer qualquer coisa que queira, mas Ele quer que O convidemos a trabalhar nas circunstâncias por meio da oração.

Quando você orar, eu o encorajo a lembrar a Deus a Sua Palavra, porque ela é a sua aliança com Ele. A Sua Palavra é sempre eficaz, como vemos em Isaías 55:11: "Assim também ocorre com a palavra que sai da Minha boca: Ela não voltará para Mim vazia, mas fará o que desejo e atingirá o propósito para o qual a enviei". Quando você orar, lembre-se também das grandes coisas que Deus fez por você, e declare o resultado desde o começo, de acordo com Isaías 46:9,10: "Lembrem-se das coisas passadas, das coisas muito antigas! Eu sou Deus (...) e não há nenhum como Eu. Desde o início faço conhecido o fim, desde tempos remotos, o que ainda virá. Digo: Meu propósito ficará de pé, e farei tudo o que me agrada". Orar dessa forma aumentará a sua fé, e quando a fé aumenta, a ansiedade diminui.

Em Filipenses 4, Paulo escreve sobre um processo de três passos para se desfrutar a vida. O primeiro passo é se alegrar: "Alegrem-se sempre no Senhor. Novamente direi: alegrem-se!" (v. 4). O segundo passo é orar sobre tudo e não se preocupar com nada (ver v. 6). O terceiro passo é não temer nada da parte de Deus e estar contente (ver v. 7). Talvez você não *sinta* vontade de fazer o que Paulo fez, mas se o que você está fazendo não está funcionando, então você pode muito bem tentar.

Capítulo 27

COMO, DEUS, COMO?

Na maior parte do tempo, a razão de ficarmos ansiosos é porque não temos as respostas que queremos. Não conseguimos suportar a incerteza, e assim nos preocupamos e conjecturamos. Consideramos as diversas formas pelas quais Deus poderia intervir nas circunstâncias e tentamos calcular o que Ele deveria fazer para nos ajudar. Quando pensamos assim, estamos perdendo tempo. Quando realmente confiamos em Deus e tiramos nossas mãos das situações que nos dizem respeito, percebemos que não precisamos ter todas as respostas. Não precisamos saber o que fazer ou qual será o resultado ou como Deus fará as coisas acontecerem. Simplesmente precisamos saber que Deus está no controle e que Ele é bom. Há um versículo maravilhoso sobre esse assunto no breve e frequentemente negligenciado livro de Naum: "O Senhor é bom, um refúgio em tempos de angústia. Ele protege os que Nele confiam" (1:7). Não precisamos saber *como* Deus nos livrará; precisamos simplesmente confiar que Ele o fará.

> Quando realmente confiamos em Deus e tiramos nossas mãos das situações que nos dizem respeito, percebemos que não precisamos ter todas as respostas.

Durante muitos anos, amei Provérbios 3:5,6 e vivi segundo esta palavra: "Confie no Senhor de todo o seu coração e não se apóie em seu próprio entendimento; reconheça o Senhor em todos os seus caminhos, e Ele endireitará as suas veredas".

Precisamos entender que a confiança requer algumas perguntas não respondidas. Não podemos recorrer ao nosso conhecimento, ao nosso entendimento ou às boas ideias quando estamos confiando em Deus. Precisamos aceitar que Ele pode trazer soluções que nunca imaginamos para os nossos problemas. Não temos de ter todas as respostas; isso é trabalho de Deus. Ele nos dá as respostas que precisamos quando precisamos delas. E até que Ele o faça, nossa responsabilidade é orar, descansar Nele, e seguir em frente com nossa vida. Quando pudermos estar confortáveis "sem saber", daremos um grande passo à frente.

QUANDO, DEUS, QUANDO?

As pessoas podem ficar muito impacientes enquanto estão confiando em Deus. Afinal, a confiança costuma exigir um período de espera, e a maioria de nós não gosta de esperar. Lembre, o tempo de Deus é um aspecto da Sua vontade, e quando realmente desejamos a vontade Dele em nossa vida, precisamos estar dispostos a nos submetermos ao tempo Dele.

Em muitos anos de caminhada com Deus, raramente O vi intervir em uma situação em um tempo que parecesse "cedo", mas nunca, jamais soube que Ele tenha se atrasado. Ele sempre age no tempo certo.

Um bom versículo para nos lembrarmos durante os tempos de espera é Gálatas 6:9: "E não desanimemos nem nos cansemos de fazer o bem, pois no tempo devido e na estação apropriada colheremos, se não desanimarmos, relaxarmos a nossa coragem ou desfalecermos" (AMP). Agora entendo que as palavras "tempo devido" e "estação apropriada" não nos indicam o mês, o dia e o ano em que algo acontecerá, e geralmente é isso que queremos. Mas elas edificam a nossa fé, nos encorajam na nossa espera e

> Em muitos anos de caminhada com Deus, raramente O vi intervir em uma situação em um tempo que parecesse "cedo", mas nunca, jamais soube que Ele tenha se atrasado.

nos dão confiança de que Deus agirá no momento que Ele achar melhor. Nossa parte é resistir a nos tornarmos impacientes, continuar orando, continuar fazendo o que é certo, e saber que Deus está no controle.

Nossa fé é ampliada quando Deus nos faz esperar por mais tempo do que pensamos ser necessário. Essas situações são oportunidades para crescermos no fruto da paciência. Tiago nos diz que nada falta a um homem totalmente paciente (ver Tiago 1:4). Creio que ele quer dizer que nada pode nos aborrecer quando desenvolvemos a capacidade de esperar pacientemente e confiar no tempo perfeito de Deus para a nossa vida.

Capítulo 27

POR QUE, DEUS, POR QUÊ?

Às vezes Deus nos livra de situações ou de circunstâncias difíceis que nos tentam a nos preocupar, e outras vezes precisamos passar por elas. Se Deus decidir que precisamos passar por elas, simplesmente temos de fazer isso, porque nessas situações, *a única saída e através delas.* Muitas vezes, Deus quer desenvolver em nós força, sabedoria ou certos traços de caráter por meio do processo de passarmos por dificuldades.

Em 2003, o Ministério Joyce Meyer recebeu críticas negativas da imprensa. A mídia transmitiu notícias que não eram verdadeiras a nosso respeito. Eles torceram os fatos e mostraram as situações totalmente fora do contexto. As pessoas se perguntavam se as notícias nos afetariam negativamente, mas isso não aconteceu. Na verdade, não sofremos nada além de crescimento depois desse incidente. Foi uma situação que tivemos de passar, e creio que ela nos preparou para o aumento que tivemos depois.

A situação foi difícil para mim porque a minha reputação estava sendo atacada. Aprendi com aquela provação que precisamos confiar em Deus com relação à nossa reputação, porque se tentarmos manter o nosso bom nome por nós mesmos, ficaremos muito aborrecidos quando qualquer pessoa o atacar. De acordo com Filipenses 2:7, Jesus esvaziou-se de Sua reputação. Ele certamente não se importava com o que as pessoas diziam a Seu respeito, porque Jesus conhecia a verdade.

Às vezes, temos problemas porque precisamos aprender uma lição, passar em um teste, ser fortalecidos, ou adquirir maturidade antes de entrarmos em um tempo de crescimento e expansão. Uma vez que algumas provações não são nada mais que testes, precisamos colocar o nosso foco em passar nos testes, e não tentar descobrir por que temos de passar por eles.

2 Coríntios 2:14 é um versículo maravilhoso para lembrar quando você passar por situações difíceis: "Mas graças a Deus, que sempre nos conduz vitoriosamente em Cristo e por nosso intermédio exala em todo lugar a fragrância do seu conhecimento". Quando passar por alguma coisa, lembre que você chegará ao outro lado. Mesmo que Deus exija que você passe por dificuldades, Ele não o está conduzindo à derrota, mas à vitória certa.

ACALME-SE

Quando tempos difíceis cruzam o nosso caminho, um dos nossos maiores desafios é permanecer calmos. Nossa tendência natural é temer, nos preocupar e tentar fazer alguma coisa para consertar a situação ou resolver o problema. Mas precisamos aprender a controlar nossas emoções para podermos pensar claramente, agir sabiamente, e orar com fé.

No Antigo Testamento, Moisés costumava ter de ajudar os israelitas a se acalmarem. Uma dessas situações ocorreu quando o exército de Faraó estava ganhando terreno sobre eles. Eles continuavam fugindo, mas sabiam que estavam indo diretamente para o Mar Vermelho. A morte parecia certa. Êxodo 14:10 conta que o povo teve "muito medo". Eles também ficaram zangados com Moisés, e decidiram que estavam melhor como escravos dos egípcios do que tentando correr mais rápido que as forças de Faraó. Foi uma situação intensa realmente, e as emoções deles estavam desenfreadas.

Moisés disse a eles: "Não tenham medo. Fiquem firmes e vejam o livramento que o Senhor lhes trará hoje, porque vocês nunca mais verão os egípcios que hoje veem. O Senhor lutará por vocês; tão-somente acalmem-se" (vv. 13,14). Na linguagem moderna, Moisés estava dizendo: "Parem com isto! Sei que a situação parece desesperadora, mas não tenham medo. Fiquem quietos por um instante e vejam o que Deus vai fazer por vocês".

Antes que o exército de Faraó chegasse até os israelitas, Deus abriu as águas do Mar Vermelho para que o Seu povo pudesse atravessar sobre terra seca. Quando estavam todos do outro lado, o mar se fechou novamente e os guerreiros de Faraó se afogaram. Quero lembrá-lo que esse mesmo Deus que opera milagres está do seu lado hoje. Ele ainda luta pelo Seu povo. Se você pertence a Ele, o seu trabalho é simplesmente manter a calma e descansar.

Em João 14:27, Jesus indica claramente que temos a capacidade de administrar as nossas emoções: "Deixo-lhes a paz; a minha paz lhes dou. Não a dou como o mundo a dá. Não se perturbe o seu coração, nem tenham medo". Quando nosso coração está perturbado, o motivo é porque deixamos que ele fique assim. Quando estamos agitados, perturbados, temerosos e intimidados, é porque *permitimos* que essas emoções tomassem conta de nós. Uma vez que temos o poder de permitir a entrada desses sentimentos negativos, também temos a capacidade de rejeitá-los. Jesus nunca nos pede para fazermos nada impossível. Se Ele nos diz para não permitirmos que fiquemos angustiados, Ele nos dá o poder para fazer isso.

Precisamos optar por ficar calmos em meio às crises. Precisamos disciplinar os nossos pensamentos e as nossas emoções nas situações altamente carregadas nas quais muitas pessoas cederiam às lágrimas e ao medo. Esse tipo de estabilidade e capacidade de manter a paz é a vontade de Deus para nós, e prova que realmente confiamos Nele. Ele está no controle de todas as situações, portanto, tire as suas mãos do que quer que o esteja incomodando, e relaxe e desfrute a vida enquanto Ele trabalha a seu favor. Em vez de passar o hoje se preocupando com alguma coisa a respeito da qual você não pode fazer nada, por que não desfrutar o hoje e viver de forma entusiasmada com relação ao futuro?

> **Jesus nunca nos pede para fazermos nada impossível.**

Capítulo 28

Abrace o Amanhã

"Todo amanhã tem duas alavancas. Podemos tomar posse dele com a alavanca da ansiedade ou com a alavanca da fé".
— HENRY WARD BEECHER

Ao longo dos meus anos de ministério, passei a acreditar que as pessoas encaram o futuro de uma destas duas perspectivas: ou elas o aguardam com entusiasmo e confiança, ou ficam preocupadas, inseguras ou até temerosas a respeito dele. Algumas das maneiras como as pessoas pensam sobre os dias que estão por vir têm a ver com a personalidade delas; certas pessoas são mais otimistas do que outras por natureza. Mas independentemente da maneira como somos feitos, precisamos descobrir o que Deus diz sobre o futuro e concordar com Ele, mesmo que isso signifique ter de superar uma tendência natural da nossa personalidade.

Um dos versículos que expressam claramente a visão de Deus sobre o futuro é Jeremias 29:11: "'Porque sou Eu que conheço os planos que tenho para vocês', diz o Senhor, 'planos de fazê-los prosperar e não de lhes causar dano, planos de dar-lhes esperança e um futuro'". Esse é um convite claro de Deus para abraçarmos o nosso amanhã. Não precisamos temer nada porque os pensamentos e os planos de Deus para nós são bons, e não maus. Tudo que Ele tem para nós é bom, e Ele está determinado a nos dar esperança para o futuro.

Quando estamos enfrentando problemas, aguardar com expectativa coisas boas no futuro nos ajuda a desfrutar o hoje mesmo em meio aos problemas com os quais precisamos lidar. A Bíblia diz: "A esperança que se retarda deixa o coração doente" (Provérbios 13:12). Permaneça esperançoso e concorde com Deus com relação ao seu futuro.

ALGO ESPECIAL

O profeta Jeremias, a quem Deus falou sobre os Seus bons planos e sobre "esperança e um futuro", foi chamado para fazer algo especial para Deus. Ele sabia disso, porque Deus lhe disse: "Antes de formá-lo no ventre eu o escolhi; antes de você nascer, eu o separei e o designei profeta às nações" (Jeremias 1:5).

Assim como Deus tinha um grande plano para Jeremias antes mesmo que ele nascesse, Deus teve um grande plano para a sua vida desde antes de você respirar pela primeira vez. Ele não esperou até você nascer, ou até que Ele visse como era a sua aparência ou até que você começasse a desenvolver talentos e habilidades para decidir se poderia ou não gostar de você. Há um motivo pelo qual você está aqui na terra; você não nasceu simplesmente para ocupar espaço. Deus disse que chamou Jeremias antes mesmo que ele nascesse, e creio que existe algo, ou mesmo muitas coisas, que Deus tem no Seu plano para cada um de nós.

> Assim como Deus tinha um grande plano para Jeremias antes mesmo que ele nascesse, Deus teve um grande plano para a sua vida desde antes de você respirar pela primeira vez.

Em vez de se sentir ansioso por não saber exatamente quais são essas coisas, por que não ficar entusiasmado com o fato de que, independente de quais sejam, elas são boas? Descobrir o nosso propósito na vida nem sempre é fácil. Às vezes precisamos tentar algumas coisas para descobrir onde nos encaixamos. Somos parceiros de Deus e Ele até nos deixa ajudar no processo de tomada de decisão. Em que você é bom? Qual é a sua paixão? Qual é o desejo do seu coração? Muitas vezes essas coisas indicam o caminho para o que deveríamos estar fazendo. Também devemos entender que podemos não fazer exatamente a mesma coisa por toda a vida. Temos períodos na vida para algumas coisas e períodos para outras.

Minha filha esteve no ministério por treze anos, mas agora ela é mãe e dona de casa. Quando seus filhos crescerem, estou certa de que ela fará outra coisa. Algumas pessoas se preocupam tanto com o que devem fazer que acabam não fazendo nada além de ficarem confusas.

Acredito firmemente que é trabalho de Deus nos mostrar se Ele tem alguma coisa específica que deseja que façamos, e se Deus não nos mostrar nada, devemos viver, dar bons frutos, florescer onde fomos plantados e desfrutar cada dia que Ele nos dá. Realmente quero que você entenda e acredite na verdade de que Deus tem um grande futuro para você. Ele tem um plano mais tremendo para a sua vida do que você jamais poderia imaginar, simplesmente porque o ama — e Ele tem esse plano em Seu coração desde antes de você nascer.

> Realmente quero que você entenda e acredite na verdade de que Deus tem um grande futuro para você.

Jeremias sabia disso, e Davi também. Ele escreveu estas palavras para Deus:

> "Tu criaste o íntimo do meu ser e me teceste no ventre de minha mãe. Meus ossos não estavam escondidos de ti quando em secreto fui formado e entretecido como nas profundezas da terra. Os teus olhos viram o meu embrião; *todos os dias determinados para mim foram escritos no teu livro antes de qualquer deles existir*" (Salmo 139:13; 15-16, ênfase da autora).

Eu desafio você hoje a crer na Palavra de Deus com relação à sua vida. Se você alguma vez duvidou de que Ele tem um bom plano para sua vida, é hora de mudar de ideia. Eu lhe garanto: você tem um grande futuro pela frente. Tudo que precisa fazer é acreditar nele e abraçá-lo. Na Bíblia, Amós escreveu que dois não podem andar juntos se não estiverem de acordo (ver Amós 3:3). Deus tem um bom plano para você, mas você precisa concordar com Ele se quiser experimentá-lo. Comece a pensar e a dizer: "Deus tem um bom plano para mim e não estou apenas entusiasmado com o hoje, mas estou aguardando com expectativa o amanhã".

Capítulo 28

ABRACE O CHAMADO

Embora Deus tenha falado abertamente a Jeremias e lhe dito claramente qual era o seu chamado, Jeremias não o abraçou com entusiasmo. Em vez disso, ele disse: "Ah, Soberano Senhor! Eu não sei falar, pois ainda sou muito jovem" (Jeremias 1:6). Deus disse a Jeremias que ele seria um profeta às nações, e Jeremias respondeu: "Não, não posso, sou muito jovem".

Deus não aprovou a resposta de Jeremias. Ele disse: "Não diga que é muito jovem. A todos a quem eu o enviar você irá e dirá tudo o que Eu lhe ordenar. Não tenha medo deles, pois Eu estou com você para protegê-lo, diz o Senhor" (vv. 7,8).

Imagino quantas vezes Deus disse a alguém o tremendo propósito que tinha para essa pessoa, e ouviu a resposta: "Não, Deus! Não posso fazer isto!". No sentido mais estrito, essa resposta é verdadeira. Nenhum de nós pode fazer nada na nossa força (ver João 15:5), principalmente cumprir o chamado de Deus para nossa vida. Mas quando Deus nos dá uma missão, Ele também planeja nos dar a graça e a força que precisaremos para realizá-la. Ele não espera que nós a cumpramos sozinhos. Então, quando respondemos a Deus, em vez de protestar e dizer não a Ele, precisamos dizer: "Tudo bem, Deus. Esta é uma grande missão, mas Tu és um grande Deus e sei que posso fazer qualquer coisa com a Tua ajuda!".

DEUS PREPARA O NOSSO SUCESSO

O maior problema de Jeremias quando confrontado com o chamado de Deus sobre sua vida foi que ele colocou o foco em si mesmo. Tudo tinha a ver com ele! "Não posso atender a este chamado, Deus! Sou jovem demais!". Quando colocamos o foco em nós mesmos, jamais desenvolveremos a confiança para cumprir o chamado de Deus, mas quando colocamos o foco Nele — na Sua força, nas Suas habilidades, na Sua sabedoria, no Seu poder — entendemos que podemos fazer qualquer coisa que Ele nos peça.

Mais tarde na história de Jeremias, Deus fala com ele novamente: "E você, [Jeremias], prepare-se! Levante-se e vá dizer-lhes tudo o que eu ordenar. Não fique aterrorizado nem se quebrante diante da face deles,

272

senão eu o confundirei diante deles e permitirei que você seja vencido" (Jeremias 1:17, AMP).

Uau! Deus está falando duramente com Jeremias, dizendo, basicamente: "Jeremias, se você ficar com medo, então você não está confiando em Mim. Se você quer que Eu o ajude, você precisa confiar em Mim. Se você permitir que o medo do homem entre em seu coração, Eu recuarei e deixarei que você seja vencido. Terei de permitir o seu fracasso".

Como você pode ver, Deus planejou o sucesso de Jeremias. Ele já havia preparado um caminho para Jeremias ser forte e capaz de concluir sua missão. O trabalho de Jeremias era se recusar a ter medo, e falar com ousadia as palavras que Deus lhe deu para falar.

Deus ainda prepara o sucesso para o Seu povo hoje. Isso inclui você. Você não precisa esperar para ver o quanto pode ter êxito por si só; você não precisa implorar ou barganhar com Ele para fazer com que você tenha êxito. Ele está esperando que você confie e creia Nele para fazer o que Ele lhe prometeu. Posso lhe garantir: Deus quer que você realize o propósito Dele para a sua vida. Ele lhe dá tudo que você precisa para cumprir o Seu plano. Ele diz que você pode fazê-lo!

Não importa como você se sente, qual é a sua aparência, o que os seus parentes acham, o que alguém diz, quantos obstáculos estão no seu caminho, ou quantas vezes você fracassou no passado. Se Deus diz que você pode realizar algo grande, então você pode! E, por favor, lembre, "algo grande" nem sempre é ter um grande ministério, presidir uma empresa, ou possuir o próprio negócio. Também pode ser criar filhos, ajudar pessoas aonde quer que você vá, ser um encorajador, orar pelos outros, e muitas outras coisas aparentemente simples.

Para Deus nada é impossível, e sou uma prova viva dessa verdade. No plano natural, não há meios de uma pessoa com o meu passado estar onde estou hoje. Mas com Deus, uma garotinha que sofreu abuso e que se tornou uma dona de casa colérica pode ser transformada a ponto de poder pregar a Palavra de Deus pelo mundo inteiro. Não acredito que um dia possa explicar plenamente todos os passos que tive de dar, todas as batalhas que tive de lutar, todas as mentiras do inimigo que tive de vencer, todos os temores pessoais e inseguranças com os quais tive de lidar para ser transformada na mulher que sou agora, mas posso dizer

Capítulo 28

uma coisa: valeu a pena. Vale a pena passar pela luta para experimentar a vitória que Deus tem para você.

Deus me disse que eu poderia ter um ministério mundial, mas o que é ainda mais importante, Ele disse que eu poderia ser transformada à Sua imagem. Isso não parecia possível anos atrás, mas Ele fez com que acontecesse. Ele não tem favoritos; Ele pode realizar na sua vida o mesmo tipo de transformação milagrosa que realizou na minha, se você apenas pedir e depois fizer o que Ele o direcionar a fazer.

Quando Deus colocar um sonho no seu coração ou lhe mostrar o que Ele quer que você faça, você terá de se comprometer com Ele e perseverar. Você terá de confrontar problemas em sua vida que o impedirão de cumpri-lo. Você não pode simplesmente desejar que todos eles desapareçam nem pedir a alguém que ore por você para que todos eles desapareçam. A oração é maravilhosa e importante, mas para desenvolver a força que você precisa para abraçar seu destino, você precisará se levantar, encarar o inimigo e vencê-lo. Você precisa saber, por experiência própria, que "aquele que está em você é maior (mais poderoso) do que aquele que está no mundo" (1 João 4:4). O seu sonho, o seu destino, vale o seu esforço, mas você precisará ser corajoso e continuar a trabalhar em favor dele com a ajuda de Deus. Não fique tão envolvido em ver o seu sonho se realizar a ponto de deixar de entender que o que Deus faz *em* você, na verdade, é mais importante do que o que Ele faz *através* de você. Se pedir sinceramente a Ele para transformá-lo e moldá-lo à imagem de Jesus Cristo, creio que o restante do que Deus planejou para você ocorrerá no tempo certo.

> Quando Deus colocar um sonho no seu coração ou lhe mostrar o que Ele quer que você faça, você terá de se comprometer com Ele e perseverar. Você terá de confrontar problemas em sua vida que o impedirão de cumpri-lo.

O QUE HÁ DE NOVO?

No Novo Testamento, lemos sobre um jovem que me faz lembrar Jeremias. Deus tinha um grande plano para a vida de Timóteo, e assim como

Jeremias, ele reagiu com medo em vez de com fé, achando que era jovem demais para fazer o que Deus o havia chamado para fazer. Creio que esses dois homens não estavam apenas tendo dificuldades por causa de sua juventude, mas pelo fato de terem sido chamados para fazer algo novo. Dizendo, "sou jovem demais!", eles também estavam dizendo: "Não sei o que fazer. Não tenho nenhuma experiência nisto. Isto tudo é novo para mim!".

À medida que você avançar para o futuro que Deus tem para sua vida, encontrará todo tipo de novas oportunidades e novos desafios. Os dias que estão por vir serão cheios de novas experiências, de coisas que você nunca fez antes. Talvez você não saiba como fazê-las, mas você aprenderá. Tudo que você está fazendo hoje um dia foi novo para você — e veja, agora você pode fazê-lo. Para mim, houve o momento em que tive meu primeiro filho. Eu não sabia nada sobre criar filhos, mas Deus me ajudou a criar quatro, e tenho muito orgulho de todos eles. Houve o momento em que preguei meu primeiro sermão. Eu não sabia realmente como pregar, mas agora sei. O mesmo acontecerá com você se você for corajoso e avançar em direção às coisas novas que esperam por você. Logo essas coisas se tornarão fáceis, e a próxima experiência nova se apresentará. Enfrentar sucessivamente novos desafios e desenvolver novas habilidades é extremamente importante para o seu crescimento e para a sua maturidade.

> Enfrentar sucessivamente novos desafios e desenvolver novas habilidades é extremamente importante para o seu crescimento e para a sua maturidade.

Temos uma forte tendência a temer ou ficar nervosos com experiências novas. Pensamos: *É hora de mudar! Preciso de algo novo,* e depois hesitamos em abraçar essa coisa nova quando ela chega. Costumamos dizer a Deus: "Estou cansado das mesmas velhas coisas. O Senhor poderia fazer algo novo em minha vida?". Quando Ele tenta fazer algo novo para nós, resistimos, recuamos com medo, e pedimos a Ele que nos livre!

Parte do processo de abraçar o seu amanhã acontecerá à medida que você desenvolve uma atitude positiva com relação às novas oportunidades. À medida que você andar com Deus em direção ao futuro, você o ouvirá dizer: "Você nunca fez isto antes. Eu o estou levando para um lugar onde você nunca esteve antes. Vou lhe pedir para fazer algo que você não sabe como fazer. Isto pode ser um pouco demais para você neste instante, mas Eu o ajudarei a aprender a fazer isto".

Você pode estar prestes a viver algumas experiências novas neste instante. Você pode ser um estudante enfrentando a graduação e o mundo desconhecido da vida pós-colegial, ou de um novo emprego. Você pode estar se preparando para casar ou tentando começar uma família. Talvez você queira mudar de carreira e aprender a trabalhar em algo que nunca trabalhou antes. Ou talvez você esteja em uma situação desesperadora, como ter de lidar com um cônjuge que o abandonou com filhos pequenos e de repente você precisa sustentar sua família quando nunca precisou trabalhar antes.

> Parte do processo de abraçar o seu amanhã acontecerá à medida que você desenvolve uma atitude positiva com relação às novas oportunidades.

A única maneira de evitarmos coisas novas é ficarmos aprisionados no passado, mas não há esperança ou contentamento nisso. O futuro é tudo que está à nossa frente; é tudo que temos para esperar, e ele está cheio de novos horizontes. Posso lhe prometer: Deus está com você. Ele o conduzirá. Ele o fortalecerá. Ele o ajudará.

Você pode se surpreender em saber que neste momento da minha vida estou orando com determinação por criatividade. Quero tentar coisas novas, ter novas ideias, enfrentar novos desafios, e experimentar tudo que posso antes que meu tempo aqui na terra termine. Calculei quantos dias vivi e quantos ainda me restam, e me senti mais apaixonada do que nunca em seguir em frente com uma atitude muito positiva, entusiasmada e determinada.

Neste livro, mencionei o líder do Antigo Testamento, Josué. Ele sabia quais eram os desafios envolvidos em conduzir o povo para algo novo. Ele era responsável por levar o povo de Deus para uma boa terra que Deus lhes havia prometido, um lugar onde eles nunca haviam estado antes. Os oficiais de Israel disseram ao povo: "Vocês nunca passaram por esse caminho" (Josué 3:4, NTLH). Talvez você se sinta assim neste momento.

Quero que você observe o que Josué disse em seguida: "Santifiquem-se [isto é, separem-se para um propósito santo especial], pois amanhã o

Senhor fará maravilhas entre vocês" (v. 5, AMP). Creio nisso para você. Creio que Deus quer fazer algo especial em sua vida, e creio que você foi chamado para um propósito santo — um propósito que tem estado no coração de Deus desde muito antes de você nascer. Creio que o seu futuro é brilhante pela promessa de Deus, e que a presença Dele estará com você todos os dias que estão por vir. Creio que Deus fará maravilhas em sua vida, à medida que você continuar seguindo-o.

> Creio que Deus quer fazer algo especial em sua vida, e creio que você foi chamado para um propósito santo — um propósito que tem estado no coração de Deus desde muito antes de você nascer.

UM PENSAMENTO FINAL

Ao nos aproximarmos do fim deste livro, quero compartilhar com você uma citação de William Allen White, um jornalista norte-americano que trabalhou por volta da virada do século XX: "Não tenho medo do amanhã, pois vi o ontem e amo o hoje".

Quero encorajá-lo a amar e desfrutar o hoje, aproveitar o máximo de cada momento, e aguardar com paixão e confiança o grande futuro que Deus tem reservado para você à medida que você abraça o amanhã de sua vida.

O Segredo

Só temos uma chance de viver. A vida não é algo que possamos refazer, por isso precisamos ter certeza de que "a primeira vez" seja maravilhosa. Creio que Deus quer que desfrutemos tudo que fazemos — que experimentemos a verdadeira felicidade — e creio que isso é possível com a ajuda Dele. Neste livro, tentei compartilhar com você os princípios que Deus me ensinou durante a minha jornada para aprender a desfrutar o lugar onde estou enquanto prossigo para o alvo. Tenha em mente que apenas ler não mudará as suas circunstâncias; você precisa agir com base no que aprendeu para conseguir resultados. Instrução é o primeiro passo para a mudança, mas ação é o segundo passo — e nada acontece sem ela.

Eu o encorajo a fazer uma coisa de cada vez enquanto você aproveita o hoje e abraça o amanhã. Separe um dos princípios deste livro e comece a orar a respeito dele, examinando sua vida a partir dele. Por exemplo, você está passando tempo regular com Deus, ou dá desculpas um dia após o outro enquanto reclama que não é feliz? As desculpas nos mantêm presos a um estilo de vida improdutivo e sem alegria. Nunca dê desculpas para o mau comportamento ou para as escolhas ruins, mas encare a verdade e arrependa-se, o que significa retornar e seguir na direção certa. O arrependimento não é apenas um sentimento de tristeza, mas uma decisão sincera de mudar.

De todo o meu coração, quero que o povo de Deus desfrute o que Jesus morreu para nos dar. Não é a vontade de Deus que simplesmente existamos e tentemos sobreviver a cada dia. Ele quer que vivamos alegremente e com expectativa. Ele quer que experimentemos a verdadeira felicidade. O segredo é simples: aproveite o hoje e abrace o amanhã com entusiasmo e esperança.

Essa é a demonstração da fé. É o resultado de confiar em Deus para tudo e estar confiante de que Ele tem o presente e o futuro em Suas mãos. Eu o encorajo a começar a viver a vida um dia de cada vez e a perguntar a si mesmo o que você pode fazer para aproveitar o máximo de cada dia. Desfrutar a vida não significa que precisamos ter diversão constante, mas que devemos desfrutar cada pequena coisa e cada aspecto do dia porque tomamos a decisão consciente de fazer isso.

Eu aceitei o desafio de desfrutar aquilo que é comum. Como escrevi anteriormente neste livro, qualquer pessoa pode desfrutar os pontos altos da vida — aqueles momentos especiais de inspiração em que tudo parece perfeito. Mas somente as pessoas muito maduras podem desfrutar o que é comum. Em seu livro devocional intitulado *Tudo para Ele*, Oswald Chambers escreveu: "Não espere que Deus sempre lhe dê os Seus minutos eletrizantes, mas aprenda a viver no domínio do trabalho penoso pelo poder de Deus".

Talvez pareça um pouco estranho, mas gosto do desafio de viver a vida comum como se estivesse frequentando uma festa maravilhosa. Afinal, hoje é o dia que o Senhor fez (ver Salmo 118:24). É a festa Dele e somos Seus convidados, então, por que não desfrutar cada momento enquanto aguardamos com expectativa o dia que Ele planejou para amanhã?

Deus nunca diz: "Oh-oh!". Ele não fica surpreso com nada e nunca fica sem uma solução, portanto, comece a viver da maneira que Jesus pretende que você viva! Espero que essa felicidade que você acaba de encontrar contagie todas as pessoas à sua volta — e finalmente o mundo inteiro seja um lugar melhor.

Apêndice

Saiba Quem Você é em Cristo

No capítulo 5, escrevi sobre a importância de compreendermos nossa identidade em Cristo. Os versículos a seguir foram adaptados como confissões para você estudar, memorizar e declarar em voz alta à medida que renova sua mente de acordo com a verdade do que Deus diz a seu respeito:

- Sou completo Nele, Que é o Cabeça de todo principado e potestade (Colossenses 2:10).
- Estou vivo com Cristo (Efésios 2:5).
- Estou livre da lei do pecado e da morte (Romanos 8:2).
- Estou longe da opressão, e o medo não se aproxima de mim (Isaías 54:14).
- Nasci de Deus, e o maligno não me toca (1 João 5:18).
- Sou santo e inculpável diante Dele em amor (Efésios 1:4; 1 Pedro 1:16).
- Tenho a mente de Cristo (1 Coríntios 2:16; Filipenses 2:5).
- Tenho a paz de Deus que excede todo entendimento (Filipenses 4:7).
- Tenho Aquele que é Maior vivendo em mim; maior é Aquele que está em mim do que aquele que está no mundo (1 João 4:4).
- Recebi o dom da justiça e reino como rei em vida por Jesus Cristo (Romanos 5:17).
- Recebi o espírito de sabedoria e revelação no conhecimento de Jesus; os olhos do meu entendimento foram iluminados (Efésios 1:17,18).
- Recebi o poder do Espírito Santo para impor as mãos sobre os enfermos e vê-los se recuperarem, para expulsar demônios, para falar em novas línguas. Tenho poder sobre todo o poder do ini-

migo, e nada de modo algum me fará mal (Marcos 16:17,18; Lucas 10:17;19).

- Despi-me do velho homem e me revesti do novo homem, que se renova no conhecimento segundo a imagem daquele que me criou (Colossenses 3:9,10).
- Dei, e receberei; boa medida, recalcada, sacudida e transbordante (Lucas 6:38).
- Não tenho falta de nada, pois o meu Deus supre todas as minhas necessidades segundo as Suas riquezas em glória por meio de Cristo Jesus (Filipenses 4:19).
- Posso apagar todos os dardos inflamados do maligno com o meu escudo da fé (Efésios 6:16).
- Posso todas as coisas através de Cristo Jesus (Filipenses 4:13).
- Proclamo as maravilhas de Deus, que me chamou das trevas para a Sua maravilhosa luz (1 Pedro 2:9).
- Sou filho de Deus — pois nasci de novo da semente incorruptível da Palavra de Deus, que vive e permanece para sempre (1 PedroSou obra de Deus, criado em Cristo para as boas obras (Efésios 2:10).
- Sou uma nova criatura em Cristo (2 Coríntios 5:17).
- Sou um ser espiritual — vivo para Deus (Romanos 6:11; 1 Tessalonicenses 5:23).
- Sou um crente, e a luz do Evangelho brilha em minha mente (2 Coríntios 4:4).
- Sou um praticante da Palavra e abençoado em meus atos (Tiago 1:22;25).
- Sou co-herdeiro com Cristo (Romanos 8:17).
- Sou mais que vencedor por meio daquele que me ama (Romanos 8:37).
- Sou um vencedor pelo sangue do Cordeiro e pela palavra do meu testemunho (Apocalipse 12:11).
- Sou participante da Sua natureza divina (2 Pedro 1:3,4).
- Sou embaixador de Cristo (2 Coríntios 5:20).
- Sou parte de uma geração eleita, sacerdócio real, nação santa, povo adquirido (1 Pedro 2:9).

O Segredo para a Verdadeira Felicidade

- Sou a justiça de Deus em Jesus Cristo (2 Coríntios 5:21).
- Sou o templo do Espírito Santo; não pertenço a mim mesmo (1 Coríntios 6:19).
- Sou cabeça e não cauda; estou por cima e não por baixo (Deuteronômio 28:13).
- Sou a luz do mundo (Mateus 5:14).
- Sou Seu eleito, cheio de misericórdia, bondade, humildade e paciência (Romanos 8:33; Colossenses 3:12).
- Fui perdoado por todos os meus pecados e lavado no sangue (Efésios 1:7).
- Fui liberto do poder das trevas e transportado para o Reino de Deus (Colossenses 1:13).
- Fui redimido da maldição do pecado, da enfermidade e da pobreza (Deuteronômio 28:15-68; Gálatas 3:13).
- Estou firmemente arraigado, edificado e firmado na minha fé, e estou transbordando de gratidão (Colossenses 2:7).
- Fui chamado por Deus para ser a voz do Seu louvor (Salmo 66:8; 2 Timóteo 1:9).
- Fui curado pelas pisaduras de Jesus (Isaías 53:5; 1 Pedro 2:24).
- Fui ressuscitado com Cristo e estou sentado nos lugares celestiais (Efésios 2:6; Colossenses 2:12).
- Sou imensamente amado por Deus (Romanos 1:7; Efésios 2:4; Colossenses 3:12; 1 Tessalonicenses 1:4).
- Sou fortalecido com todo o poder de acordo com a força da Sua Glória (Colossenses 1:11).
- Sou submisso a Deus, e o diabo foge de mim porque resisto a ele no nome de Jesus (Tiago 4:7).
- Prossigo para o alvo para ganhar o prêmio para o qual Deus em Cristo Jesus está nos chamando (Filipenses 3:14).
- Porque Deus não nos deu espírito de temor, mas de poder, de amor e de moderação (2 Timóteo 1:7).
- Não sou eu quem vive, mas Cristo vive em mim (Gálatas 2:20).

Notas

Introdução
1. http://pewresearch.org/pubs/301/ are-we-happy-yet.

Capítulo 1
1. Jaye Lewis, "Real Health",http://www.beliefnet.com/story/220/ story_22099_1.html.

Capítulo 2
1. Autor desconhecido, http://www.christian-jokes.org/jokes64.html.

Capítulo 3
1. Michael Josephson, http://www.inspirationpeak.com/cgi-bin/ stories.cgi?record=44.
2. Jaye Lewis, "A Different Kind of Athlete", http://www. heartnsouls.com/stories/b/s188.shtml.

Capítulo 4
1. Autor desconhecido, "E-mail Confusion", http://www.piffe.com/ jokes/email.phtml.

Capítulo 6
1. Autor desconhecido, "Wedding Plans", http://www. christianstories.com/frames.htm.

Capítulo 7
1. Autor desconhecido, http://geocities.com/Athens/Acropolis/6182/ LifeLesson.html.

Capítulo 9
1. Autor desconhecido, "Positive Attitude", http://www. friendsacrossamerica.com/positiveattitude.html.

Capítulo 11
1. Autor desconhecido, "And This Too Shall Pass", http://www. wscribe.com/parables /pass.html.

O Segredo para a Verdadeira Felicidade

Capítulo 13

1. Autor desconhecido, "The Wise Woman's Stone", http://www.yuni.com/library/docs/222.html.

Capítulo 19

1. Lederer, Richard. "Question and Answer: These Student Bloopers Are All Genuine, Authentic and Unretouched". *National Review*, 31 dez 1995.

Capítulo 21

1. http://thinkexist.com/quotes/viktor_frankl/.
2. http://www.msnbc.msn.com/id/6802862/site/newsweek/.
3. Ibid.

Capítulo 27

1. Autor desconhecido, "The Trouble Tree", http://members.tripod.com/~tassiedevil/Inspiration.htm.

Sobre a Autora

Joyce Meyer é uma das líderes no ensino prático da Bíblia no mundo. Renomada autora de best-sellers pelo *New York Times*, seus livros ajudaram milhões de pessoas a encontrarem esperança e restauração através de Jesus Cristo.

Através dos *Ministérios Joyce Meyer*, ela ensina sobre centenas de assuntos, é autora de mais de 80 livros e conduz aproximadamente quinze conferências por ano. Até hoje, mais de doze milhões de seus livros foram distribuídos mundialmente, e em 2007 mais de três milhões de cópias foram vendidas. Joyce também tem um programa de TV e de rádio, *Desfrutando a Vida Diária*®, o qual é transmitido mundialmente para uma audiência potencial de três bilhões de pessoas. Acesse seus programas a qualquer hora no site www.joycemeyer.com.br

Após ter sofrido abuso sexual quando criança e a dor de um primeiro casamento emocionalmente abusivo, Joyce descobriu a liberdade de viver vitoriosamente aplicando a Palavra de Deus à sua vida, e deseja ajudar outras pessoas a fazerem o mesmo. Desde sua batalha contra um câncer no seio até as lutas da vida diária, Joyce Meyer fala de forma aberta e prática sobre sua experiência, para que outros possam aplicar o que ela aprendeu às suas vidas.

Ao longo dos anos, Deus tem dado a Joyce muitas oportunidades de compartilhar seu testemunho e a mensagem de mudança de vida do Evangelho. De fato, a revista *Time* a selecionou como uma das mais influentes líderes evangélicas dos Estados Unidos. Sua vida é um incrível testemunho do dinâmico e restaurador trabalho de Jesus Cristo. Ela crê e ensina que, independente do passado da pessoa ou dos erros cometidos, Deus tem um lugar para ela, e pode ajudá-la em seus caminhos para desfrutar a vida diária.

Joyce tem um merecido PhD em teologia pela Universidade Life Christian em Tampa, Flórida; um honorário doutorado em divindade pela Universidade Oral Roberts em Tulsa, Oklahoma; e um honorário doutorado em teologia sacra pela Universidade Grand Canyon em Phoenix, Arizona. Joyce e seu marido, Dave, são casados há mais de quarenta anos e são pais de quatro filhos adultos. Dave e Joyce Meyer vivem atualmente em St. Louis, Missouri.